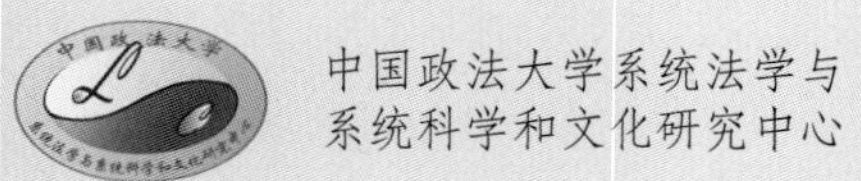

中国政法大学系统法学与
系统科学和文化研究中心

纪念海子逝世25周年
1989-2014

海子与法大

熊继宁◎主编

中国政法大学出版社

2015·北京

图书在版编目（ＣＩＰ）数据

海子与法大/熊继宁主编.—北京:中国政法大学出版社，2015.3
ISBN 978-7-5620-5761-1

Ⅰ.①海… Ⅱ.①熊… Ⅲ.①海子（1964～1989）—生平事迹②海子（1964～1989）—文集
Ⅳ. ①K825.6②C53

中国版本图书馆CIP数据核字(2014)第284872号

出 版 者　中国政法大学出版社

地　　址　北京市海淀区西土城路25号

邮寄地址　北京100088信箱8034分箱　邮编100088

网　　址　http://www.cuplpress.com（网络实名：中国政法大学出版社）

电　　话　010-58908285(总编室) 58908334(邮购部)

承　　印　固安华明印业有限公司

开　　本　720mm×960mm　1/16

印　　张　26

字　　数　350千字

版　　次　2015年3月第1版

印　　次　2015年3月第1次印刷

定　　价　55.00元

《海子与法大》编辑名单

海子可“完型”不可“还原”
——代序言

今年是海子逝世25周年（1989年~2014年）。

选择“海子与法大”这一课题是因为在1983年~1989年期间海子曾经在法大工作和生活过，他的二百多万字诗歌文学作品几乎都是在法大完成的。法大是海子青春生命燃烧的最重要阶段，是海子的创作环境，是海子的最后一站。法大有海子的领导、海子的同事、海子的学生、海子的恋人……海子的欢乐与悲伤、成功与辉煌都与法大有千丝万缕的联系，他生命的最后告别与送葬都是由法大人完成的。“海子与法大”的回忆将为理解海子及其诗歌研究提供一个特定的视角和重要的背景。

“海子与法大”选题的初始目标是：还原一个真实的海子，以消除二十多年来诗歌界及社会对海子的“神化”或“魔化”。本项目临近截稿时，主持者的唯一感觉就是：海子可“完型”，但是不可以“还原”。

所谓“完型”，是指具有特定认知结构的主体，在信息不完全的情况下，根据关于对象的有限、破碎、散乱的信息对其进行完全、整体、统一性的勾画、描摹、认知的系统化过程和结果。海子，作为一个逝世前什么也不是——不是神、不是气功大师、不是普希金、不是尼采……甚至连所谓著名诗人也不是的平常青年，死了以后，什么都是或者可能是，为什么呢？因为同样什么也不是的活着的人将其完型为什么都是。他们希望死去了的“他”是，因为活着的自已不是，也不可能是。迄今为止的所有关于海子的完型，都不过是公众的不确定性认知和个人没有实现但幻想实现的期望的对象化。这种关于海子的“完型”具有不确定性，既可能“真真”，又可能“似真”，也可能“非真”。

所谓“还原”，是指具有特定认知结构的主体，在信息不完全的情况下，根据关于对象的有限、破碎、散乱的信息对其进行完全、整体、统一性的勾画、描摹、认知的系统化过程和结果，被当作确定性的过程和结果，即认为其具有真正意义上的“真实性”——“真真”。

为什么“海子”不可“还原”呢？所谓海子不可“还原”主要有两方面的意思：一是不可能被还原；二是不可以被还原。

仅就海子“不可能被还原”的意思来说，至少涉及三个层次：

第一层次包括两个方面：一是作为个人认知者，即便不存在任何记忆或表述方面的误差，但由于受到其自身认知结构的制约，当时对特定状态下海子信息的采集、储存、处理、传输也不可能做到“真真”。二是作为综合信息处理者，即便不具有任何“弄虚作假”的意识，但由于其认知结构的限制，当面对个人认知的不确定信息进行总体化信息处理时，也可能导致对海子认知图像的“失真化”。

第二层次至少包括三个方面：一是海子本人面对当时的认知者（家人、朋友、同事、恋人、情人、诗友、学生、领导、老师以及其他社会人士）时，可能对自己的行为信息进行有意识的选择化（过滤、隐瞒、彰显、游戏、作弄、迎合、抵制、对抗、夸张、缩减等）输出。海子本人所做的这种选择化输出的信息，可能会误导认知者，从而造成对海子本人认知图像的“失真化”。二是个人认知者，即便当时认知确切，以后也会发生记忆衰减、记忆丧失或表述误差，从而造成关于海子认知信息的丢失或扭曲。三是信息综合发布者可能对信息进行选择化（过滤、隐瞒、彰显、游戏、作弄、迎合、抵制、对抗、夸张、缩减等）处理，从而误导认知者，造成对海子本人认知图像的“失真化”。

第三层次也至少包括两个方面：一是时代科技和其他知识水平对人们认知结构和认识水平的限制。二是总体信息不全，其中包括当时采集不全以及时空变化造成的信息灭失，例如：当事人的衰老和逝去，相关建筑、设施或物件的灭失，加上当事人情感态度的变化等可能造成的信息灭失，使信息不全的问题更加雪上加霜。

海子“不可以被还原”是指可能知道海子相关的真实信息，但是，由于种种担心、忧虑或恐惧所造成的海子“不可以被还原”。其中也至少涉及三个层次：

第一层次是指莫名相关性不可以。海子死了，与海子相关的人大多认为与自己不无关系。也许由于善良的人们过高的道德负重感，面对死者，生者或多或少都觉得有些愧疚，有点未尽到责，有点“亏心”，甚至莫名其妙地觉得是自己把海子逼上了绝路。因此，涉及海子的事，相关人一般都不愿说或不愿公开说。

第二层次是指有因相关性不可以。一些海子的利害关系人或被误会的利害关系人，如海子的亲属、朋友、恋人或情人，海子工作中的同事、领导，海子后事或善后工作的处理人，海子的气功功友或师父，诗歌界和社会其他相关人，被海子指控的“敌人”、“迫害者”，等等，为了减少不必要的麻烦、误解或可能的责任，一般都缄口不言或谨慎表述，也许甚至会有散布或制造干扰性信息的特例。例如海子的弟弟来稿时，就担心同有关方面的关系问题，反复要求加以“润色”。海子曾经的一位“情人”在看到关于海子的音画诗剧《面朝大海》时，就评价“剧本差、演员差、服装背景差、演出效果差”，造成上述“四差”的根本原因就是“缺少真实性”。可是，无论如何，她也不愿做一个关于“真实”的海子的公开性陈述。经过艰难曲折的过程，总算找到海子曾经的“恋人”的联系地址，但是千呼万唤也无回音。处理海子问题的一些直接相关人都仅仅作了“谨慎”表述，甚至“不”表述。就连项目主持者本人也不愿意做一个“传闻证明人”，虽然耳闻了许多关于海子的隐秘的、私密的故事，也不能以正式的表述来表达。

第三层次是指限制性不可以，包括两个方面：一是抽象性限制不可以，如意识形态、宗教信仰、道德舆论和统治价值观等；二是具体性限制不可以，如公共安全和维稳需要、部门利益和声誉的限制等。

上述两个方面包括能力不确定性和限制不确定性，使得貌似简单的“还原一个真实的海子”的命题变成了一个涌现复杂性的问题，即总体认知涌现出关于海子认知图景的严重失真变形。因此，项目主持者感觉追求一个社会总体认知一致性的“还原海子”的命题犹如“痴人说梦”。

海子不可“还原”，但是毕竟每个人心中都有自己认知的“真实的海子”，法大人眼中和心中也有法大人记忆中的海子。尽管犹如“瞎子摸象”，但是相关法大人心底都隐藏着一个自己的“真实的海子”，他们表述了一个“可以”说出来的海子。因此，关于海子的“完型”是不成问题的。

该项目对于征文对象有较为严格的限制，本书作者都是中国政法大学中亲眼“见过”或亲自“接触过”海子及其事件的人。其中包括海子的领导、同事和朋友，当时在校的学生，海子案件或后事的处理人等。他们对海子的回忆和认知，也许读者见所未见，闻所未闻。虽然不能把这些信息当作“真真”的信息，但是它们肯定能够给读者对海子的“完型”增加一些新的参考性和激发性的信息。

另外，本书中还收集整理了海子的一些未曾公开发表的诗歌、散文、学术论文、个人简历方面的材料以及相关研究的初步成果。这些信息肯定都能激发或者改变你对海子认知的可能性空间。

尽管我们知道“海子不可还原”，但是，我们还是“知其不可为而为之”地进行了相关信息的采集。本课题的作者们也仍然是真诚地在描述他们的“真真”，即他们所认知的海子。从信息源来说，本研究的信息源是直接信息源，作者讲述的都是第一手资料。因此，本课题的内容对于扩展或深化海子研究也不能说是“完全没有价值”的。而且这一研究方向还将继续进行下去，它将继续综合集成关于海子的“真真”或“似真”的信息，当然也可能掺杂着一些“非真”的信息。

我们还设想把《海子与法大》的信息集成项目扩展为《海子与我们》。《海子与我们》将是一个海子研究的信息库，它将跳出“法大”圈，从海子的亲人、乡亲、老师和同学，到北京大学的师生校友、中国政法大学的师生校友、诗歌界以及其他各界接触过海子的相关人士，以及山海关处理海子事件以及相关医院等处理过海子事件的其他相关人士等，都可以从自己的视角关心、关注“完型海子——我认识的海子”。《海子与我们》初步分为若干栏目：①海子家人；②海子乡亲；③海子大学前师生校友；④海子北京大学师生校友；⑤海子中国政法大学师生校友；⑥诗歌界朋友；⑦山海关海子事件处理者；⑧社会其他各界认识或接触过海子的人。我们将陆续选编他们关于海子的回忆，为海子研究提供背景资料。

作为对海子的另类纪念，我们举行了《朝霞》诗歌征文活动。我们高兴地看到在如此功利实用主义的当代，在沉重的就业和生存压力下，在海子曾经生离死别的小月河畔、军都山下，仍然有诗歌。征集的诗歌选编并入了本纪念文集。

编　者
2014 年 8 月 1 日
《海子与我们》征文信箱：haiziyuwomen@163. com

目录
Contents

第一部分　我们认识的“海子”——查海生

第二部分　海子研究

第三部分　海子遗文

第四部分　海子法大—北大—中学档案信息

第五部分　关于海子纪念活动及其报道

第六部分　首届法大《朝霞》诗坛诗歌征文选登

第七部分 补 记

第一部分

我们认识的“海子”——查海生

没有不受难的英雄啊，
哪有不死的神！
真有完美的生活吗，
谁是幸福的人？

——玄武子

海子与系统法学

熊继宁①

> 真的猛士，敢于直面惨淡的人生，敢于正视淋漓的鲜血。②
>
> ——鲁迅

一、海子人生的三个“奋斗支点”及其研究盲区

人的行为和活动，在社会背景下呈现意义，从而获得可理解性。

要理解海子的爱情、诗歌和死亡，必须了解海子工作期的生活和工作环境。迄今为止，关于海子研究的缺憾就是对于海子生活和工作的真实环境缺少了解，由此造成了关于海子的漫画式变形，甚至出现了“造神化”和“妖魔化”两种倾向。

如果将海子的短暂一生划分为童年期、学习期和工作期，那么，我们可以看到他的几乎所有诗歌和学术成果都是其工作期（19 岁 ~ 25 岁）的产物。在这短短 5 年多的工作期中，海子建立起人生的三个“奋斗支点”：学术、诗歌和爱情。除了少量的追思文章外，当代关于海子的研究基本局限于对其诗歌的望文生义或因文赋义，而对其爱情的探讨则有如云山雾罩，对其工作和学术活动的研究则是一个盲区。本文主要致力于填补对海子研究的重大遗漏和空白，即：

① 法学博士，教授，中国政法大学系统法学与系统科学和文化研究中心主任。

② “记念刘和珍君（1926 年）”，载《鲁迅杂文选（上）》，上海人民出版社 1973 年版，第 65 页。

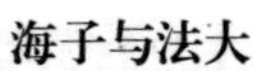

海子大学毕业后至死亡前（1983 年 7 月～1989 年 3 月）与其工作和学术有关的活动。附带强调的是：海子真的不是神。他的诗歌和爱情也和他的工作与生活环境不无关系，但至于他的死则是一个谜。

要了解或描述海子大学毕业后进入中国政法大学直至逝世前这 5 年间的工作和学术活动，必不可少的环节就是研究“海子与系统法学”的关联。（相关的问题包括：中国政法大学法制系统科学研究会成立前后的背景、这个研究会的宗旨和组织形式；海子如何加入中国政法大学法制系统科学研究会，并担任理事和副秘书长；海子在其中进行了哪些工作、开展了哪些学术研究。）甚至海子短短一生中的唯一一次工作调动，转向哲学教研室，从事系统科学和美学教学都与中国政法大学法制系统科学研究会不无关系。海子参与系统法学研究对其诗歌也产生了一定的影响（本文不论）。

我与海子结缘完全是由于系统法学的崛起，而“海子之谜”则成为系统法学研究的一个新的生长点，它拓展了系统法学研究的可能性空间。

二、海子的“学术支点”与系统法学崛起

查海生（笔名“海子”，同事们称他“小查”），1983 年 7 月由北京大学法律系毕业被分配到中国政法大学[①]工作并被分配到校党委宣传部系统下属的《中国政法大学校讯》负责编辑工作。根据其人事档案记载，当时他才 19 岁（1964 年 3 月～1983 年 7 月）。不久，他就“卷入”了 20 世纪 80 年代中后期崛起中的系统法学派，不仅自己研究探索系统法学，而且起到了推波助澜的作用。

系统法学（legal systems science）是运用以系统科学为代表的现代科学方法和以计算机—网络技术为代表的现代科学技术，研究法制系统的调节机制及其演化的法律科学。那是一个当代的法学创新

---

① 前身为北京政法学院，1983 年更名为中国政法大学。

思潮，卷入那个思潮的人们被誉为“系统法学派”。①

20世纪80年代中国系统法学的崛起受到国内三方力量的推动：一是在20世纪70年代末至20世纪80年代初，中国学界对以系统科学为代表的现代科学方法和计算机为代表的现代科学技术的热情引进；二是当时的中国政府领导人对所谓信息时代“第三次浪潮”冲击的关注和积极应对；三是1979年钱学森在《光明日报》发表了《大力发展系统工程，尽早建立系统科学体系》②的文章，其中将“法治系统工程”列入系统工程的体系。此后，系统法学将这一方向的研究概括为三个层次：法系统学、法系统技术学和法制/法治系统工程。③这既是推动中国法制系统和法治过程发展的一个崭新视角——一个管理学的视角、一个工程学的视角、一个文理交叉结合的视角、一个大系统的视角，又是一次创新的第一推动力。钱学森这位系统科学和系统工程的倡导者登高一呼，直接激起了法学研究和法制建设实践领域应对信息时代的创新浪潮——系统法学的崛起。

当时的法学界包括五大政法学院（北京政法学院、西南政法学院、西北政法学院、中南政法学院、华东政法学院）以及中山大学、北京大学、人民大学等高校和科研机构都受到系统科学的冲击。一批早期推动系统科学发展及其在社会科学中运用的学者，包括魏宏森、金观涛、童天香、周桂茹、闵家胤等，都到北京政法学院（中国政法大学）进行过学术报告和学术交流。一批政法学子开始探索法学研究方法的变革，并应用系统科学方法撰写法学论文。④

---

① 参见熊继宁等：“新的探索——系统法学派的崛起”，载《政法论坛》1985年第3期；熊继宁：“系统法学在中国——纪念全国首届法制系统科学讨论会召开15周年”，载《政法论坛》2000年第6期；熊继宁：“法制/法治系统工程与系统法学”，载《中国政法大学学报》2009年第4期。

② 钱学森：“大力发展系统工程，尽早建立系统科学体系”，载《光明日报》1979年11月10日。

③ 参见熊继宁：《系统法学导论》，知识产权出版社2006年版，第一章、第二章。

④ 包括当时在北大就读研究生的李克强曾运用控制论方法撰写过“关于法治系统的控制过程的探讨”，载《系统科学论著选（1）》，中国政法大学出版社1987年版，第408~415页。

就是在这样一个宏大的背景下，小查投入了当时如火如荼的系统法学思潮。这是当今对海子的研究中，一个完全被忽略了的领域。这一研究的背景和中国政法大学法制系统科学研究会的发起、成立和相关活动具有密切的关系。

曾经的评价认为，尽管系统法学其中的个体或群体的研究和运作有所侧重，但是，系统法学派既是理论的又是实践的；既是学术的又是操作的。尽管立足于现在的系统法学派既重视历史又关注未来，但是，它毕竟属于未来。[①]但是，海子只活在他的当下，他来不及等待未来。

（一）海子寻找“奋斗支点”与法制系统科学研究会成立

1984 年～1989 年，海子是中国政法大学法制系统科学研究会的创始会员，并担任理事兼副秘书长。

1984 年 4 月 7 日，中国政法大学法制系统科学研究会成立时，中国政法大学的前身“北京政法学院”刚刚复办（1979 年 10 月 24 日正式开学典礼）不久，后与“中央政法管理干部学院”合并更名为“中国政法大学”（1983 年 5 月 7 日成立大会）。大约两个月之后，海子由北京大学法律系分配到中国政法大学工作。[②]

刚恢复和成立的中国政法大学的教学和科研都落后于时代的要求。那时，我们所面对的是一个刚复办不久，甚至连大部分校园（由北京市歌舞团、北京市曲艺团、北京市戏校、北京市文化局占据）都没有收回来的大学。为了收归校舍，学生曾经写大字报和组织过游行，惊动过中央和北京市委。校方在两头（学生和占房单位）受气，三方（学生、占房单位和上级领导）受挤的情况下，也算竭尽全力。由担任司法部党组成员的副部长兼任政法大学党委书记陈卓带头，将所有党政机构和教学研究机构都搬入油毛毡搭建的临时大棚，以保证学生宿舍的数量要求，然而还是不能满足需求。学校

① 熊继宁：《系统法学导论》，知识产权出版社 2006 年版，第 12 页。

② 根据 1983 年 9 月 20 日海子填写的《教职工履历表》中“何时何地参加革命工作”一栏的内容为“1983 年 7 月”。

师资及研究人员也还没有抽调完备，只有采用外聘教师联合培养的方式。师资和教材缺乏，科研图书、设备等条件都非常落后。在这种条件下，怨天尤人不行，骂大街和游行示威也不管用，从学习到生活，各项条件的改善都要靠校方和学生共同努力。我是武当山知青出身，当时担任中国政法大学学生会学习部部长、研究生生活部部长。在艰难困苦的条件下，我们有一个口号，叫做“自己救自己”，并在红色经典中找到了理论依据：一是历史是人创造的，但是，人只能在既定的条件下创造历史；二是问题不在于解释世界，而在于改造世界。①

于是，我们在生活方面开展工作，组织学生配合学校收归校舍、整顿宿舍、打扫卫生，安排学生每班轮流帮厨，冰天雪地时帮助卸车，转运蔬菜等。也正是在此过程中，我们与校后勤部门建立了良好的关系，他们逢年过节都会免费给学生摆大席聚餐，有酒有肉——这在以后的历届学生会中都是没有的。校舍不够，学校向隔壁的大钟寺生产队租赁了一块菜地中用砖新搭建的三排小平房构成的小院，解决部分新分配到政法大学的青年教师和 83 级部分研究生的居住问题：四个人一间房，吃饭仍在学校食堂。海子作为青年教师起初被安排在其中第一排靠中间的一间屋子，同西南政法学院毕业分配到我校担任校团委书记的陈佐夫、分配到党办的大学毕业生蔡和斌、华东政法学院分配到我校民诉教研室的刘芝祥合住。据知情人回忆，小查不常在宿舍，以后不久就搬往校内的办公室住了。②由于小院的周围是生产队的菜地，猪圈也在附近，因此，环境卫生条件很差。为了保持宿舍清洁卫生，防止和减少疾病发生，我们研究生学生会生活部每周都要组织卫生检查。

面对当时的条件，农家出生的小查仍是生机勃勃，并不像外人想象的那样情绪消沉、低落和压抑。除了大家共同面对的生活学习

① 参见马克思：“关于费尔巴哈的提纲”、“路易·波拿巴的雾月十八日”，载《马克思恩格斯选集（第一卷）》，人民出版社 1972 年版，第 19、603 页。

② 据祥子（化名）回忆。

条件以外，对于具有诗人气质的小查来说，周围近在眼前的还有“燕京八景”之一的“蓟门烟树”、“元大都古城遗址”和古老的护城河——小月河，以及每年除夕敲响春节联欢会零点钟声的“大钟寺”。当时那片北京城新街口外具有诗意的古城荒郊、乡村田园不仅是城里人度假休闲、春游秋耍的风景胜地，也是青春期的海子萌生初恋爱情的伊甸园。据回忆，他的诗歌“打钟的声音里皇帝在恋爱”就是在那段生活时期的妙语。①1984 年暑假后，学校在昌平西环里 43 号院买了两栋楼，一小部分作为进修生院办学用，大部分供青年教师居住。两人共住一个两室一厅的套间，其中每人单住一室。小查被分配住进了新校址的单元楼宿舍——六单元 302 室。那里，虽然距离海淀区学院路 41 号的老校区有一个小时左右的公共汽车路程，但是居住条件有了极大的改善。海子在那里获得了一片乐土，搞学术、写诗歌、谈恋爱。

面对生活条件的困难，小查逍遥洒脱。这不仅仅是因为他出生于农村，过惯了苦日子，更因为他具有更高的精神追求而不把物质的困苦当作一回事。海子认为：“困难不是一件坏事，它可以培养我们艰苦创业的精神。”②作为政法大学一名最年轻的新教师，一名刚刚进入校党委宣传部的新兵，他不仅自己这样想，而且还利用自己的新阵地——《中国政法大学校讯》呼吁刚刚跨进校园的新生：“让我们在战胜困难的过程中与新校风、新校园一块儿成长吧！”③海子写道：

> 我们应当感到自豪，因为我们能够领略创业的艰辛和幸福，对于物质的东西我们并不鄙薄，但重要的是人的因素、人的精神。未来的校园美景固然值得向往和骄傲，但更加孜孜以求的

---

① 内容见海子：“打钟”，载西川编：《海子诗全编》，生活·读书·新知上海三联书店 1997 年版，“第一编短诗”；据 2014 年 1 月 16 日晚二马（化名）、二月（化名）回忆，海子从大钟寺游玩回来，给大家念这句诗，让他们给哄走了。

② 海子：“寄语新同学”，载《中国政法大学校讯》1983 年 9 月 12 日。

③ 海子：“寄语新同学”，载《中国政法大学校讯》1983 年 9 月 12 日。

是优良的学风、良好的学术空气、是社会主义精神文明的新气象。朋友，相信自己，承担起历史的责任吧！①

海子“在既定的条件下”不是抱怨环境、怨天尤人、消极颓废，而是和我们一起投入了“自己救自己”的活动，“创造历史”，“改造世界”。海子不是那种所谓患有抑郁症的“小资情调”的诗人，他是一个勇敢的热血行动者。因此，根据海子当时的思想境界和个人表现，那种关于海子因为生活条件太差无法忍受，从而精神抑郁而自杀的说法似乎是一种天方夜谭。

在学习方面，作为刚刚成立的北京政法学院（中国政法大学），师资缺乏、教学内容贫乏，研究方法和技术的落后，不仅不能担起新时期社会主义民主和法制建设的繁重任务，而且还满足不了改革开放后进入研究生学习的师生的学习热情和求知欲望。于是，我们大学学生会学习部开辟了不少法学和社会科学，以及时事方面的讲座。独辟蹊径的是，春节回家，我从父母单位（十堰市科委）得到北京系统工程学会编撰的《系统工程讲座》系列科普资料，觉得有助于改革和更新法学研究方法。于是在开学返校后，便到北京市科委寻求支援《系统工程讲座》的专家。当时担任北京市科协系统工程学会副秘书长（专职）高级工程师的高兴耀不仅向我推荐了清华大学魏宏森等专家，而且建议我们成立一个系统工程学会，可以开展经常性的科普活动，这也正是我们所渴望的。与此同时，我们又寻求了中国系统工程学会和中国科学院系统科学研究所有关专家的支持和帮助。研究生同学们和新分配来的青年教师对我们这一“自己救自己”的举措反响热烈，于是我们决定发起筹备并建立法制系统科学研究会。

当时，在以中国政法大学学生会学习部名义给校领导的报告中，我们强调了“我国法学研究长期处于落后状态，而研究方法的落后是重要原因之一”；“钱学森同志在1979年就倡导：开展法制系统工

---

① 海子：“寄语新同学”，载《中国政法大学校讯》1983年9月12日。

程研究”；“为了使我国法学研究迎头赶上科学发展的步伐，加速社会主义法制建设……申请成立‘中国政法大学法制系统工程研究会’……从战略上填补法制系统工程的空白”等方面的内容，详见下文：

校领导：

我国法学研究长期处于落后状态，而研究方法的落后是重要原因之一。第三次科技革命所造成的科学整体化趋势，促使了科学研究方法的革命，使“三论”成为辩证唯物主义指导下的一般方法论，并被引进了社会科学领域。钱学森同志在1979年就倡导：开展法制系统工程研究。为了使我国法学研究迎头赶上科学发展的步伐，加速社会主义法制建设，我们在北京科协的建议下，申请成立“中国政法大学法制系统工程研究会”，并拟聘请著名系统工程学者、专家和法学家担任顾问，从战略上填补法制系统工程的空白。

以上申请妥否，请领导批复。

此致

敬礼！

中国政法大学学生会学习部　熊继宁

1984年3月22日

我们将这关于成立法制系统工程研究会的报告呈送校领导后，得到当时的校党委书记陈卓（司法部副部长兼任）和校长云光的大力支持。云光校长于3月24日具体批示如下：

“转陈卓同志阅后，退学生会：成立研究会是大好事，不知有无条件，如认为有条件，请起草个计划章程（草案），送校党委。至于请学者专家担任顾问，似应在我们的研究会确有一定规模的情况下才好考虑人选。”陈卓书记于当天在申请报告上划“○”表示同意。

于是，我们忙于起草章程，征集会员报名，筹备协会的成立。

根据《中国政法大学大学法制系统科学研究会章程》[①]，研究会的宗旨是："以马克思主义为指导，理论联系实际，将系统科学理论作为一般方法论应用于法学领域，填补我国法制系统科学研究的空白，以推动法学研究和社会主义法制建设的发展"；当时的主要任务是："在我校普及一般系统论理论知识和其他自然科学的最新成果，促进法律单科院校师生知识结构的改变，以适应'信息时代'的要求"。

值得注意的是，"中国政法大学法制系统科学研究会"，虽然是一个研究生发起建立的组织，但它并不是一个学生组织，而是一个"以研究生、本科生为基础，并有教职工参加的群众性学术研究团体"。这也是海子以及其他与海子工作生活中相关的复办返校老教师和新分配进校的年轻教师，如刘圣恩、常绍顺、孙理波、吴霖等参加研究会的组织"缘"。根据《章程》关于"组织机构的规定"：

> ①研究会采取文理结合、师生结合的新型组织形式；②全体会员暂时按所属单位编组，研究生为一组，本科生一、二、三、四年级各一组，教职工一组；③研究会通过全体会员大会选出理事会集体负责有关会务，理事会每年改选一次；④聘请系统理论方面的专家、法学家、公检法部门的同志担任顾问和指导老师。

当时，我们曾建议研究会会长和主要理事都由教师担任。可是，教师和校领导却认为，这是一个新学科，原有教师队伍不具备这方面的人才，年轻人思想活跃，接受新事物快，最好由发起建立协会的研究生和青年教师担任。于是我作为研究生一年级的学生、研究会的发起者就成为由研究生、本科生和教职工共同组成的研究会会长的候选人；老教师刘圣恩、青年教师查海生等以及一些研究生积极分子就成为研究会的理事候选人。研究会在研究生和本科生四个年级（80

① 关于研究会的名称，涉及系统法学中的相关概念，以及相关层次问题，参见熊继宁：《系统法学导论》，知识产权出版社2006年版，第27~28、34~35页。

级、81级、82级和83级），以及教职工中分别建立了分会。

当时参加研究会的教工有：韩文生（党办）、胡希平（校办）、陈汉邦（民法）、陆敏（学报）、孙理波（法理）、姜文赞（学报）、李敏（民法）、姚新华（民法）、张观发（法制史）、李传敢（宣传部）、康德琯（经济学）、李存捧（法制史）、吴霖（校刊）、田文昌（刑法）、裴广川（刑法）、朱玲娣（教务处）、于兹柯、郑静仁（法理）、金俊银（民诉兼81级办公室）、刘圣恩（哲学）、常绍顺（哲学）、查海生（校刊）等。①

海子参加法制系统科学研究会，从事于文理结合改造传统法学落后面貌的活动，显然不仅仅是因为被中国20世纪80年代兴起的“系统热”大潮卷下了海，而是有其更加深厚的“思想基础”，他写道：

> 年轻的朋友，实现理想，要立足于现实，要认清自己的使命，找到奋斗支点。理想只有与这种使命感和奋斗精神结合在一起才有分量，与其把现实看成是对理想的矫正，不如把她看成是理想的基础，将它升华成一种有待腾飞的力量。②

海子将理想与现实相结合，认清了自己的“使命”，矫正了自己的目标，他要将关于系统法学的探索作为新的“奋斗支点”，并将它升华成一种“有待腾飞的力量”。

海子当时在校刊编辑部工作，隶属于校党委宣传部。作为首批会员和积极分子，海子不仅被选入了理事会，而且还担任研究会的副秘书长，其主要分工是关于学会活动情况的报道；另外海子还兼任科研理事，分工是推动研究会的科研工作。海子在任研究会副秘书长和科研理事期间，在工作上取得了显著的成绩（详见下文）。

值得提起的是，海子调往哲学教研室的主要原因是希望转往与系统科学有关的教学科研机构，以便有更多的专业学习和研究的时

---

① 参见《中国政法大学法制系统科学研究会组织设置》、《中国政法大学法制系统科学研究会全体会员名单》（1984年4月19日）。

② 海子：“寄语新同学”，载《中国政法大学校讯》1983年9月12日。

间。当时担任法制系统科学研究会学习理事的刘圣恩副教授和哲学专业研究生常绍顺，他们后来分别成为教授并兼任哲学系和哲学教研室的领导。由于海子在研究会中对系统科学的研究和推动工作，所结下的“缘”，他们二人分别都成为海子唯一的一次“转业”——由校刊编辑部调转哲学教研室工作——的“渡”。他们以后都是海子的直接行政和业务领导：刘圣恩担任政治系主任，海子的调动直接经过他的考核和审批；常绍顺在海子山海关事件时担任政治系主任。因此，他们在学校和山海关直接处理过海子的事。

（二）海子关于法制系统科学研究会成立的报道

经过全面又紧张的筹备工作，中国政法大学法制系统科学研究会于1984年4月7日在教学楼一间大教室召开了成立大会，选举了理事会，正式成立。

海子负责撰写了关于《我校法制系统科学研究会成立》的报道稿，曾交给我过目。报道的主要内容突出了研究会成立的时代背景、宗旨、任务和组织形式，以及当时正在开展和将要开展的一些工作。我当时主要建议修改了两个方面的内容：一是增补了研究会的成立得到了“北京市科协、中国科学院系统所和清华大学”的支持和帮助；二是删去了由谁担任理事长等突出个人方面的内容。报道以“本报讯”的名义，登载在1984年4月26日《中国政法大学校讯》第1版的右下角，作者署名“海子”，具体内容如下：

我校法制系统科学研究会成立

本报讯　本世纪系统科学和系统理论（系统论、信息论和控制论）的产生不仅为自然科学，而且也为社会科学提供了一般方法论。同时，我国社会主义现代化建设也需要运用先进的方法论，发展变革原有的社会科学理论。在我国，自然科学和社会科学渗透合流的现象方兴未艾。为了使我国法学研究迎头赶上科学发展步伐，在校党委领导关怀下，在北京市科协、中国科学院系统所和清华大学等单位的大力协助和支持下，1984

年4月7日我校法制系统科学研究会于校庆一周年之前成立。

研究会是以研究生、本科生为基础并有教师参加的群众性学术团体。它将以马克思主义为指导，将系统科学理论作为一般方法论应用于法学领域，填补空白，促进法学研究的深入和我国法制建设的发展完善。研究会采取文理结合、师生结合的新型组织形式。它聘请系统理论专家、法学家和公检法部门的同志担任顾问和指导教师，将组织系统理论的系列讲座，定期举办交流会，编辑有关论文汇编。它将推荐优秀论文参加北京市科协举办的系统科学交流年会。目前，它致力于普及一般系统理论知识和其他自然科学的最新成果，促进法律院校师生结构的改变，以适应形势的要求。在条件成熟时，将组织系统科学专家和法学家联合攻关。

海子

中国政法大学

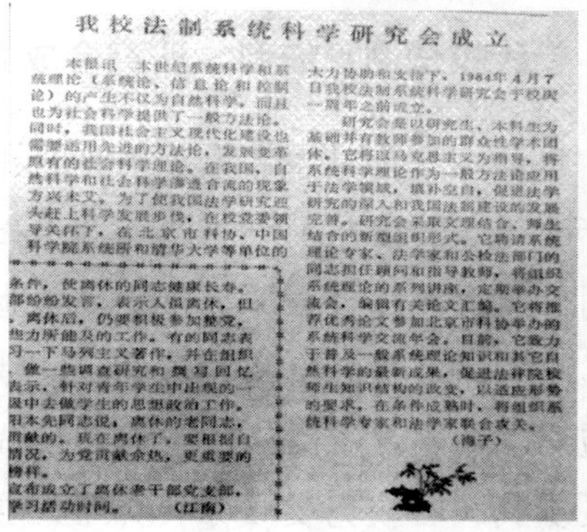

我校法制系统科学研究会成立

本报讯　本世纪系统科学和系统理论（系统论、信息论和控制论）的产生不仅为自然科学，而且也为社会科学提供了一般方法论。同时，我国社会主义现代化建设也需要运用先进的方法论，发展变革原有的社会科学理论。在我国，自然科学和社会科学渗透合流的现象方兴未艾。为了使我国法学研究迎头赶上科学发展步伐，在校党委领导关怀下，在北京市科协、中国科学院系统所和清华大学等单位的大力协助和支持下，1984年4月7日我校法制系统科学研究会于校庆一周年之前成立。

研究会是以研究生、本科生为基础并有教师参加的群众性学术团体。它将以马克思主义为指导，将系统科学理论作为一般方法论应用于法学领域，填补空白，促进法学研究的深入和我国法制建设的发展完善。研究会采取文理结合，师生结合的新型组织形式。它聘请系统理论专家、法学家和公检法部门的同志担任顾问和指导教师，将组织系统理论的系列讲座，定期举办交流会，编辑有关论文汇编。它将推荐优秀论文参加北京市科协举办的系统科学交流年会。目前，它致力于普及一般系统理论知识和其它自然科学的最新成果，促进法律院校师生知识结构的改变，以适应形势的要求。在条件成熟时，将组织系统科学专家和法学家联合攻关。

（海子）

资料复印件

与此同时，1984 年 4 月 26 日《中国政法大学校讯》第 3 版《简讯》中关于学生会社团成立的报道中，专门强调了“法制系统科学研究会是我校为使法学研究现代化而创立的新型社团”，以及校领导对学校社团工作的重视——陈卓（校党委书记，司法部副部长兼）、云光（校长）等同志参加了大会。这篇报道的作者笔名“一夫”，不知是当时的校团委书记陈佐夫，还是以后参加法制系统科学研究会学术研究活动的刑事侦查专业的研究生李田夫。

报道如下：

> 4 月 7 日，我校学生会举行了社团成立大会，校领导陈卓、云光等同志参加了大会。会上宣布成立的社团有：法学社、法制系统科学研究会、文学社、书画社、新闻记者团、讲演团、集邮协会、舞蹈队、声乐队、管弦乐队、桥牌协会、武术协会、体操协会、棋艺社。其中，法学社规模最大。法制系统科学研究会是我校为使法学研究现代化而创立的新型社团。各社团分别聘请了校内外知名人士和老师为顾问。
>
> 一夫

在当年成立的 14 个社团中，该篇报道将法制系统科学研究会排在第二位，居法学社之后。值得一提的是，对法学社报道重点是突出它“规模最大”，而对法制系统科学研究会报道重点强调的是“使法学研究现代化而创立的新型社团”。另外，《中国政法大学校讯》在第 1 版还为法制系统科学研究会的成立，发了“海子”署名的《我校法制系统科学研究会成立》的专题报道（这里既反映了学校对法制系统科学研究会成立的重视，也记载了海子的工作成效）。

查海生在中国政法大学工作期间，用海子的笔名在《中国政法大学校讯》和《中国政法大学学报》上共发表过 9 篇文稿和 1 幅刊头设计。其中 5 篇文稿（4 篇新闻报道和 1 篇书评）都是关于中国政法大学法制系统科学研究会及其有关的活动。

（三）海子报道法制系统科学研究会成立初期的活动

那时，担任研究会理事的大学生、研究生和青年教师都极有热情和冲力。法制系统科学研究会成立一个多月以来的活动，可谓强冲击波，辐射整个政法大学，并通过法制新闻报道波及全国。其影响是全国各政法院校先后都成立了类似学会。

1984 年第 2 期《中国政法大学学报》登载了海子的《我校法制系统科学研究会成立并开展活动》的报道。在报道中，海子提到“研究会分科研、情报、学习、科普和外联五个组开展活动，已取得初步成效”，而海子当时正担任科研理事。

海子突出报道：“目前，研究会一手抓普及，一手抓研究，努力提高会员的科学水平，积极加强与有关方面的联系，决心为我国法学研究、法学教育和法制建设做出贡献。”那么，海子所提到的“初步成效”是什么呢？

1. 普及以系统科学和计算机为代表的现代科学方法和科学技术。仅就“一手抓普及”这个方面来说，就包含着无尽的忙碌和许许多多的内容。法制系统科学研究会成立一个多月以来，除了聘请顾问和组织建设外，其中一个主要的任务就是普及以系统科学为代表的现代科学方法和以计算机为代表的现代科学技术，努力提高会员的科学水平。我们拿着学校出具的介绍信，利用课余时间奔波于清华大学、北京邮电大学、北京航空学院、中国科学院系统所、中国社科学院哲学所、北京市科协等单位联系讲座人，并利用中国政法大学成立一周年校庆之际，安排了一个关于系统科学方法论基础知识的系列讲座。其中校团委还主动与我们合作，共同具名举办了一次“电子计算机与科技革命”讲座，这也是这次系列讲座的内容。讲座是由当时还是清华大学副教授的魏宏森开场的。由于他在我国率先普及系统科学方法，还出过一本《系统科学方论》的小本专著，并给中央领导讲过系统科学方法论的课，学术底子厚，语言又生动，因此开场非常成功。讲座引起了校方的极大关注和重视，由校党委书记陈卓和校长云光同志带队，学校处级以上的干部都积极参与了听讲座的活动。校方还曾经把我们联系安排的“系统科学报告”列入《中国政法大学第九学周工作日程安排》（1984 年 4 月 16 日 ~21

日）要求全体教师参加。由于听报告的场地不够，专门安排了教学楼 319 和 419 两个会场。

学会的系统科学讲座延续了几个学期，而不只是海子在当时报道中提到的“今后，研究会还将组织‘信息社会和法学’、‘系统论在苏联法学中的应用’等方面的讲座”。在以后的学期中，中国社科学院哲学所的童天湘副研究员被邀请来进行过“控制论”的系列讲座，北京邮电大学的周桂茹来进行过“信息论”的系列讲座，中国社科学院哲学所的闵家胤来进行过“系统哲学”方面的系列讲座，等等。

2. 举办暑假高等数学学习班和计算机学习班。海子在报道中提到的“举办暑假高等数学学习班”的计划也如期进行：聘请了北京邮电学院的陈鑫林、阮传慨老师来进行教学，讲授了微积分、线性代数、概率论、对策论、模糊数学等课程。校科研处对这项活动大力支持，研究生院院长张晋藩教授参加了学习班的开学典礼。结业时还进行了考试，学员们（包括本科生、研究生和青年教师共 35 人）全部都通过了考试，并且成绩良好。另外，我们开设了“计算机学习班”，而学习用的这两台计算机是 84 级理事李想、于亚群等从北京航空学院和北京邮电学院分别借来的。研究会利用假期开办的培训班非常成功。

这些讲座和培训班实际起到了中国政法大学第二课堂的作用。它们填补了中国政法大学正式教学体系的空白，弥补了课程方面的缺陷，对改变中国政法大学单一法科院校的知识结构起到了长期和深远的影响。就我所知，当时的研究生常绍顺曾选择了讲座人魏宏森为自己的硕士论文指导老师，积极参加了这些讲座，并将“系统科学与管理”作为自己的研究方向。硕士毕业以后，常绍顺留校成为哲学教研室主任——海子的行政领导，后担任政治系的主任；他在中国政法大学政治系开设“系统科学与管理”的课程，并出版过“系统科学与管理”方面的教材。我在研究生毕业之前，就受邀在司法部教育司组织的“全国政法院校主管科研校长工作会议”上专题报告“在我国法学研究和法制建设中引进系统科学方法和计算机技术”，并受邀在西北政法学院和北京大学作相关讲座。我的硕士论文题目是《社会变革与结构性缺陷——经济体制改革的法律调节机制》，其研究方法是系统科学方法，该论文获得了法律出版社主编和副主编的好评，专门约见了我并于1992年出版了该书。我于1986年研究生毕业留校，组建了法制系统工程研究室并担任负责人，直接为研究生开设“系统法学研究”的专题讲座，以后发展为“系统法学导论”和“系统科学导论”两门研究生通选课程，出版了《系统法学导论》这本专著（获中国政法大学2006年教学科研成果一等奖）。由于我们讲座的影响，中国政法大学83级的本科生韩良此后竟然转向考取了南开大学的系统工程专业博士研究生，并取得博士学位，等等。海子由宣传部门调入哲学教研室，一方面与哲学教研室为组建系统科学有关的教学队伍物色热爱和推动系统法学发展的人才有关，另一面则与海子通过这些讲座全面而系统地获取了系统科学方面的知识，并向1984年法制系统科学研究会首次研讨会提交的那篇系统法学论文（见下文）有关。海子的所有的专业档案只有法学相关课程的记录，因此，这些讲座和那篇与系统科学有关的论文对他工作的调动起到了重要作用。据当年的政治系主任刘圣恩教授说，那篇论文是海子的业务审核依据。海子调入政治系以后，在常绍顺的安排下讲授过“系统论”课程的“控制论”部分，也算是对他的教学考核。①

这也是中国政法大学由单一法科院校向文理结合、多学科综合院校发展的始端。记得学习班之后，由我们起草的关于在政法院校开设高等数学和计算机等文理结合课程的报告，由学校报给主管部门——司法部。以后，在中国政法大学成立了“数学教研室”、“计算机教研室”，归属基础部，并开设了其他自然科学课程；哲学教研室开设了与系统科学有关的课程；研究生院开设了“系统科学方法入门”和“系统法学导论”课程；并在研究生院成立了“法制系统

---

① 2014年4月9日中午，回家路上，碰到常绍顺并与其核实该情况。

工程研究室”。若干年以后，中国政法大学逐步从单一法科院校向多学科综合性大学转型，而这一转型是由中国政法大学法制系统科学研究会举办的系统科学讲座、暑期高等数学学习班和计算机学习班为起点的。海子则在这一转型之初由宣传部调往与系统论教学有关的政治系哲学教研室，而不是调往与他大学专业相关的法律系或经济法系。由于组织的需要，海子大学毕业后的第一次分配与其专业有些不对口。海子开始时有些思想问题，但其在领导和同志的帮助下基本解决了思想问题，并服从了组织的分配。①而这一次，他主动申请调往一个非对口专业，可以看出，海子是立志要由纯法学转向交叉学科（当时我们称系统科学为“横断学科”），并以系统科学和系统法学为业了。

在政法文科院校开设“系统科学系列讲座”、“高等数学”和“计算机”课程，这不仅在中国政法大学，而且在全国政法学院校都是首次。《中国政法大学校讯》和《法制日报》②都进行了报道。从而将文理结合以及法学研究和法制建设的科学化和现代化提上了议事日程。海子是最早的亲身参与并通过通讯报道的形式进行推波助澜的人之一。

3. 海子参与并报道第一次系统法学学术研讨会。研究会成立以后的另一个方向是学以致用，开展运用系统科学方法研究法学的探索，检验会员的研究能力，并为筹办全国首届法制系统科学研讨会做准备。这就是海子报道中所说“另一方面，研究会积极进行科学研究，努力提高会员的科研水平和能力”。关于海子提到的“5月22日举行”的那次“科学讨论会”是我国第一次系统法学的专门研讨会。虽然那是学会成立以后仅一个多月便举办的第一次理

---

① 参见1984年1月3日海子《个人总结》：“大学毕业以后，分配到法大宣传部校刊工作，开始时有些思想问题没有解决。参加工作以来，在领导和同志们的帮助下，这五个多月基本解决了思想问题，而且取得了初步的成绩。”

② 舒国滢：“中政大法制系统科学研究会举办高等数学学习班”，载《法制日报》1984年7月23日；舒国滢：“暑假高等数学学习班结束”，载《中国政法大学校讯》1984年9月1日。

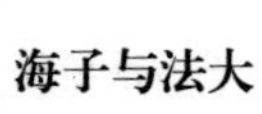

论研讨会，但是，它却是我们前期探索进展的一个检验。

会前，我们进行了认真的准备。1984年4月11日，以“中国政法大学法制系统科学研究会”名义发出了《关于举办法制系统科学讨论会的通知》。其中列举的征文目的有三个：①祝贺我校建校一周年；②活跃我校学术气氛；③了解我校关于法制系统科学研究的现状和成果。

虽然这次征文投稿的数量并不多（共有11篇文章，海子报道中只反映了其中8篇论文的题目，论文及其作者由本文作者部分回忆），但是，具有一定的研究深度和分量。而海子本人提交的《从突变理论看国家产生形式和法的作用》则是其中出色的一篇（见后文）。我当时提交的《为什么要在法学领域里引进系统方法》主要是回答所谓“系统热”所引起的疑问和焦虑，尤其是回应当时的一些领导和专家学者发问的“系统科学方法和马克思主义唯物辩证法之间的关系”。值得提起的是，在投稿的文章中，除了本校会员的文章外，还有钱学森和吴世宦具名合写的《法制、法治和法治系统工程及现代科学技术》。他们的投稿对我们是一次极大的鼓舞。而这次理论研讨会就是以后举行“全国首届法制系统科学研讨会”的前哨战，也是后来持续30多年系统法学派长征探索的三次全国理论研讨会的初始。

在1984年第2期《中国政法大学学报》中，海子以其“查海生”的本名对法制系统科学研究会的成立、成立后一个多月的活动，以及将来的活动安排进行了综述报道：

我校法制系统科学研究会成立并开展活动

本世纪系统科学和系统理论（系统论、信息论和控制论）的产生不仅为自然科学，而且也为社会科学提供了一般方法论。同时，处于目前科技革命新形势下的我国社会主义现代化建设，也需要运用先进的方法论，发展变革原有的社会科学理论。当前，在我国，自然科学和社会科学渗透合流的现象正方兴未艾。

为了促进我国法学研究的深化，使它迎头赶上科学和时代的发展步伐，在校党委领导的关怀下，在北京市科协、清华大学和中国科学院系统研究所等单位的大力协助和支持下，1984 年 4 月 7 日，中国政法大学法制系统科学研究会成立。

研究会是以研究生、本科生为基础并有部分教师参加的群众性学术团体。它将以马克思主义为指导，将系统科学方法和其他自然科学新方法应用于法学领域。在组织形式上促进文科院校和理科院校的紧密关系，在条件成熟时组织系统科学家和法学家联合攻关。目前，研究会聘请了清华大学魏宏森、自然辩证法通讯杂志社金观涛、北京市科协高兴耀、北京工学院杨砾和中国政法大学杜汝楫同志担任顾问。

研究会成立一个多月来，以促进法学研究、法学教育和法制建设为宗旨，本着普及与提高相结合的方针，奋力开拓前进。研究会分科研、情报、学习、科普和外联五个组开展活动，已取得初步成效。一方面，研究会致力于普及一般系统论的基础知识和其他自然科学新方法，提高会员和广大师生的知识水平，更新其知识结构，以适应当前新的技术革命带来的巨大变化。研究会外联组和科普组积极配合，邀请了魏宏森同志举办了系统科学方法论基础知识的系列讲座。研究会和校团委联合，邀请了航空学院徐纵巍同志举办了“电子计算机与科技革命”讲座。今后，研究会还将组织“信息社会和法学”、“系统论在苏联法学中的应用” 等方面的讲座，举办暑假高等数学学习班。另一方面，研究会积极进行科学研究，努力提高会员的科研水平和能力。5 月 22 日举行了科学讨论会。讨论会的论文有《为什么要在法学领域里引进系统方法》、《关于法制系统的提纲》、《从突变理论看国家产生形式和法的作用》、《简论计算机在外国法院中的运用和前途》、《所有权的系统分析与国家所有权的问题》、《论社会治安综合治理的信息》、《整体思维与整体方法》 等。著名科学家钱学森教授和吴世宦同志也给讨论会寄来了论文《法制、法治和法治系统工程及现代科学技术》。上述论文分别从不同的侧面对法制系统科学的有关问题进行了探讨，并提出了今后研究的方向。另外，研究会情报和学习组也正抓紧时间，收集资料，筹备编辑有关科学与法学的论文汇编。

目前，研究会一手抓普及，一手抓研究，努力提高会员的科学水平，积极加强与有关方面的联系，决心为我国法学研究、法学教育和法制建设做出贡献。

查海生

4. 编辑《系统科学论著选》。海子在报道中提到："另外，研究会情报和学习组也正抓紧时间，收集资料，筹备编辑有关科学与法学的论文汇编。"研究会通过一年多的努力，收集了数百万字的系统科学方面的资料，准备分四辑出版。参加编辑的人员有清华大学魏宏森、中国科学院情报所王兴成、中国社科院哲学所闵家胤，以及中国政法大学的研究生熊继宁、邓群、胡一丁、朱玲娣、蔡艳敏，还有资料员范芬兰①。1985 年 3 月完成了《系统科学论著选》（1）（2）②，中文部分资料 70 多万字。出版工作历经艰难，于 1987 年由中国政法大学出版社出版。《系统科学论著选》（3）（4）的编辑出版工作则被搁置。

研究会还注意国内外研究动向，帮大家购买了《系统科学方法论导论》③、《控制论和科学方法论》④、《第三次浪潮》⑤等书籍，翻

---

① 毕业以后邓群成为律师；胡一丁担任司法部劳改局领导，后调任法律出版社任总编；朱玲娣留学校教务处工作；蔡艳敏到广州中山大学任教；范芬兰当时为经济法系资料员，是当时的硕士研究生张耕的爱人，张耕后来成为司法部副部长和最高人民检察院常务副院长。

② 中国政法大学法制系统科学研究会编：《系统科学论著选》（1）（2），中国政法大学出版社 1987 年版。

③ 魏宏森：《系统科学方法论导论》，人民出版社 1983 年版。

④ 金观涛、华国凡：《控制论和科学方法论》，科学普及出版社 1983 年版。

⑤ ［美］阿尔温·托夫勒：《第三次浪潮》，朱志焱、潘琪、张炎译，生活·读书·新知三联出版社 1983 年版。

译了欧文·拉兹洛的《系统哲学引论》[1]等书籍。《系统哲学引论》历经十多年才由中国社科文献出版社转由商务印书馆正式出版。

另外，对于当时的新图书，我们都保持了极大的关注。当时我们住在由一间废仓库用单坯砖隔成的“小平房”。有一次海子到我们所住的著名的“小平房”13号，一进门就盯上了铁皮书架，拿起我新买的《图腾与禁忌》（弗洛伊德）和《诸神的起源》（何新）不忍放手，我就将书借给了他。以后海子走了，书也没有回来。

海子是一个善于学习、接受新思潮快、读书兴趣广泛的青年教师。研究会组织的各种讲座，以及购买的和交流的各种新书对海子的教学和诗歌都起到了较大的促进作用。

（四）海子评介《第三次浪潮》

1980年初，官方在政府、大专院校和科研机构中推荐学习《第三次浪潮》、《大趋势》[2]等书籍和相关影视资料。研究会也帮助会员们代买了此书。海子经过学习和思考，写了一篇署名评介——《“第三次浪潮”不是一个科学概念》，就登载在报道《我校法制系统科学研究会成立》的同一张报纸上，即1984年4月26日《中国政法大学校讯》第2版的右上角：

“第三次浪潮”不是一个科学概念

最近，我校组织了部分干部教师观看了电视录像片《第三次浪潮》。它是根据美国未来学家阿尔温·托夫勒的同名畅销书拍摄而成的。此书1983年在我国翻译出版，国内发行。托夫勒1950年毕业于纽约大学，1970年出版的《未来震荡》和1980年出版的《第三次浪潮》两次震动西方思想界，并在国际上产生影响。

在这本书中，托夫勒提出了一个中心概念“第三次浪潮”。

---

① ［美］欧文·拉兹洛：《系统哲学引论——一种当代思想的新范式》，钱兆华、熊继宁、刘俊生译，商务印书馆1998年版。

② ［美］约翰·勒斯比特：《大趋势——改变我们生活的十个新方向》，中国社会科学出版社1984年版。

他把迄今为止的人类文明史划分为三次大的变革浪潮，即以农业革命为主要标志的第一次浪潮，以工业革命为主要标志的第二次浪潮，以及以信息革命为主要标志的第三次浪潮。应该指出，“第三次浪潮”不是一个科学的概念。把“第三次浪潮”作为一个划分历史阶段的概念，是违背历史唯物主义关于社会发展规律的正确解释的，是不科学的。

即使这样，《第三次浪潮》这本书仍然有一定参考价值。它在一定程度上反映了现代科学技术发展的新趋势。托夫勒认为，当前以电子技术为中心的电子、生物、新能源和新材料等重大技术大发展和广泛使用，必将影响人类生活，波及社会的各个层次和世界的每个角落。这些动向，值得我们重视。1983 年初，托夫勒在访问我国时建议，中国在进行现代化建设中要充分考虑到当前时代的特点，大力发展以信息工业为重点的新型产业。他在同年出版的新书《预测和前提》中提出，中国和其他第三世界国家实现现代化，不必走西方工业化的老路，而是尽可能及早地发展先进的工业技术，否则将永远落后于西方。这些建议也是善意的和中肯的。我们既要立足于当前，努力把目前的各项工作做好，又应高瞻远瞩，展望世界经济、科技发展的新趋势，想一想，我们应借鉴些什么，注意些什么，从而把我国现代化建设事业搞得更快更好。

海子

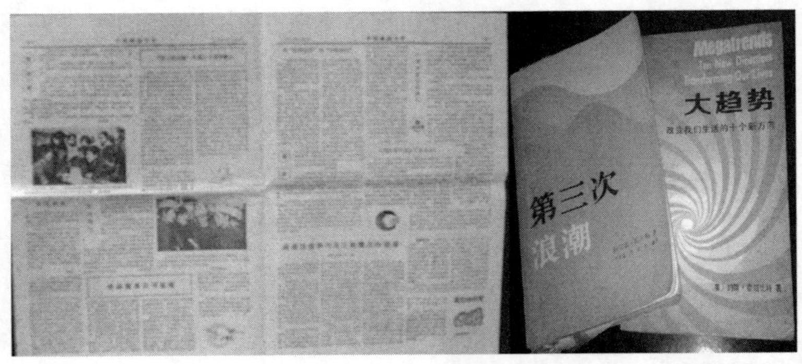

在该文章中，海子指出：“‘第三次浪潮’不是一个科学的概念”；以及“把‘第三次浪潮’作为一个划分历史阶段的概念，是违背历史唯物主义关于社会发展规律的正确解释的，是不科学的”。从这一层面，可以看到中国大学与中学政治课教育的成就，以及作为初入党委宣传系统的新兵海子的立场和政治敏锐性。但是，他后面使用了让步状语“即使这样”，并导出结论：“《第三次浪潮》这本书仍然有一定参考价值。它在一定程度上反映了现代科学技术发展的新趋势。”海子还肯定了托夫勒的有关建议，如：“中国在进行现代化建设中要充分考虑到当前时代的特点，大力发展以信息工业为重点的新型产业”；“中国和其他第三世界国家实现现代化，不必走西方工业化的老路，而是尽可能及早地发展先进的工业技术，否则将永远落后于西方”。他认为托夫勒的这些建议“也是善意的和中肯的”。在此基础上，海子少年老成地提出：“我们既要立足于当前，努力把目前的各项工作做好，又应高瞻远瞩，展望世界经济、科技发展的新趋势。”尤其是海子发人深省地提问：“想一想，我们应借鉴些什么，注意些什么，从而把我国现代化建设事业搞得更快更好。”从这一层面，我们可以看到海子的改革意识和开放意识，以及学以致用的求实精神。

此后，研究会的会员，海子的同事和朋友们在《中国政法大学校讯》上发表了一系列的关于运用系统思维方式的学术性质的文章，以及关于第二届法制系统科学研讨会召开的报道，例如：《探索：研究群体的兴起》①、《未来：透明的时代读〈知识价值革命〉》②、《面向未来从系统观鸟瞰法律科学》③、《社会调查与社会调查方

① 李曙光：“探索：研究群体的兴起”，载《中国政法大学校讯》1985年9月27日。

② 孙理波书评：“未来：透明的时代读《知识价值革命》”，载《中国政法大学校讯》1987年3月24日。

③ 常远、王健：“面向未来从系统观鸟瞰法律科学”，载《中国政法大学校讯》1987年4月25日。

法》[1]、《社会变革与结构演化》[2]等。这些文章的发表与海子及其在《中国政法大学校讯》的同事、另外一个系统法学研究会会员和诗歌爱好者“吴霖”的工作有关，当然也与当时的党委宣传部部长方昕的重视不无关系。

（五）海子参与并报道与美国运筹学代表团学术交流

中国政法大学法制系统科学研究会成立前后的一系列活动既受到中国系统工程学会和北京系统工程学会的重视，也得到了它们的支持。1984 年 8 月中旬，美国国际人民交流协会（people to people）组织的美国运筹学代表团，应中国科技交流中心邀请访问中国。中国系统工程学会和北京系统工程学会负责接待工作。因为美国运筹学代表团团长阿尔弗雷德·布姆斯坦博士和吉恩·泰勒小姐的报告涉及法律和监狱方面的内容，所以我们争取到一次学术方面的接待和交流机会：组织一次法学方面的学术报告会；报告场地和生活接待仍然由原接待单位负责。我回校向校科研处处长严端教授作了汇报，寻求支持。严端教授本人就是刑事诉讼法的专家，很感兴趣，并推荐了有关刑诉和刑法方面的专家参加交流。同时，邀请了时任中国政法大学副校长兼本科生院院长的江平教授参加报告会。

1984 年 8 月 17 日，在友谊宾馆科学会堂的一个报告厅，阿尔弗雷德·布姆斯坦作了《关于刑事审判系统模型》的报告，介绍了他自己关于犯罪率、关于犯罪率和囚禁率的相互关系以及随机过程的研究成果；吉恩·泰勒小姐作了关于《法庭系统仿真模型》的报告，介绍了系统分析及其技术如何运用于法院管理。

这次报告的每一项内容，都涉及系统科学方法在法学领域中的应用，以及法学研究如何定性定量研究相结合，让刚刚复苏的中国法学界感觉耳目一新。会上学者们进行了热情的提问和交流，尤其是对于陌生的法学定量化和建模研究议论不已。会后，江平副校长

---

① 熊继宁：“社会调查与社会调查方法”，载《中国政法大学校讯》1987 年 6 月 18 日。

② 熊继宁：“社会变革与结构演化”，载《中国政法大学校讯》1988 年 5 月 21 日。

认为，美国学者进行的是一场真正的学术报告，应该由我校宴请一下，以表感谢。我赶紧安排一位会员回校财务处取支票，然后就在会议地点——友谊宾馆餐厅宴请了阿尔弗雷德·布姆斯坦和吉恩·泰勒小姐。

访问结束前，中国系统工程学会在前门烤鸭店举行了一次正式的招待宴会，美方人员大感兴奋。我受邀参加宴会，仍然是陪阿尔弗雷德·布姆斯坦和吉恩·泰勒小姐两位教授。当整只烤鸭被端上宴会席巡回展示又端下后台作切片处理时，吉恩·泰勒小姐有些担心地问道："是不是参加宴会的所有人都可以吃到烤鸭?"我的回答当然是："No problem!"当经过切片处理后的烤鸭再度被端回宴会桌时，阿尔弗雷德·布姆斯坦教授手握刀叉，兴奋而幽默地说："People to people, duck to duck!"顿时，友谊的笑声传遍席间。讨论会促进了改革开放初期国内外法学界的交流，打开了会员及师生们的眼界，为了解国外系统法学研究的动态，从而赶超世界先进水平提供了帮助。

会后我们组织会员将资料翻译为中文，并安排对这次交流进行报道。海子参加了学术报告会，并撰写了《我校法制系统科学研究会与美国运筹学代表团举行专题讨论会》的报道，登载在《中国政法大学校讯》1984年9月1日第3版。海子在报道中突出了系统法学"这是国外法学的一种新趋势，大家就一些问题和报告者进行了讨论"，以及"讨论会是在北京科学会堂举行的。讨论会气氛热烈、友好"。

我校法制系统科学研究会与美国运筹学代表团举行专题讨论会

应中国科技交流中心邀请，美国国际人民交流协会组织的美国运筹学代表团最近来我国进行学术交流和访问。8月17日上午，我校法制系统科学研究会与美国运筹学代表团团长阿尔弗雷德·布姆斯坦作了关于刑事审判系统模型的报告，介绍了他自己关于犯罪率、关于犯罪率和囚禁率的相互关系以及随机过程的研究成果，吉恩·泰勒小姐作了关于法庭系统仿真模型的报告，介绍了系统分析及其技术如何运用于法院管理。这是国外法学的一种新趋势，大家就一些问题和报告者进行了讨论。

讨论会是在北京科学会堂举行的。讨论会气氛热烈、友好。

海子

（六）海子参与并报道邀请金观涛座谈

20世纪80年代中后期，作为学术新思潮的《走向未来》丛书在学界和青年中具有相当广泛的影响。丛书共出版了4批，每批共有10多本，共60多本。1984年丛书的副主编是金观涛（实际工作由金观涛负责）。以后，丛书编委会进行了调整，1987年金观涛任主编，副主编是陈越光、唐若昕，编委会也进行了相应的调整。

当时，大多数学生都是通过阅读金观涛的《在历史的表象背后》初步接触和了解丛书的。丛书的选题和风格都刮起了一代新风。当时，刺激大学生兴趣的，除了丛书广泛新颖的选题、编委美术戴士和设计的现代派封面设计，以及关于艾塞尔的绘画等现代风格的绘画插图外，尤其引起心灵震撼的是《走向未来》丛书编委会的编者献辞中引用的马克思的一句名言："思想一旦真正射入这块没有触动过的人民的园地，德国人就会解放成人。"另一段是"约四百年前，弗兰西斯·培根在《伟大的复兴》一书的序言中，曾经这样谈到书中描述的对象，他'希望人们不要把它当所一种意见，而要看作是一项事业，并相信我们在这里所做的不是为某一宗派或理论奠定基础，而是为人类的福祉'和尊严……"

金观涛等是我们研究会的顾问之一，包括海子在内的青年教师和学生们都想见一下金观涛本人，建议邀请金观涛到我校做一次讲座。我曾被邀请参加《走向未来》丛书的发行仪式，并获赠了整套的《走向未来》丛书，其中就有当时影响颇大的《在历史的表象背后》。该书以后改编为《兴盛与危机》，并增加了运用突变理论研究中国历史的篇章。金观涛将其新著《综合的哲学》送给我并在扉页签名留念。于是，当我与金观涛联系此事时，金观涛欣然接受了邀请，但是却要求低调，并建议将原计划的“讲座”改为“座谈会”，我们尊重了他的意见。

座谈会在学校东大门内的教学主楼220教室进行。四位受邀人员一位是陈越光，还有一位是贾新民，另一位可能是一位女秘书，姓李。在座谈中，金观涛主要谈到了社会科学的“逻辑构造型”的研究转型等问题。陈越光和贾新民也分别作了发言，回答了提问。被《走向未来》丛书所激励的同学们讨论热烈，提出了不少问题，其中有一些具有挑战性且较为挑剔。记得陈越光的应答大意是：当代青年不应是苛求于他人，而是要问问自己做了些什么。参加这次座谈会的主要是研究生、本科生和部分青年教师。海子也参加了座谈会，但记不清其是否发言。

《中国政法大学校讯》1984年10月24日第4版“社团花絮”的题目下的三则短篇报道中的第一篇就是“海子”署名的关于研究会邀请金观涛座谈的报道。报道中非常清晰地突出了这次座谈会的两个方面：一是金观涛论述了将社会科学转变成“逻辑构造”型科学的迫切性和可行性；二是参加座谈会的同志畅所欲言，座谈会气氛十分活跃。但是，没有关于座谈问题和内容的较为详细的报道。（原文见下引文）

> 10月16日下午，我校法制系统科学研究会邀请了《走向未来》丛书副主编金观涛等四位同志来我校座谈。金观涛论述了将社会科学转变成“逻辑构造”型科学的迫切性和可行性。参加座谈会的同志畅所欲言，座谈会气氛十分活跃。座谈会在教学楼220教室进行。①
>
> 海子

① 《中国政法大学校讯》1984年10月24日第4版“社团花絮”的题目下的三则短篇报道中的第一篇。

（七）海子运用突变理论研究国家和法

1984 年 5 月 22 日召开的那次系统法学理论研讨会，海子提交了《从突变理论看国家产生形式和法的作用》的论文。这篇论文是我国最早，也是迄今为止我国唯一运用突变理论进行国家和法的关系研究的探索。

突变理论（Catastrophe Theory）是一套数学模型，它运用拓扑学（Topology）、奇点理论（Singularity Theory）和结构稳定性（Structure Stability）等数学工具研究自然界各种形态、结构不连续的变化——“突变”，是当时系统科学研究的最新进展之一。突变理论与耗散结构与协同学三者一道被誉为相对于“老三论”（系统论、控制论、信息论）的“新三论”。对于这一新理论再加上数学表达，能读懂、掌握并运用于社会科学的研究者凤毛麟角。金观涛在运用突变理论解释物质相变和化学元素周期表的基础上，曾经尝试运用突变理论从哲学层次提出新的质变观。当时，我们研究会统一购买了一批关于系统科学方法论的资料，其中包括魏宏森的《系统科学方法论导论》和金观涛的《控制论和科学方法论》，以及阿尔温·托夫勒的《第三次浪潮》。金观涛《控制论与科学方法论》一书中的“第四章质变的数学模型”就是他运用突变理论研究哲学中质变问题的最新研究成果。书中介绍了突变理论，言简意赅，通俗易懂，生动活泼，对于我们当时理解突变理论很有帮助。海子作为会员自然手中有这本书，且通过查阅其他资料，学习研究受益不小。他尝试运用突变理论进行国家和法律的关系研究。

在论文的引语中，海子首先引用了卡尔·马克思（Karl Marx）一句名言：“一门科学只有在成功运用数学时，才算达到了真正完善的地步”；接着引用了埃里克·克里斯托弗·齐曼（Erik Christopher Zeeman）的一大段话，主要意思是：“科学家们常常用构造数学模型的方法来描述事件”；“那些突如其来地发生急剧变化的事件一向不接受数学的分析”；“突变理论能为今天还是不‘精密’的科学提供一种数学语言”。

在论文中，海子尝试运用突变理论分析国家系统得以产生的形式，国家系统产生过程中的稳定性和法的作用等问题。他认为，国家系统的产生受两种相反的因素的制约：①新质因素，包括：先进的生产力、生产方式和社会组织形式，周围社会的较高文明程度和阶级斗争等。②旧质因素则反之。这两种控制因素既可能使国家系统通过飞跃式突变而产生，也可能不通过飞跃式突变而产生，例如，雅典、罗马形式的国家系统在产生过程中，社会形态的更替基本上是稳定的，未出现大动乱，未经过飞跃式突变；而德意志形式国家系统的产生过程则出现了飞跃突变的一系列特征，是不稳定的。他在文章中运用突变模型，对两种不同类型国家系统的产生形式进行了具体的分析，指出了法使社会系统在动态中保持稳定的两套机制：①使新质因素的增强和旧质因素的减弱同步化；②通过口袋机制以新的立法控制利益冲突。通过分析，海子的结论是：法的这两套稳定机制失效后，社会政治系统的更替或国家系统的产生就表现为飞跃式突变方式。文章还结合德意志式国家系统的产生过程，分析了尖角突变模型中飞跃式突变的五个特征中的双态性和突变性；指出了日耳曼法具有分散性、判例性的特点，对以后的英吉利法影响不小；而大陆法则深受罗马法影响。国家系统得以产生的不同道路，影响着以后法系的形成。

海子的研究在当时和现在看来都不失其创新性。研究会顾问金观涛曾经从我们手中拿到过这篇论文的打印稿，并对此文感兴趣。金观涛曾经向我提起过，希望见一见作者，并表示今后可以做一些联合研究。我曾向海子转达过金观涛的意思。但是，由于海子关注方向的转移，他们最终没有见面。后来，我告诉金观涛："海子写诗歌去了。"金观涛似乎有些惋惜和不解。因为在那个改革开放由农村推进城市，商品经济大潮涌动、社会观念日新月异的时代，能坐得住冷板凳搞学术的人不容易。他曾感叹地向我提起过许多有学术天赋的人都转业从政当官、下海经商去了。可是，海子转向了诗歌。以后，金观涛独立完成了运用突变理论对"王朝寿命的数学模型"的研究，并作为以后出版的《兴盛与危机》一书中的一章。

（八）海子参加并报道全国首次法制系统科学研讨会

1984年4月11日《关于举办法制系统科学讨论会的通知》所征集到的11篇文章中，竟然有一篇是钱学森和吴世宦联合具名的文章——《法制、法治和法治系统工程及现代科学技术》，稿件是吴世宦副教授寄过来的，不知他是否确实得到钱老的首肯。尽管他们没有参加会议，但他们的投稿对我们是一次极大的鼓舞，而且激起了当时年轻人的理想发散：举行一次更大规模的全国性理论研讨会，邀请钱老参加会议对我们进行指导，推动系统法学的发展。称这一理想的发散为“梦想”也不过分，因为关于这一设想实现的可能性几乎为零——不为我校绝大多数领导、老师和同学们所看好。记得我当时最早向主管教学的副校长江平汇报这一想法时，所获的就是否定性回答：“钱学森可是国家二级保卫（的重要人物），不可能！”江平副校长早年曾经留学苏联，并见过许多大世面，他都不相信其可行性，其他见识平平的师生更觉得这一设想是天方夜谭了。后来，非知识分子出身的校党委书记（司法部副部长兼）陈卓同志得知我们的这一想法时，他倒是觉得可以试一试。以后，我起草了一份以中国政法大学法制系统科学研究会全体会员的名义给钱老的邀请信，落款1984年5月5日，由当时的研究会会员积极分子王光进誊抄，并寄给钱老。

尊敬的钱老：

新的科技革命造成了科学整体化的趋势，自此基础上，系统方法已成为辩证唯物主义指导下的一般方法论。它不仅在自然科学领域里得到了广泛的应用，而且被引进了社会科学领域。在我国现代化科学技术发展及四化建设中显示了巨大的作用。应该说，这些都和您这个倡导者、开拓者的巨大作用分不开的。您在1979年关于开展法治系统工程研究的倡议，揭开了法治系统工程建设的序幕。自此，中国法学界不少专家学者、青年学生在为此伟大的工作摇旗呐喊、艰苦奋战。但是我国法学界有他自己的难处，除了这是个阶级性很强的研究领域外，在这个领域中工作的大多数同志的自然科学知识，尤其是数、理、化知识比较薄弱，因此，五年过去了，法治系统工程的研究至今还几乎是一项空白。我们深知，在一个具有两千多年历史的传统领域里，引进一种在现代科学技术基础上产生的最新方法论，是一项伟大而艰巨的任务，即使初见成效，也非朝夕之功。但我们感到：我国法学界长期处于落后状态，方法论的落后是重要原因之一。法学的革命必须以方法的革命为前提。文理合流是当今历史的大势之所趋。因此，为了从战略上填补我国法治系统工程的空白，促使法学研究的深入和法学教育事业的繁荣，推动社会主义法制建设的发展，我校部分师生在校党委的关怀下，在北京市科协和清华大学等单位的支持和关怀下，成立了中国政法大学法制系统科学研究会（名称暂定，还请您能给提出意见），努力从组织上促进文科院校和理科院校的合流，从学术上促进系统科学专家学者和法学界的结合。目前，我们正致力于系统科学知识和最新科技成果的普及工作，深受我校师生的欢迎，大家说这也是一次“浪潮”。我们院打算在5月7日左右举行一次小规模的法制系统科学讨论会，检阅一下系统科学方法论对我校影响的状况。中山大学吴世宦老师给我们寄来一份和您合写的论文，收到后，我们全体会员感到极大的鼓舞和鞭策。我们知道，虽然不容易见到您，但是您就在我们身旁。您的心和我们是相通的。因此，我们想请您参加我们的科学讨论会（时间另定，以您的方便为准），给我们指出研究方向，并想请您担任我们的名誉会长。我们把此想法给校党委作了汇报，得到了党委的支持。我们深知您老人家工作繁忙，但终究压抑不住对您老人家的仰慕之情，更盼望能得到您的教诲，请原谅我们的冒昧。

祝您老人家

健康愉快！

中国政法大学法制系统科学研究会全体会员

1984 年 5 月 5 日

钱老真的给我们回信了，就是一句很简洁的话：“祝贺大会早日召开！”[①]科学范式认为真理是简洁的，简洁的也是美的，就这一句就足够了，足够我们感动，足够我们激动，足够推动系统法学的发展了。我们决定发起召开全国首次法制系统科学理论研讨会。

顺便提起的是吴世宦副教授当时在广州中山大学处境并不好。我们决定联合中山大学法制系统科学研究会联合发起这次会议。但是，我校科研处要求我们必须得到中山大学校方加盖公章的正式函。若干年以后的一个晚上，中山大学杨建广教授（当时学生社团中山大学法制系统科学研究会的负责人）在我校留学生楼与我聊天时，谈到当他们研究会接到我们关于“联合发起”邀请函时的一段花絮：估计要想得到校方的审批同意可能有相当的难度，于是他们乘校办无人时，溜进办公室偷盖了公章。当北京方面的会议筹办工作基本完成后，我们以中国政法大学的名义正式给广州中山大学发出邀请函，请他们派代表参会时，他们对自己学校的社团成为联合发起单位显然有些摸不清来由。尽管如此，他们认为这毕竟既是一件好事，又是一件大事，于是正式派出法律系主任端木正作为发起单位的校方负责人参加了会议，履行了发起人的职责。以后，端木正以民主党派的法学专家的身份出任了最高人民法院的副院长。

记得我们当时组织会员印刷会议征文通知和手写信封，向全国各政法院校及大学法律系、社科学院、法学研究机构、法学会、新闻媒体印发，收到了很好的反响，共有 54 个单位，71 人报名参加会议。排除不符合会议主题的论文，会议共收到论文 70 余篇。举办全国性学术研究会的基础工作已经完成。

1984 年 11 月 10 日，我们以中国政法大学法制系统科学研究会的名义，给中国系统工程学会、中国法学会提交了《关于中国政法大学法制系统科学研究会成立以来的活动情况报告》，报告了拟定于 1985 年 2 月上旬在中国政法大学举行首届全国法制系统科学讨论会

① 我将原信交给校党委，以后没有退回。

的设想：①会议主要议题：法制系统科学研究的对象、方法和意义，新科学方法与新技术在法学研究、法学教育和法制建设中应用的必要性和可行性，以及建立中国特色的社会主义法律体系、法学体系和法制协调发展等有关问题；②协商成立全国法制系统科学研究会筹备组，在适当的时候召开全国法制系统科学研究会的成立大会，并要求成为中国系统工程学会、中国法学会的下属分会。今后研究工作的设想包括：①运用系统科学方法研究我国的法律体系、法学体系和法制建设的协调发展，并将系统科学方法论运用于各个部门法的研究中去，使我们的法学研究更加科学化、精确化，从而更好地服务于社会主义法制建设和现代化建设；②促使以电子计算机为代表的新科技革命成果运用于法学教育、法学研究和法制建设中去；③在可能条件下，组织推动系统研究专家和法学家的联合攻关项目；④准备开展与国外的学术机构建立联系，加强中外法律和系统科学的交流等。最后希望他们支持我们的工作。设想得到了中国系统工程学会、中国法学会两大学会的肯定答复，并将派有关领导参加会议。寻求上级学术领导机构的支持的工作也已经完成。

万事俱备，只欠东风。需要协调钱老以及有关政法部门领导参会的时间。于是，原定于 1985 年 2 月初召开的会议推迟于 4 月召开。值得提起的是，我们向政法部门领导机关发送会议邀请函和请柬时，校党委书记陈卓提醒我们，通过普通邮寄可能不能保证收到，于是协助我们从机要渠道发送了邀请函和请柬。另外，科研处处长严端找到我传达司法部指示，要求为司法部部长邹瑜准备讲话稿。我承担了这个任务，初稿完成送交后，于一个晚上被召到司法部教育司长于叔通家中听取了意见，略作了个别文字修改，获得了通过。[①]在此期间，严端处长又要求为中国法学会会长王仲方准备讲话

---

① 载熊继宁、何玉、王光进主编：《法制系统科学研究——全国首次法制系统科学讨论会论文集》，中国政法大学出版社 1985 年版。

稿。我将此任务委托给研究会理事李曙光负责，也获通过。①因为我们太年轻，学校决定全国会议由主管教学的副校长兼本科生院院长江平主持，我们几个理事被邀请到江平办公室讨论主持人的讲话内容。后来据说校级领导内部要求调整主持人，会议将改由主管科研的副校长兼研究生院院长张晋藩主持，我们几个理事又被邀请到张晋藩办公室再次汇报会议筹备情况和讨论会议主持人讲话内容。

会议于1985年4月26日~28日在中国政法大学教学楼419教室召开。到会代表包括当时的和未来的各方精英，例如：

参会的系统科学和系统工程界领导和专家学者有：中国系统工程学会名誉会长、国防科工委副主任钱学森，秘书涂元纪（后任职少将），中国系统工程学会秘书长陈立研究员，中国系统工程学会副秘书长经士仁（曾任华罗庚的秘书）研究员，北京系统工程学会秘书长高兴耀工程师，以及系统科学著名学者魏宏森、金观涛等。

参会的政法界领导有：全国人大法律委员会主任张有渔、中国法学会会长王仲方、中国法学会副会长甘忠斗、司法部部长兼中国政法大学校长邹瑜、司法部副部长兼中国政法大学党委副书记陈卓、中国政法大学管理干部学院院长郝双录。

参会的当时法学界知名专家学者有：全国人大法工委处长郭道辉（后任《中国法学》主编），司法部教育司司长原中国政法大学副校长于叔通教授（刑法），中国法学会研究部副部长张玲元，国务院法制局袁建国，中国政法大学副校长兼本科生院院长江平教授（民法研究会副会长），中国政法大学副校长兼研究生院院长张晋藩教授（法制史研究会会长），中国政法大学科研处处长严端教授（刑诉法研究会副会长），中国政法大学秘书长兼基础部主任陈仲（电教），中国政法大学党委副书记宋振国教授（共运史），中国政法大学杜汝辑教授（政治学，波普哲学最早引介者），中国人民大学

① 载熊继宁、何玉、王光进主编：《法制系统科学研究——全国首次法制系统科学讨论会论文集》，中国政法大学出版社1985年版。

孙国华教授（法理学会副会长，第一个进中南海讲授法学的法学家），龚祥瑞教授（北京大学宪法行政法教授），广州中山大学吴世宦教授（法理学），西南政法大学王者香教授（刑法），西南政法学院薛伦倬教授（法理学），江苏法学院潘报存教授（法理学），西北政法学院严存生副教授，西北政法学院方强副教授，以及中国政法大学杨荣新副教授（后任民诉研究会会长）、魏平雄副教授（刑侦）、方严副教授（宪法）、祝钟毅副教授（中国政法大学刑事侦查）、黄子毅教授（中共党史）。

后来已知成为"精英"或较大社会影响者的有：《解放日报》理论部主任凌河（笔名皇埔平）、《世界经济导报》记者张卫国、著名诗人查海生（海子）、田文昌（中国律协副会长、知名律师）、江必新（最高人民法院副院长）等。其他参会者以后也都成为公检法和政府部门的各层领导、资深律师、法学和其他学科的资深教授、研究员以及其他行业的中坚和骨干（参见大会小组讨论分组名单略）。

海子出席全国首次法制系统科学理论研讨会代表合影剪辑

在出席全国首次法制系统科学理论研讨会代表合影照相留念时，海子站在最后一排，即左起第4排的第4位——位于中国政法大学教学楼门廊左起第三根（共有6根）门廊柱的正中间，头顶右上方露出一个墙灯脱落后的破洞。从照片上看，那时的海子虽是头颅两面长发遮鬓，但中间的娃娃脸面如银盘，眼镜后面略微有些眯缝的眼睛透出单纯平和的眼神，与三位担任会务工作的本科女生站在最后一排的左侧，根本分辨不出谁是学生，谁是老师（参见海子会议留影照剪辑）。而海子后来在“遗书”中指控的所谓“道教恶魔”在照片的第2排左侧，不仅也是一副学生相，而且确实还是××政法学院在读大三的学生。

新华社和中央电视台等中央有关新闻媒体对全国首次系统法学会议进行了报道。《法制日报》、《中国政法大学学报》也专门作了报道。中央政法委书记陈丕显在外地出差听到有关新闻报道后，于会议期间打来贺电：

> 将现代科学方法引进法学理论和司法实践领域对进一步推动我国法学研究的深入和法制建设的发展具有重要意义。祝全国首次法制系统科学讨论会圆满成功。

《中国政法大学校讯》专门为会议出版了一期《全国首次法制系统科学讨论会专刊》（共4版）。具体内容包括：中央书记处书记、中央政法委书记贺电（陈丕显）；现代科学技术与法学和法制建设（钱学森大会发言摘要）；在全国法制系统科学讨论会上的讲话（邹瑜）；谱写法制系统科学的新篇章（张晋藩）；全国首次法制系统科学讨论会召开（李舍予）；全国首次法制系统科学研究会综述（柳江）；系统法学派与法制系统科学（熊继宁）；法学与自然科学的尝试（李曙光、舒国莹）；中国政法大学法制系统科学研究会简介（南苏）；群英聚会聚首一堂（晓静）；名不见经传的人们（白文宪）；对全国法制系统科学讨论会的贺电（西南政法学院法制系统科学研究会筹备组）；满庭芳贺全国首次法制系统科学讨论会胜利召开（王者香）；感谢信（出席国首次法制系统科学讨论会的所有代表）；全国首次法制系统科学讨论会开幕式会场及其人物照片5张（开幕式会场；钱学森同志作报告；邹瑜部长作报告；张晋藩教授致闭幕词；钱学森和大会代表熊继宁、吴世宦等交流）；本刊业余编辑王光进、覃桂生、舒国莹、查海生。这期专刊实际编辑工作是由我们研究会承担的。那时，海子好像已从《校讯》编辑部调往哲学教研室，于是他就成为这一期“会议专刊”的四位“业余编辑”之一。虽然查海生的名字排在最后，但是，由于他以前做过《校讯》的专职编辑，编辑工作实际主要是在他的指导下进行的。内容经我审订。出版后，海子给我拿来10份《校讯》报捷，这使得关于这次会议的报道内容因多份备份而得以长期保存。

钱学森在大会上的讲话稿，由我和其他同学一道整理，后由会务组负责人白文宪负责送往国防科工委钱学森处，经其本人来回修改3次，最后定稿全文（编辑部略有删节）发表于《政法论坛》1985年第3期，题目为《现代科学技术与法学研究和法制建设》[①]。同刊发表的还有熊继宁执笔，李曙光、覃桂生和王光进共同署名的《新的探索——系统法学派的崛起》[②]。这次会议及其上述两篇文章的发表是系统法学派诞生的主要标志之一。

1988年10月，在中国经济社会发展的一个重大转折点前夕，我们又召开了第二届全国法制系统科学研讨会，主题是“体制改革与法制系统工程”。而这时的海子似乎转向了他的“三次受难：流浪、爱情、生存”[③]。参加研究会的活动也相对少了。登载在1988年9月29日《校讯》第1版的《全国第二届法制系统科学研讨会在京召开》[④]的报道稿是由海子在校讯的同事吴霖（笔名江南）写的。

2011年11月，为了纪念钱学森诞生100周年和全国法制/法治系统工程理论研讨会召开26周年，我们举行了全国第三届法制/法治系统工程理论研讨会，主题是“‘经济—科技—法律—社会—环

① 钱学森：“现代科学技术与法学研究和法制建设”，载《政法论坛》1985年第3期。

② 熊继宁等：“新的探索——系统法学派的崛起”，载《政法论坛》1985年第3期。

③ “在夜色中我有三次受难：流浪、爱情、生存”，载西川编：《海子诗全编》，生活·读书·新知上海三联书店1997年版，“夜色”。

④ 吴霖：“全国第二届法制系统科学研讨会在京召开”，载《中国政法大学校讯》1988年9月29日。

境'系统协同发展"。由于《法制日报》、《人民法院报》在显著位置对会议进行了重点报道，全国包括香港凤凰网等各大网站和其他报刊媒体适时进行了转载，有关杂志发表了相关论文并且会后出版了《"经济—科技—社会—环境—法律"系统协同发展——第三届全国法制/法治系统工程理论研讨会论文集》①，会议关于"协同发展"的理念对中国发展和改革的思路和决策产生了较大影响。这也是海子当年曾投身于其中的事业的延续。

三、海子的"诗歌支点"与《人墙》

如果说系统法学是海子这一时期"理想与使命感和奋斗精神结合"的一个人生"奋斗支点"，那么，诗歌文学则是他的另外一个人生"奋斗支点"。除了目前已公开出版的诗歌和其他文学作品外，海子这一时期在他所工作和曾经工作过的《中国政法大学校讯》所发表的《人墙》②表现了海子的理想主义和英雄主义情结③。

与上述关于系统法学的学术文章和通讯报道一样，《人墙》同样是海子这一时期"理想与使命感和奋斗精神结合"的反映。当时，由于"在华山二仙桥，100多名青年军人冒着生命危险，在崖边排成一道人墙，保护游人"事迹的报道，"中国激动了"！海子描述："今天，我不是无端地/想起了蜿蜒的万里长城。而你/是草绿色的/是年轻的/二十岁的人墙/打动了许许多多二十岁的心。"

海子也激动了，他倾诉："今天，你们的一位同龄人/不是无端地流出了/热泪。"海子在他那年轻的岁月中所接受的理想主义和英雄主义教育刹那间系统化地涌现出来。他类比地想起了："蜿

---

① 参见熊继宁："决策方式转变与'经济—科技—社会—环境—法律'系统协同发展"，载《中国政法大学学报》2011年第5期；熊继宁主编：《"经济—科技—社会—环境—法律"系统协同发展——第三届全国法制/法治系统工程理论研讨会论文集》，中国政法大学出版社2013年版。

② 海子："人墙"，载《中国政法大学校讯》1984年3月15日。

③ 该部分离主题有些距离，原准备另文《海子早期的诗歌》中探讨，经编辑部要求，略作叙述。

蜓的万里长城”、“‘五四’的人流”和“巴黎公社墙”；他放声高歌：“一面信仰的墙/支撑在中国的一座名山上/成为脊梁。”（全诗见下文）

人 墙

在华山二仙桥，100多名青年军人冒着生命危险，在崖边排成一道人墙，保护游人。

1

一边是深渊，一边是人群
铁链已经脱落
死神已经临近
临近

一个年轻的声音就在这时响起来
伸出我们的双臂
危崖边
顿时升起一片灿烂的红星星
亮闪闪

群山呼应
呼应着
伸出我们的双臂

2

中国激动了

3

今天，我不是无端地
想起了蜿蜒的万里长城。而你

是草绿色的
是年轻的
二十岁的人墙
打动了许许多多二十岁的心

今天，你们的一位同龄人
不是无端地流出了
热泪
不是无端地想起了“五四”的人流
和巴黎公社墙
一面信仰的墙
支撑在中国的一座名山上
成为脊梁

显然，海子依托他“诗歌支点”的感性挺举起“理想与使命感和奋斗精神结合”的理性旗帜，高高飘扬。海子依托感性的第二支点所作的雄伟壮观的理性挺举在他这一时期公开发表的其他诗歌中也多有反映。（主题和篇幅限制，本文不展开论述）

四、第三支点与学术理性支点弱化

研究这一时期的海子，一定不能忽视的是他的青春期问题。

学术是理性的，诗歌是感性的，爱情是自性的。生理青春期的海子身体的不可压抑的自然自发萌动，激发了他不确定的泛爱之情。于是，所谓的“爱情”变成了他人生的第三个支点。而他所谓的“流浪”和“受难”都与“爱情”这一支点不无关系。

海子诗意表达的“我有三次受难：流浪、爱情、生存”[①]给人们的信号，引导以后好奇的探讨者过分地关注和强调了他现实的“生

① “在夜色中我有三次受难：流浪、爱情、生存”，载西川编：《海子诗全编》，生活·读书·新知上海三联书店1997年版，“夜色”。

存”、“流浪”和“受难”问题。

海子热血澎湃的泛爱自性，而不是所谓清静慧定的“气功”干扰并削弱了他“学术支点”的悟性，但是却加强了他“诗歌支点”的灵性和激情，成就了他诗文真情流露的绚丽和壮美。这一时期，海子在《校讯》发表的散文《有时》①给出了最初的原始信息：

海子描述了他的青春期萌动：“有时，你会觉得你的幸福快要溢出来了，变得又纯净又透明。……你的心上再也容不下别的东西，只有那情愫，如一股轻轻的波浪，时时推动你的心门。……你的幸福，你迫切需要别人共享……你觉得体内的血液在喧哗，有时又在合唱。心上的门一开一合，血液像顽皮的红色儿童鱼贯而过。”

海子描述那不可控制的“大爆炸”：“有时，在你的面前，世界消失了，地平线在后退，……一束强光在你的体内爆炸开——一切都开始了新的组合，新的诞生”；“身上有一个古老的节日苏醒了”。

请注意，这篇散文发表的日期是 1985 年 6 月 29 日，也就是海子积极参与并尽力推动全国首届法制系统科学讨论会召开之后的两个月。显然，支撑第三支点上的“爱情”自性不可抑制地偏离了他的“理想与使命感和奋斗精神结合”的理性走向。虽然理性和感性兼容，感性和自性兼容，但是，理性和自性不那么兼容。这也许就是我，也许还包括金观涛，当时不那么理解具有学术悟性和才气的海子飘然不见了的答案之一吧？也许还有其他的原因。

也许就是在 1985 年暑假前后，或许更早一些，就是全国首届法制系统科学讨论会之后，海子开始了一发而不可收的身心流浪。这个浪子，他竟然毫无保留地把它都写出来了。②因为，他还有另一个支点——诗文的支点，他是文人，是诗人：

这是我和他的第一次见面。他叫高原。我早就倾心相许。多少年了，我终于在这北方的身体上越走越深。

① 海子：“有时”，载《中国政法大学校讯》1985 年 6 月 29 日。

② 海子：“高原上（外一章）”，载《中国政法大学校讯》1985 年 9 月 27 日。

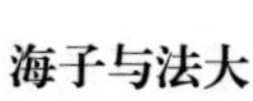

海子发誓要："守住这伟大而赤裸的高原。"

海子深情表白："我早就对北方的果树、窑洞和红窗花产生过梦中流水般的深情。"

他动了真格地说："我要在北方的温情中扎下根来。"

这个誓言也许害了他，也许成就了他，但无疑弱化了他的"学术支点"。

不知能否能够做出这样一个假说：理性和自性之间的矛盾造成了青年海子内在的精神冲突和外在的行为冲突。如果说"学术支点"较好地表现了海子"理想与使命感和奋斗精神结合"的理性，"诗歌支点"较好地表达了海子"理想与使命感和奋斗精神结合"的理性，那么，"爱情支点"的自性却时时反叛着海子"理想与使命感和奋斗精神结合"的理性，甚至可能造成海子"理想与使命感和奋斗精神结合"的宏伟理性大厦的崩塌。真的是这样吗？需要的还是证据。（主题与篇幅限制，另文探讨）

值得补充的是：海子工作期的非法学专业转向也许是海子在北大法律系毕业前实习期间（1982 年 8 月 15 日 ~11 月 11 日），对中国法制/法治状况所产生的"法制/法治失望"情绪的衍生行为。①当时中国经济体制改革所伴随的社会管理方式转轨刚刚起步，法制不完善，法律不健全，"人治"远远大于"法治"。因此，法制/法治系统的实际状态远远低于人们的现实期望。作为北大法律系实习生的海子当时产生的"法制/法治失望"情绪并不是个例，也不奇怪，我们作为 79 级 83 届法律专业实习生的感受大概是共同的。中国政法大学 79 级 83 届法律专业的实习生在实习前，大家都梦想毕业后能成为一名社会正义化身的"法律职业人"（法官、检察官、公安

---

① 2014 年 4 月 5 日清明节晚，诗人沃夫安排了我与海子家人（母亲、弟弟、姨姐和姨姐夫以及两位老乡）的会见。在上车之时，吴思敬主编来电叮嘱由于编辑方面的原因需要删除本文的一些附表和图片资料，使得有机会补入与海子母亲操彩竹对话期间所获得的一段海子资料：海子毕业前在石家庄法院系统实习归来，对其母亲说，不想搞法律了。原因是海子所在的实习法院，将一桩离婚案有理的（女方）搞成无理；无理的（男方）搞成了有理；男方虽然无理，但是他有"关系"。

警察、立法司法官员、律师等)，愿意从事纯研究工作而报考研究生的寥寥无几，但是，实习后报考研究生的同学激增。许多同学在实习前后对于法制/法治系统状态的感觉反差极大，导致了“法律职业人梦破灭”，许多同学选择了逃避现实而从事躲进院校搞研究的道路。其中不乏有人因为遵循“没有革命的理论，就没有革命的运动”的教导，而选择了通过理论的研究推动中国民主和法治进程的道路。我们，包括海子也许都在其中。海子在当年实习期间产生的“法制/法治失望”和“法律职业人梦破灭”可能延伸到他工作期的职业道路选择。但是，他的“理想与使命感和奋斗精神结合”的理性梦想在当时还没有破灭。他建立了“学术支点”，并做出了成绩，进而又建立起“爱情支点”，并通过“诗歌支点”表达其人生的绚丽和辉煌。

然而海子的“爱情梦”不仅削弱了他的“学术支点”，而且由于“爱情梦”的破灭，催化了他的“厌世”情结。“走到了人类的尽头”的海子，将人类视为“这一堆灰烬”；“对于无辜的人类”“少女或王子”，海子“全部蔑视或全部憎恨”。①

“走到了人类的尽头”的海子“至今仍悲惨地活在世上”是因为他“还爱着”。必须注意的是，海子所爱的是“火”——是“魔鬼的火”、“太阳的火”，而不是“无辜的人类”“少女或王子”。但是，他没有想死。他要在诗歌的支点上成就“第一位诗歌皇帝”，他要“在我自己的诗中把灰烬歌唱”。②

关于行为的逻辑，“走到了人类的尽头”的海子明确而清晰地作了三句诗意的描述：③

第一句是：“一切都源于爱情。”

---

① 西川编：《海子诗全编》，生活·读书·新知上海三联书店1997年版，“太阳·诗剧”。

② 西川编：《海子诗全编》，生活·读书·新知上海三联书店1997年版，“太阳·诗剧”。

③ 西川编：《海子诗全编》，生活·读书·新知上海三联书店1997年版，“太阳·诗剧”。

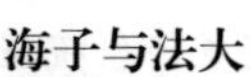

第二句是："爱情使生活死亡。真理使生活死亡。"

第三句是："与其死去！不如活着！"

海子是由于"法制/法治梦"的破灭，转入了"学术梦"和"爱情梦"；由于"爱情梦"的破灭，转向了"凄然离世"吗？不，海子斩钉截铁："与其死去！不如活着！"

在本文中，我们并没有穷尽问题的可能性空间，而且信息不完全，搜索也不完全，因此，结论也不完全。

五、法大第一次"海子追思会"及其他

1988 年底～1989 年初，中国处于社会变革的转折点上，法学与经济学、政治学、社会学、哲学的关注点都集中在由于改革所造成的社会结构调整及其日趋激化的利益冲突和社会强烈的反腐败要求方面。

1989 年 3 月 26 日海子逝世的噩耗及其逝世原因的神秘"遗书群"[①]和各种传说，将中国政法大学带入了一种低沉恐怖的氛围。大概是 4 月 12 日，在中国政法大学学院路校区教学楼一个教室中，以青年学生为主举办了第一次"海子追思会"，我和刘广安及部分青年教师参加了会议。记得骆一禾当时作了主发言。虽然在校园中时而碰上西川[②]，但这是我第一次，也是唯一的一次见到骆一禾。我印象最深的是他在论述其主题"诗人和作家的死在其作品中一般都有反映"时，似乎海子附体似的长篇大段地引用背诵海子的诗歌，脱口而出，滔滔不绝。其中包括海子关于"火红的轮子"、"从我的肝部碾过"的长诗。另外，还旁征引用了普希金、托尔斯泰、海明威

---

① 据年前了解，不算所谓山海关车站附近海子留下的字条，海子实际上留下了 6 封正式的遗书。也许是为了保护海子，有关人员和有关方面扣留了一封。这里不展开论述。

② 西川因当时正在追求我校一位 83 级的女生威力（化名，校体操运动队队员，中国政法大学法制系统科学研究会会员），倒是常见出入于校园中。威力曾向我们谈起曾参加有海子、西川等参加的朦胧诗朗诵会，很有感觉。当时研究会本科生 83 级的负责人安安（化名）也喜欢威力。在参加研究会举办的暑期高等数学和计算机学习班期间，有一次在校礼堂门口，威力曾寻求过我们用谈话形式掩护她，以躲避西川。

等例证。由于我们当时都知道海子的尸体在铁轨旁，被拦腰分成了两半，所以印象极深。骆一禾没有否定海子为“自杀”，但是，不同意海子死于“精神分裂”的说法，也没有提到海子是“殉情”，他的表述好像海子是“殉诗”。

但是，海子在北大的同学，考上中国政法大学法制史专业研究生并与海子同一年（1983 年）进入中国政法大学的刘广安，曾亲自到北戴河参加过海子遗体的处理和后事料理，他在会上对海子死亡的原因提出了质疑。记得印象最深的就是他在关于海子的祭辞最后，对海子死因的如雷贯耳的诘问：“殉情乎？殉诗乎？殉难乎？殉道乎？其后识者再察之。”

我最后走上讲台，接着刘广安的发言，讲述的其中一个内容是被海子在遗书中指控为“道教恶魔”的袁藏[①]，他在接受保卫科调查后出来恰巧碰上我时给我分析的关于海子死因的三个相关情况。它们都是神秘主义导向的，大意是：①“海子”，正式名“查海生”，死在“山海关”。②海子一生曾经三次去过山海关，前两次都是学校组织去的。据当时同去人的回忆，海子第一次到山海关时就说：“我好像来过这个地方。”据第二次和他同去的人说，海子一进分配给他住宿的招待所房间就说：“我上一次来就住在这个房间，还是这一张床。”第三次他就死在了山海关。③海子所居住的昌平西环里 43 号院 15 号楼 6 单元经常出现非正常死亡；上下楼层有三个人都练气功，还开了天眼；死者中一个端着脸盆突然倒毙，另一个在床上失火突然烧死，一条腿都烧没了；第三个就是海子。

但是，袁藏当时给我讲的最后一句话，即：“与海子相关的还有人要死，但是，千万不要告诉任何人，否则，他们又说是我害死的。”这句话，我在追思会上没有提起，并且在海子逝世后 20 年期间也没有提起。但是，我曾经反复追悔，因为我当时走上讲台，除了表达对海子的悼念之情，好像就是为了说出那一句没有说出口的

---

① 化名。

话。而我啰哩啰嗦复述的他人关于海子死因的分析，似乎在当时，甚至25年来，也一直没有人注意。因为，直到今天，我自己也未必真的相信。“信不足，有不信。”①以后不久，听说在海子逝世后的“七·七”，骆一禾突然倒毙。②我愕然，觉得不可思议。此后不几年，听说朦胧诗界的诗人连续死亡，更增伤感和神秘。

海子诗集公开出版之后，发现1986年~1988年海子诗歌中有诗句：

> 死亡是一簇迎着你生长的血红高粱，还在生长。③

我感到惊异。海子《遗书》中的以下话语：

> 另外，我还提醒人们注意，今天晚上他们对我的幻听折磨表明，他们对我的言语威胁表明，和我有关的其他人员的精神分裂或任何死亡都肯定与他们有关。

更使人感到费解。而海子诗歌的以下话语，让人茫然如堕烟雾：

坐在烛台上
我是一只花圈
想着另一只花圈
不知道何时献上
不知道怎样安放④

在以后的《海子之死的证据学谜区》一文中，系统法学探索研究提出了“连环之谜”的问题。所谓“连环之谜”是指：“海子死亡是否波及他人死亡和群体死亡问题所具有的不确定性，即海子身

---

① 见老子：《道德经》，岳麓书社1989年版，第6页。

② 具有关文章回忆，骆一禾1989年5月14日病倒，昏迷18天，1989年5月31日死亡，时年28岁。

③ 西川编：《海子诗全编》，生活·读书·新知上海三联书店1997年版，“太阳·断头篇”。

④ 西川编：《海子诗全编》，生活·读书·新知上海三联书店1997年版，“爱情诗集”。

后，中国先锋诗圈中后续群体性死亡是否与海子死亡相关?”①

在海子逝世25周年前，我在了解海子死因的过程中得知：海子去世后不久，他所在的中国政法大学政治系的另一位青年教师也自杀了；以后从文献中看到这位青年教师是指“朴京一”（北大国政系80级），也是跳楼自杀。②更让人产生困惑的是海子遗书中所提到的“和我有关的其他人员的精神分裂或任何死亡”；海子诗歌中的“另一只花圈”和“还在生长”的“死亡……血红高粱”；以及袁藏所提到的“与海子相关的还有人要死”等，真是精神病患者的癔语，或是气功态的感应，还是实有所指？所指何人，范围有多大呢？

其实，袁藏和海子的结缘也是由于系统法学。海子提交1984年5月22日召开的系统法学理论研讨会的那篇《从突变理论看国家产生形式和法的作用》的文章，以及1984年8月17日研究会与美国运筹学代表团举行专题讨论会上的两篇报告稿《关于刑事审判系统模型》（阿尔弗雷德·布姆斯坦）和《法庭系统仿真模型》（吉恩·泰勒）被我们研究会的会员西平③拿到后，转给了当时还在××政法学院上本科生的袁藏，这是袁藏初知海子。在全国首次全国法制系统科学讨论会上，海子和袁藏二人都是当时我选文章时以“系统法学是属于未来年轻人的事业”的名义发出邀请的4个最年轻的会议代表之一。当时，他们4人都才21岁左右，但是，只有海子已经成为教师，其他3人还是在校本科生（另外两人，一个是广州中山大学的法律系的本科生骆梅芬，还有一个是西南政法学院的本科生孔小红）。这是袁藏与海子的初次见面。以后，大概是1985年7月，

---

① 熊继宁：“海子之死的证据学谜区（上）”，载《证据科学》2010年第2期。熊继宁：“海子之死的证据学谜区（下）”，载《证据科学》2010年第3期。

② 据蝈蝈（化名）说起；另见唐师曾：“海子往生20年”，载http：//blog. sina. com. cn/jsbhdxw，2014年1月24日访问；另据2014年1月27日上午，一位海子所在系的原副主任杨明（化名）谈起，他们的死都与系里无关，当时系里领导都是历经运动，所以对他们都相当宽松。

③ 化名，袁藏高年级的××政法学院的校友、1983年分配到中国政法大学的青年教师，担任校长秘书。

袁藏毕业进入中国政法大学的政法管理干部学院，与海子同时被分配住在昌平西环里43号院15号楼6单元的不同楼层，同单元门进出，因此得以朝夕相见。他们二人具有如此多的共同点：都是大学本科法律系毕业生；都是系统科学爱好者和系统法学的最早一批的热情参与者；都对人体科学的探索感兴趣，一个具有道教的家传童子功，一个寻访过密宗，且二人在此领域有交流（如果不知道这一点，就看不懂海子遗书的话语）。他们平常关系并未见隔阂，更谈不上冤仇。在海子去世后，由于我与他们二人在系统法学方面的结缘，袁藏曾在向中国政法大学保卫科提交的调查说明材料中，提到我可以作为证明他与海子从前无冤无仇的证明人之一。我也是多年以后在网上看到这个材料的，袁藏本人并没有对我说起此事。

海子逝世不久，当代中国发生了一次真正的海啸，造成了当代中国政治—社会结构的第二次非连续性断裂——突变。研究和运用过突变理论的海子的突变式离世，似乎是这一次社会性突变发生的预兆。

其实，伟大的先驱者鲁迅先生对这种个人突变与社会突变的关系早就有过箴言式表述：“不在沉默中爆发，就在沉默中灭亡。”①海子在沉默中灭亡了，人们在沉默中爆发了，爆发者也灭亡了。接着，人们又在沉默中一个接一个的灭亡。这就是海子的“还在生长”的“死亡血红高粱”吗？人们给海子献上花圈的时候，从未想到海子早就给人们献上了花圈。海子是个重情重礼的人，当你给海子献花圈时，海子早就给你献过了花圈。

与中国当代第一次社会性突变伴随着激情与诗歌不同的是，这一次却是激情伴随着理性。人们似乎忘记了诗歌，我们也似乎忘记了海子。当从这次海啸中挣扎爬上陆地，擦抹落汤之水，回眸巡视的时候，人们和社会再次想起了诗歌，却发现整个朦胧派诗歌的中

① “记念刘和珍君（1926年）”，载《鲁迅杂文选（上）》，上海人民出版社1973年版，第67页。

坚都随着海子被这一次海啸突变带走了。痛心疾首的诗文界，收拾遗产，建碑造神，给海子颁发了诗歌大奖。痛定思痛的人们象征性地把海子定为那年海啸的年度人物，以缅怀海子，也缅怀他们自己，更是缅怀那一去不复返的时代。

而当时在海浪中奋勇拼搏、挣扎起伏的我们当时的闪念就是，如果海子晚走22天，他也许就不会走了！他也许真的就融入了那次中国的伟大行动，也许就真的成就了那伟大诗歌。海子也许就真的成了“中国的普希金”[①]。对于我们，那只是当时的“闪念”，对于人们，那却是以后的幻觉。

六、系统法学对海子的特殊缅怀

（一）海子诗歌与法律文明和政治文明研究

海子逝世之后，系统法学以自己的方式缅怀着他对于系统法学崛起早期的贡献。但是，也经历着曲折。

为了纪念中国政法大学法制系统科学研究会成立20周年和海子逝世15周年，2003年12月完成《法律文明、政治文明与系统法学》一文，其中引用了海子的诗歌为全文和章节的“导语”和“结束语”，原定于2004年春发表于《政法论坛》，但是，以后编辑部以学术文章中不能有诗歌为由，要求删除海子诗歌，于是放弃了文章的发表。以后，该论文入选在广西柳州举办的“现代化与法律文明”理论研讨会论文集，又被出版社删除了其中的海子诗歌[②]（被删掉的海子诗歌见下文）：

① “海子是中国的普希金吗？有人这样提问。回答：也许可能是，也许永不会是，但在当时，他不是。”关于海子与普希金的比较，参阅熊继宁：“海子之死的证据学谜区（下）”，载《证据科学》2010年第3期。另外，当时任《中国政法大学校讯》编辑部负责人的钟惠（化名）认为：如果海子不调转工作到政治系，也许会避免这一死亡悲剧的发生。

② 李德伟、陈有禄主编：《东西方现代化发展比较——国际学术研讨会论文集》，中国经济出版社2006年版。

第十八章　法律文明、政治文明与系统法学

青麒麟放出白光
三个夜晚放出白光
梧桐栖凤
今天生出三只连体动物
在天之翅
在水之灵
在地之根
神思，沉思，神思
因此，我陷入更深的东方

——《沉思的中国门》

正文略……

第一节　文明

更远处是母亲枯干的手
和几千年的孕
早晨在毫无准备时出现
那就让我来吧
行道迟迟
载渴载饥
啸歌伤怀
载飞载鸣

——《复活之一：河水初次带来的孩子》

正文略……

第二节　法律文明与政治文明

那支给朋友的歌已这样唱出
“月亮还需要在夜里积累

月亮还需要在东方积累”

——《民间主体》（《传说》原序）

正文略……

第三节　信息文明基础上的法律文明建设

公元前我，我们太小
公元后我们又太老
没有人见到那一次真正美丽的微笑
但我们还是举手敲门

——《历史》

正文略……

结束语

春天，十个海子全部复活
……
春天，十个海子低低地怒吼
……
大风从东刮到西，从北刮到南，无视黑夜和黎明
你所说的曙光究竟是什么意思

——《春天，十个海子》

最后，我们终于将这篇以海子诗歌为全书的章节“导语”和“结束语”的文章，编入由中国知识产权出版社出版的《系统法学导论》一书中，列为第十八章。①该书获中国政法大学2006年优秀教学科研成果一等奖。这不仅是对学术文章的另类写作方式的承认，而且也是对海子诗歌的承认，终于完成了系统法学对海子的一次缅怀。

（二）系统法学教学与海子追思会

1. 2010年流产的“海子诗歌与诗学和法学”大型沙龙。2010年

① “法律文明与政治文明与系统法学”，载熊继宁：《系统法学导论》，知识产权出版社2006年版，第十八章。

我们准备筹划举办一次“海子诗歌与诗学和法学”大型沙龙，时间计划定在2010年6月26日（团学活动期间和毕业生离校之前），地点准备放在中国政法大学昌平区校园（海子生前居住和工作过的地方之一），拟邀请协办单位：北京师范大学中国当代新诗研究中心和《诗刊》杂志。由于国家相关部门对于高校自杀率上升的特殊紧急关注，申报被紧急刹车否决。于是，我们只能利用以后的系统法学教学活动来实现这一夙愿。

顺便提及的是，据说就在我们纪念海子活动刹车之后约一周左右，政法大学本科生院在昌平校区举行应届生毕业典礼仪式结束尾声时，一名21岁的女生从校区服务楼跳下，不幸身亡。这一次坠楼死亡事件，应该与海子研究及其悼念活动没有关系。因为，有同事不乏担心地说：“得亏你们的活动没有举行，否则又赖上你们了。”当然，也有同事回应说：正是对海子死亡事件及其为数众多的所谓高校师生自杀案件未有展开深入分析和研究，才致使高校所谓自杀死亡率居高不下。其例证是：富士康工人连续自杀案死亡人数止于14，与媒体的公开报道和各种单位和机构介入广泛调查和深入研究、提出对策是分不开的。

2. “2011诗学与法学——暨海子追思会”。2011年3月25日，海子去世22周年忌日前夕，中国政法大学研究生院系统法学课程在新一号楼B0115教室组织了“2011诗学与法学《海子之死的证据学谜区》学术研讨会——暨海子追思会”。北京师范大学新诗研究中心主任谭五昌教授、诗人加一和卧夫以及我校诉讼法教授刘芝祥参加了会议。在学术交流中，师生展开了热烈的互动。研究生院诉讼法学、刑法学、法律心理学、法律社会学、国际法、政治学、证据学等各专业约40名研究生参与了研讨。他们分别从诉讼法学、刑法学、法律心理学、法律社会学等专业角度，对海子和海子之死的原因及其证据学谜区发表了学术观点。

据报道，“教授和诗人们分别对海子死亡原因的坦诚分析以及海子与他们相处经历的深情描述，为学生们理解这个传奇人物打开了新的广阔视野”；“这次别开生面的追思与研讨相结合的活动，从晚上六点半持续到九点三刻方告结束。室内慧光闪闪，室外夜色沉沉，而第二天，海子最热爱的太阳还照常升起”。①

3. 2013年“‘海子与系统法学’理论研讨会”。2013年3月26日（已故诗人海子忌日）晚，在中国政法大学研究生院教学楼403教室举行组织了“‘海子与系统法学’理论研讨会”。研究生院刑法学、刑事诉讼法学、法理学、比较法学、民商法学等专业的硕士研究生参与了本次研讨。这次研讨会围绕着《海子之死的证据学谜区》②提出的相关问题进行了讨论，分两个阶段：①海子死亡原因的系统化完型；②关于完形的解构。讨论前期，与会者对自己建立的关于海子死因的系统建构充满自信。同学们分别利用六份遗书、一部诗集以及访谈、传记、纪念文章等零散资料作为证据，建构起自己关于海子死亡原因的各自的系统化完型。在第二阶段的辩论中，所有建立的关于海子死因的系统化完型全部被解构、被证伪。正如《谜区》所描述，所谓证伪是排除已知事实和行为与案件或待证事项之间的相关性，不仅是一个解构“碎片化”的过程，而且是一个将似白系统或似灰系统的黑化过程。据报道：这次别开生面的悼念与法学研讨相结合的活动，从晚上六点半一直持续到十点半左右。这次研讨不仅涉及法学，而且涉及诗歌、科学、西医学和中医学、人生、宗教以及传统文化等方面，扩展了参会者的知识关注和知识视野，并加深了对海子及其诗歌的理解。室外雾霾弥漫，室内灯光灿烂。清除窗外雾霾和解开海子之谜、推动法学和科学发展、创造法律文明和政治文明都需要理论和方法创新。③

① 2011诗学与法学：《海子之死的证据学谜区》学术研讨会——暨海子追思会举办，载法大新闻网，http. //news. cupl. edu. cn，2014年2月2日访问。

② 熊继宁：“海子之死的证据学谜区（上）”，载《证据科学》2010年第2期。熊继宁：“海子之死的证据学谜区（下）”，载《证据科学》2010年第3期。

③ 2013系统法学：海子与系统法学理论研讨会成功举办，载系统法学与系统科学和文化研究中心网，http. //lsc. cnl. edu. cn，2014年2月2日访问。

七、海子研究与系统法学研究前沿问题

二十多年来，可以说凡是读过海子的诗歌，甚至凡是知道“海子”名字的人，无不谈论海子的神秘死因。伴随着海子诗歌获人民文学奖（2001）、进入普通高中教科书、海子被评为1989年年度人物、中国首届海子青年诗歌节的举办（2012）、海子传说进入中国大剧院（2014），以及数不清的海子诗歌朗诵会和形形色色的海子追思活动所产生的广泛社会影响，致使海子逝世原因的社会关注度更加广泛，各种关于海子死因的推测层出不穷。

“海子死亡之谜”对系统法学研究提出了新的挑战，涉及：“海子死亡之谜”与“非确定性证据学”问题（2010），“法律控制盲区”与建立“人体科学立法体系”（2013），以及更高的层次上提出的“海子之谜与人类之谜”的命题（2012）。

（一）海子死亡之谜与“非确定性证据学”

系统法学关于“非确定性证据学”问题①的提出，打破了经典证据学关于“凡案件皆可破”的自信，并显示了某些案件的不可证性。所谓不可证性是指已知事实和行为与案件或待证明事项之间是否具有相关性，既无法证明，也无法证伪，或者其相关度无法确定，以至于案件或待证明事项的可能性空间无法缩小的尴尬状态。

造成这种“尴尬状态”的原因既包括当代关于证据方法和技术层面的问题，也包括由于认知主体和认知环境所组成的更高层次的系统性问题，例如：认知模式造成的不可证明性；无限关联造成的不可证明性；科技限制造成的不可证明性；法定限制造成的不可证明性；伦理约束造成的不可证明性；其他社会系统干扰影响造成的不可证明性；时过境迁造成的不可证明性；“科学的宗教迷失”造成的不可证明性。

---

① 参见熊继宁：“海子之死的证据学谜区（下）”，载《证据科学》2010年第3期。

（二）《海子遗书》与法律控制盲区

“1989年海子遗书群”第一次提出了利用气功和特异功能本身可能对人的健康和生命造成伤害的问题，如：造成可能被害人的“精神分裂，或自杀，或突然死亡”①。在此以前，关于气功和特异功能的否定意见往往强调它们具有非真性；而肯定意见则往往强调宣传其积极正面作用；关于气功或特异功能的实际运用和研究则很少注意气功和特异功能本身可能造成的负面作用。“1989年海子遗书群”凸显了法律在关于气功和特异功能犯罪和违法行为的控制方面存在控制盲区。

如果承认气功和特异功能的存在，以及允许气功和特异功能在医学或其他领域中应用，②那么，对于利用气功和特异功能伤害人（普通人或病人）的健康和生命的行为，将是一个不容忽视的、需要依法严惩的行为。显然，“1989年海子遗书群”不仅提出对于气功和特异功能犯罪和违法行为的法律控制盲区需要弥补，而且要求对立法和司法所产生的相关难题研究也不可回避地提上议事日程，例如：如何获取气功和特异功能行为造成人身健康和生命伤害的证据问题；如何确立与气功和特异功能有关的医患双方的权利、义务和责任；法律如何建立关于具有社会危害性的气功和特异功能行为的强制措施规则；如何有效实施对于具有社会危害性的气功和特异功能行为的强制措施；等等。类似问题，不仅在民用气功和特异功能行为的管理中，而且在可能的警用、军用、谍用气功和特异功能行为的管理中，都需要加强研究，并建立起相应的法律规范，甚至是特别规范。与人体科学相关的立法（包括关于中医、气功和特异功能三个方面的立法）可能是一个统一的立法体系。这一体系可简称为“人体科学立法体系”③。

---

① 参见熊继宁：“海子之死的证据学谜区（下）”，载《证据科学》2010年第3期。

② 气功和特异功能在官方有关机构、中医和西医临床以及民间多有应用和研究。

③ 参见熊继宁：“中医立法管理与人体科学”，载柳长华主编：《医道贯珠——中国医科学院首届中医药文化论坛论文集》，中医古籍出版社2014年版，第262~268页。

（三）海子之谜与人类之谜

系统法学的研究超越了海子及其海子现象本身。在“2012 中国（青海·德令哈）首届海子青年诗歌节”上，7 月 30 日上午开幕式（海子陈列馆纪念碑揭幕、海子诗歌吟诵比赛）时的相关题词：

“揭开了海子之谜就是解开了人类之谜”①。

这一题词的话语从一个新的更高层次上提出了海子及其诗歌研究中的相关问题。如果说在《海子之死的证据学谜区》中所提出的问题还处在法律及实证科学的层次，那么，关于“海子之谜”与“人类之谜”的关联则将涉及更高层次的哲学、宗教、人类学、生命科学、人体科学和精神学等诸多问题。

生死问题一直是人类的千古命题，它既是一切宗教的起源和归属，也是一切人类学问的根本。人类关于生命、生活、工作、事业、爱情、苦难、荣辱、理想、信仰、道德、经济、政治和法律制度，以及医疗保健、文学艺术、人文和科学的各门学科的一切问题，无不都是生死问题的相关展开。海子以他的“生命和死亡”的诗歌和行为重提这一不仅历史悠久，而且浪漫而又沉重，且令人头晕目眩的“人类之谜”，通过其诗歌和行为的特有方式进行了表述，从而建立起“海子之谜”与“人类之谜”的实际关联。

诗歌和行为是海子的，但问题却是人类的。它不仅唤起人们对海子诗歌和海子现象的重新认识和研究，而且催逼着人类自身的解释和回答。

系统法学也不得不面对和尝试回答这一终极性问题。

---

① 《今夜我在德令哈——中国（青海·德令哈）首届海子青年诗歌节特辑》，中国文联出版社 2012 年版，题词插图。

忆小查

王惠中

小查，名海生（笔名海子），是一位好青年，正直，朴实，长相平平，但很有才质，身高也就一米六左右[①]。

我认识小查是在1983年。中国政法大学刚成立时，我在校党委宣传部工作，校刊扩编，人事处让我从当年分配来学校的毕业生中给校刊选两名编辑人员，要有点文学水平的，小查就是我从档案材料中挑选出的一名。还有一名叫吴霖，是华东政法学院毕业的，1989年后，转到“中华英才”画报工作，后来做了主编。

小查，安徽怀宁县人，出生在农村一个贫苦的农民家庭。15岁考入北京大学法律系，19岁本科毕业。我从档案中看到他曾发表过的几首小诗，新颖别致，很有意境。除此之外他人品也好，因此就选了他。

小查在校刊工作踏实，不多言语。我在宣传部工作兼管校刊，一般他们学习、开会我都参加。当时的相处情况，因为时间太久，已记不清了。但是，有件事使我印象深刻。有一次开会，记不得研究什么问题了，当时有四五名同志，你一言我一语，争论不休，小查却一言未发，坐在那里听着。后来，小吴说：“让智囊发言。”我还不知道谁是智囊，小吴给我示意，我便让小查说说。小查开口，话语虽短，但一下就说在了“点”子上，说得很有道理。我当即表

① 根据海子的《1979年高等学校招生体格检查表》，当时他的身高为146公分；而1983年6月21日的《北京大学毕业生健康证明书》中没有与身高检查相关项目的栏目；《中国政法大学教职工履历表（1983年9月20日）》也没有相关身高的记录。——编者注

态："小查的意见很好，就这样办。"从此以后，我也称小查为"智囊"，但他很少和人开玩笑。

在工作上小查表现得很出色。他 1983 年 8 月来政法报到。由于十年动乱留下的后遗症，不大的校园住着好几个单位，如北京市戏曲学校、北京歌舞团、北京曲艺团等。狭小的校园十分拥挤，道路总是晴天灰、雨天泥，有的新生把校园形容为"车水马龙无异于农贸市场"，九月新生到校后觉得与想象中的校园环境落差太大，流露出了相当大的失望情绪。据此，他写了《寄语新同学》一文，深情地引导同学们正确对待理想和现实，担当使命和责任。其文虽短，但思想深刻，具有相当的深度、高度、广度及感召力。这篇文章发表在 1983 年 9 月 12 日改刊的《中国政法大学校刊》第 2 期上，稳定了学生情绪，激励同学上进（原文参见海子遗文部分）。

小查在校刊工作，大概也就两年左右的时间，他要求到哲学教研室去讲课，要我给他联系。我问他讲什么？他说："自然辩证法。"①我觉得这门课在哲学学科是一门比较深奥的课程，但感到他思维深邃，志向高远，为培养人才也就成全他的心愿，便去找哲学教研室主任刘圣恩教授谈。刘老师说需要人，但必须先试讲，不然来了不行就不好办了。同时，也需教研室其他负责教师认可，让我告诉小查找篇课文准备一下，试讲一次。我说："我让他直接来找你，你跟他谈谈、安排一下。"后来，小查试讲一举通过，顺利转到哲学教研室。

小查到了教研室，我们就很少接触。期间，有次他来找我说："教研室发什么补助没有他的，说这次补助还在宣传部领。"这一说，我也有些懵了，只记得之前有一次补助但早已发了。要是没有发给他，那钱肯定还在我这抽屉里，可是我这里已经没有了，后来，我想发钱时有签领名单，但已交财务处。便叫上他说："咱

---

① 当时系统科学的老三论（系统论、控制论、信息论）、新三论（耗散结构、协同学、突变论）等学科归类不明确，曾经有一种分科归属于"自然辩证法"学科。海子可能怕对该文作者说不清楚，于是答："自然辩证法"。——编者注

们去财务处查一下。”查了之后发现发款单上有他领了的签名，他失望了。当时我的心情久久不能平静。想起他出身农村，家里很穷，他的生活穿着都很简朴，那时，他每个月工资只有五六十元，生活很是艰苦。

小查在学校谈过恋爱，女友是法律系一名学生，名叫武××，内蒙古人，是一个很漂亮、可爱、有才能的女孩。当时他在校刊工作时，这女孩就常和他接触。记得有天下午吃晚饭时，我在往食堂走的路上，碰到他俩，小武准备和他一起去食堂吃饭，小查急急忙忙地说他要到车房赶班车回昌平，让小武自己去吃。小武说，她没饭票了。小查当时就把钥匙给她，说他办公桌抽屉里有。由此我感到他们的关系相当不错，内心也很赞赏，觉得小查还真有能耐找了这么好的女孩。同时，我也觉得这女孩挺有眼力，小查虽然相貌一般，但有一定的才智，她和小查交往也挺好。小武法律专业学了两年，学校举办外语教师培训班，选拔她到培训班学习，准备让她再学两年英语毕业留校做英语老师。但是她到外语培训班学习不到一年，遇上深圳特区开发来北京招聘人员，她去应聘便被录取到深圳去了。过了不知半年还是多长时间，我在东校门碰到过小武一次，我问她现在在干什么？她说在深圳某单位工作，这次是来学校转户口，马上就去车站赶回深圳的车。当时没见小查送她，我就觉得他们的关系有变化了。

小查的生活不同凡响。在校刊时，我听别人说、也听他讲，暑假他一个人到西藏去，体验了解西藏的风俗民情。他跋山涉水，风餐露宿，克服不少困难，经受不少锻炼，也有不少收获。

1989年3月，惊闻小查在秦皇岛铁道卧轨离世，我感到很痛心。首先想到的是他家里那么穷，父母亲供他上了大学，多不容易呀，对他会有多少期盼呀！他怎么就不想想。再是感到他在爱情上的失落，可能是他离世的一个重要原因。同时我还反思自己，假如那时我不同意他去教研室，就在校刊工作，也许会避免这一悲剧的发生。因为在校刊需天天上班，大家在一起工作、学习，他也不会有孤独

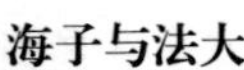

感。但是生活没有假如……

海子离世后，在社会上一部分人中反响很大。前几年，我在北京民族大学就听到该校文学院一位副院长说：“海子是个天才，可了不起了，是大名人了。”前年我在西四书店偶然发现了《海子诗全集》，便买了一本。在这本书的内页上，载有他对自己的概括性表述：

> 我有三次受难：流浪、爱情、生存。
>
> 我有三种幸福：诗歌、王位、太阳。

三次受难就不说了。三种幸福，我觉得是他精神世界的真切表白。关于诗歌他说：“我的诗歌理想是在中国成就一种伟大的集体诗。我不想成为一名抒情诗人，或一位戏剧诗人，甚至不想成为一名史诗诗人。我只想融合中国的行动，成就一种民族和人类的结合，诗和真理合一的大诗。”这也许就是他说的“诗歌”、“王位”的含义。“太阳”也按照他自己的话来说：“就是要成为太阳的一生。”“照亮生命不可或缺的。”由此我们可以看出他的抱负是多么宏大，精神追求是多么浩瀚。

海子是非凡的。在世仅仅 25 年，写了一百多万字的诗歌。1997 年海子去世快 10 周年的时候，上海三联书店出版社出版了《海子诗全编》。2009 年，海子逝世 20 周年，作家出版社精装出版了《海子诗全集》。据悉《面朝大海，春暖花开》被列入普通高中语文教材。

他，短暂的一生，是值得敬佩和怀念的。

但是，他走的实在令人惋惜，他走的不该……

忆查海生

常绍舜

1989年4月底[①]的一个深夜，我接到中国政法大学保卫处值班室的一个电话，说秦皇岛火车站保卫科来电告我校教师查海生（笔名海子）当日下午在秦皇岛车站附近卧轨，请派人前往处理。当时，查海生刚满25周岁，他生前是哲学教研室的一位青年教师，主要讲授美学课程。由此，中国政法大学哲学教研室也就成了查海生生前最后工作过的地方。

查海生是于1983年由北京大学法律系毕业分到中国政法大学工作的。他开始在《北京政法学院学报》[②] 做编辑工作，后来因其对系统科学感兴趣，并写了一篇《突变论与国家起源》[③]的文章，被哲学教研室负责人发现后调入该室做“系统科学”课教学辅助工作，后又独立讲授《美学》。查海生在哲学教研室任教期间表现出了教学上的天赋，但其在业余时间从事的诗歌创作却很少与人谈及，只有小部分青年教师知道他的这一兴趣，而教研室多数人是在他去世后才了解他的这一特长，并对他的英年早逝深感惋惜。

查海生有两件事给我印象较深：一是某日下午我在教学楼前的班车站见他在候车，因发现他胡子太长，便说：“快刮一刮胡子吧，

---

① 这里可能不太准确，海子逝世时间应是3月26日。——编者注

② 这是有误，应是《中国政法大学校讯》。——编者注

③ 文章题目可能不太准确，这里实际是指1984年5月22日中国政法大学法制系统科学研究会举行的首次法制系统科学讨论会，海子提交的那篇论文，即《从突变理论看国家产生形式和法的作用》。——编者注

太长了不好!”不料他说:“不能刮!人家都说我岁数小,刮了胡子不更显小了!”惹得大家发笑。还有一次是我听他第一次上“控制论”课,因缺乏经验,一节课的内容不到半小时就讲完了!不知怎么办,我在后面赶快说:“让同学们讨论一下,提提问题!”可能由于内容深奥,学生竟无一人提问题,只好挨到下课铃响。事后,我安慰他说:“没关系!大科学家麦克斯韦第一次上课时,也是由于紧张把两小时的课用一小时就上完了,结果又重新给学生讲了一遍才到下课时间。”

校、系领导对查海生自杀事件感到震惊并给以高度重视,一是指派保卫处某干部和哲学教研室秘书前往秦皇岛对尸体做暂时处理;二是委派专人对查海生生前情况进行调查;三是由时任校党委副书记的何长顺同志带领系、室两级主要领导人及查海生家属前往秦皇岛车站办理丧葬事项。在举行告别仪式期间,由系领导代表政治系、哲学教研室致悼词,对其教学工作做了高度评价,对其生前的为人处世做了充分肯定。此外在处理整个丧事过程中还对其亲属做了周到的接待和抚恤。最后,家属在接受学校安抚后离京返乡。

如今,查海生对现代诗歌创作的贡献已为国内诗界所肯定,他的作品《面朝大海,春暖花开》已收入中学语文课本中,成为有广泛影响的现代诗人。

孤独的海子

冯　章①

海子去世已经二十有五年了，我（们）是应该哀悼的，因为他是我（们）的老朋友。

海子的五封遗书——就是大家在网上看到的，原稿就放在我的办公桌抽屉中，他大概希望我们告知世人吧！

一、遗书

我们和海子（平常我们几个都称他为查海生，这是他的真名，海子是笔名）在中国政法大学哲学教研室一起工作了5年，最初怎么见面和怎么认识现在已经记不起来了。我们教研室有近三十位老师，有德高望重的杜老师（杨振宁西南联大同学），也有我们这些二十来岁的初出茅庐的年轻人。教研室的面积并不大，只能摆放八九张桌子，海子没有自己的桌子。可能是他来得晚了，先来的人或者经常在教研室的人应该都有，我属于后者，几乎常常住在教研室，里面靠墙搭了一个硬板的架子床。这不过是用五合板与教研室隔开一个当时来说极为珍惜的小屋子，约有十多平方米。小屋胡老师和我住着，外边的大屋就是干净整洁的教研室。

现在回想起来，海子就是在他去山海关的前一天黎明时分（大概是五六点钟），我们在小屋睡觉，他在外边的大屋坐在我的办公桌

① 1985年~1991年在中国政法大学政治系哲学教研室工作期间，曾与海子同事，现任中央编译出版社教育分社社长。

旁，创作着他最后的诗篇——他的遗书。当时天快蒙蒙亮了，我们隐隐约约地感觉他在写东西，以为他在写诗——这种感人的场景是常有的，后来他轻声轻脚地就推门出去了。他常常是来无影去无踪，每周一两次从昌平坐班车来到城里的教研室，给学生上课，然后就去会诗友喝酒、买书。有时我们也一起聊天或去校外的小月河散步，然后他就消失了。我们关系很融洽，但从不互相干预彼此的生活。

在黎明之前，即他写遗书的前两三个小时，还发生了一件事。在前一天海子就提着一个小箱子从昌平来到学院路（现在看来他已经做了很长时间的计划，对结束自己的生命有所准备），住在哲学教研室南边二十多米远的政治经济学教研室，该教研室也是只有一个架子床，上下住着两个人。刚好那天住下铺的人——李老师没有在，海子临时住在这个床上，到凌晨四五点时住在上铺的黄老师突然跑到我们哲学教研室说，海子有问题，老师和我赶快跑过去，海子这时在床上坐着，对我们说，他的头快要爆炸了，肺也要爆炸了，你们赶快送我去三院（现在的北京大学第三医院，是中国政法大学定点医院）。当时大约四五点钟，那时我们自己也没有汽车，公交汽车也不到运营的时间，自行车带他有些寒冷，害怕着凉，我们几个人就安慰他、劝他，对他说再过一会儿有公交车了就送他去医院，过了大约二十分钟海子的情绪逐渐平复，便慢慢躺下睡着了。后来可能睡了一两个小时，他就起来写遗书。据老师回忆，海子在政治经济学教研室写了一会儿，又来到哲学教研室写遗书。写完之后放到了我桌子的抽屉中。

就在海子写完遗书当天晚上 9 点钟左右，胡老师、我和我的大学同学韩老师（那时他在中央政法管理干部学院工作）在我们教研室聊天、抽烟。抽着抽着烟没有了，我就拉开我的抽屉找烟，结果看到抽屉的左角有一沓白色的复印纸，每沓都叠了三折，整整齐齐的，一沓一沓垒放着。一般人对自己的抽屉是熟悉的，有没有什么东西是知道的。多了这些纸我感到有些奇怪，心里瞬间想了一下是啥东西呢？打开一看，第一沓纸的标题是“遗书”（字迹刚劲、气势连贯，但是一笔一画并不相连，笔断神不断），是写给教研室主任的，我赶快把胡老师、韩老师喊来（他们两位在另外的桌子旁坐着），我们一起一封一封打开，有写给学校领导的、写给他爸爸妈妈和弟弟的、写给一禾的等。我们三人感到问题严重，赶快给教研室领导打电话告知这件事。我们也一直担心着海子，虽然我们心里想着他是不会死的。后来第二天中午时分，校长办公室打来电话证实了这一不幸的事情。

二、孤独——不可言说

孤独是一只鱼筐
是鱼筐中的泉水
放在泉水中
孤独是泉水中睡着的鹿王
梦见的猎鹿人
就是那用鱼筐提水的人
以及其他的孤独

到岸上还是一只鱼筐
孤独不可言说

——海子

80年代的昌平，只有两三条柏油路，许多是小石子铺成的小街道，坑坑洼洼，白天人烟稀少，夜晚更是几乎无人。昌平小城北面是一座光秃秃灰蒙蒙的燕山支脉，山下某处布满乱坟，据说有年轻的中国政法大学的老师在墓地上修炼气功。

某一天晚上海子和我们几个人去一个年纪比我们大几岁的同事家里吃饭，回来时大约九十点钟，在黑暗空无一人的小街上，我们几个人大喊大叫，宛若狼嚎一般，孤独不可言说，只能大声嚎叫，像动物一般。

还有一次是下午，我们经常在学院路城里住的人①，不知什么原因连续在昌平待了四五天，实在孤独、痛苦、压抑，就约了海子等六七人一起走到了离住处几百米的山上，从西到东走了四五个小时，一路嚎叫，一路奔走，好像压抑了一万年。孤独不可言说，满腹的话儿无处诉说，只能喊叫。

2013 年春节前，中国政法大学的几位朋友聚会，说是想纪念一下海子，大家说海子把遗书放得整整齐齐，说明当时他头脑非常清楚，不像有的人描述他去山海关前心智混乱。他确实很清楚，他不是因为混乱而离世，他去世最根本的原因是孤独。因孤独、寂寞、痛心而死。

海子因为远离父母、家乡，缺少亲情而孤寂；他一直想回家乡，不想留在城里和酒馆。他有一首诗很传神地表达了这种心情——“我要还家”：

我是浪子
我戴着水浪的帽子
我戴着漂泊的屋顶
灯火吹灭我
家乡赶走我
来到酒馆和城市
我本是农家子弟
我本应该成为
迷雾退去的河岸上
年轻的乡村教师
从都会师院毕业后
在一个黎明
和一位纯朴的农家少女

① 那时称在中国政法大学昌平校区的师生为“山里人”；学院路校区的师生为“城里人”。——编者注

一起陷入情
但为什么
我来到了酒馆
和城市

朗诵放荡疯狂的诗
我要还家
我要转回故乡，头上插满鲜花
我要在故乡的天空下
沉默寡言或大声谈吐
我要头上插满故乡的鲜花

——海子

家乡有父母兄弟血浓于水的亲情、农家少女纯朴甜美的爱情和自己心仪的职业——乡村教师，还有到处鲜花盛开的醉人美景。海子有一次曾和我闲聊，说他当小学老师一定很称职的。我说你太矫情，你当大学老师也绰绰有余。

因为缺少爱情或者爱情受到很大的挫折而痛苦孤寂。

中国政法大学的东门，穿过一条不太宽的马路，就是小月河，河上有一座桥，过了桥就是我们散步的花园。一个风和日丽的傍晚，我和海子走到桥上，聊到有人爱读他的诗，他却说“有喜欢我的诗的女孩，但没有给我做饭的女孩”，这句话我印象很深。他说这话时看似很轻松，实际内心很失望。不过当时我并没有觉察到他的这种失落，因为在我们面前他永远是一张笑脸，真诚的、天真无邪的笑脸，就像大家现在看到的海子那张标志性笑脸。这之前有一个女孩子，也是中国政法大学的学生，很爱阅读海子的诗，海子就几次去宿舍找人家，后来他意识到女孩只是爱他的诗歌，并没有喜欢他这个人。于是便写了一首“打钟”的诗表达了这种刻骨铭心的痛苦之情。

打钟的声音里皇帝在恋爱

一枝火焰里
皇帝在恋爱
恋爱，印满了红铜兵器的
神秘山谷
又有大鸟扑钟

打钟的声音里皇帝在恋爱
打钟的黄脸汉子
吐了一口鲜血
苦心的皇帝在恋爱
打钟打钟

钟声就是这枝火焰
在众人的包围中
苦心的皇帝在恋爱

——海子

海子曾经给我们朗读过这首诗，也许他已经从这段单相思的情感中走了出来，朗读时的心情还是很开朗的，其实他和我们在一起时从来都是快乐的。这里要说明一下，距离学院路中国政法大学西北方向大约一两公里的地方就是大名鼎鼎的北京大钟寺博物馆，那里保留有明代的中国最大的钟，海子好像去过那里。海子的诗大多是有原型，有有形的原型，亦有无形的原型即他的想象。

海子因为缺少友情或者友情短暂而寂寞。在北京他的朋友有诗友和我们这些同事。我们彼此间不仅是同事，其实也是朋友，有些事他也常常向我们诉说，比如他第一次去西藏，回来之后眉飞色舞地给我们描述他如何少花钱甚至不花钱坐火车，一天仅仅吃一个馒头。他请我去他房间欣赏他在西藏寺庙打坐的照片，像僧人那样双腿蹦趺掌心向上。在现实中他是快乐的，但是在诗歌王国里他又是孤独的。我近日读他写的“西藏”，感觉他的心灵充满了孤寂：

西藏，一块孤独的石头坐满整个天空
没有任何夜晚能使我沉睡
没有任何黎明能使我醒来

一块孤独的石头坐满整个天空
他说：在这一千年里我只热爱我自己

一块孤独的石头坐满整个天空
没有任何泪水使我变成花朵
没有任何国王使我变成王座

——海子

西藏是他和诗友去的，但海子和我们也一起度过很多快乐时光。大概是1987年暑假，我们政治系组织老师去北戴河休假。海子和我们五六个年轻教师住在一起，我记得有一天晚上不知道争论什么事情，互不服气，于是就用拖鞋扔来扔去，嬉笑打闹，你看看那时的海子、那时的我们是多么兴高采烈。当时北戴河人还不多，一天晚上九十点左右，海子和我偷偷摸摸溜出房间（按照规定是不能出去的），翻过宾馆带有尖刺的大铁门，来到了海边，夜深人静，万籁寂静，我们背后耸立着三四十米的山岩，面前海浪哗哗—哗哗的有节奏地冲向海边，然后又退了回去，天空挂着一轮明月，海子说这是他人生第一次见到大海，我说我也是。我们心情都很放松，欣赏着海浪，他不由自主的吟诵道“宽阔的海浪，像万匹白象奔腾而来”。

海子也爱讲笑话。去北戴河时我们坐在车上，每个人都要求说笑话或者唱歌，以活跃气氛。轮到海子，他说我不会唱歌，就说个笑话：一个农村的书记组织社员学习，念稿子到该页最后一句话“十月革命一声炮”，翻到下一页只有一个字“响”，书记自言自语地说怎么第二页才“响”。海子多次给我们说的一个笑话是：一个诗人认为黄河是母亲河，发誓要去黄河体验生活创作一首关于黄河的诗歌，一天他终于来到朝思暮想的黄河边，放眼望去，满眼发黄的

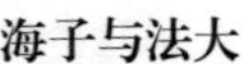

流水夹带泥沙，一点诗意都没有，诗人很失望，伤心地离开黄河，说了一句“黄河啊你真××黄”。

他热爱俗人俗世但又不太谙熟世故。有一次他的妈妈来北京看望他，好像是去西直门送妈妈回家。西直门那里是交通枢纽，小商小贩比较多。他告诉我们说一个商贩卖哈密瓜，不停地吆喝着一块钱一块钱，他以为一个整瓜一块钱，就和妈妈一起吃，一口气吃了13块。吃完后他给人家一块钱，那人说一块一块钱，结果只好付了13块钱。现在看来13块钱不贵，可在当时，这些钱是他工资的1/4多，还是很心痛的，但是他描述这个事件，好像是在说别人，似乎并不太在意。在现实生活中海子是一个比较大度的人，但是内心还是有些伤感，海子的心是很敏感的，比我们普通人要敏感得多。别人对他的伤害，他也是很敏感的。

然而最重要的是海子精神的孤独、心灵的孤独——他的诗歌很少被圈内诗人所理解或者认可，这是他最大的孤独，天才的孤独。他的死是天才的死，不是俗人的死。

我们说海子是孤寂的敏感的，但是也有短暂的快乐的时光，例如寒暑假回家和父母弟弟在一起，和我们这些同事朋友在一起，有时我们畅饮畅谈。比如现在已经广为流传的他的名句“面朝大海，春暖花开”，我猜想就是那次我们去北戴河不久他创作的。他那时心情非常好，第一次看见大海，他的笔名海子暗合“大海之子”，他这个大海的儿子见到了“父亲”，应该是多么的高兴呀。他选择山海关结束自己的形体生命也与他的笔名、北戴河之旅具有某种神秘的联系。

三、“书事”

读书、买书、写书（诗歌）、借书、教书、还书，即是我说的“书事”，海子和我们在一起主要是这些和书有关的事。

有许多热爱海子的朋友常对我们说，海子和你们生活工作了5年多——这5年正是海子创作最旺盛的佳期，并且他去世前一两天你们还和他在一起，遗书也是你们最早发现的，（顺便说一句，有一天晚上他没有回昌平，我们坐在教研室小屋的床边聊天，海阔天空，聊着聊着他说道，如果他先死了，要我给他写传记。我说我先死了他要给我传记。）为什么不写点文章，让人们更好地了解他？哎！我们怎会不怀念他，而是非常怀念他！

大约二十年前，我就购买了人民文学出版社出版的《海子的诗》，一直放在我的书房，与我朝夕相伴，时不时地翻翻看看，封面上他的照片对着我微笑，就像他活着的时候一样，使我觉着他就没有死。有时我在想，这个傻孩子，为什么不活着，活着虽然不怎么好，但是总比死了要好。

教研室的几个朋友聚会时也常常提到他，我挂在嘴边的话就是我有三本书，《五十奥义书》，七八百页，先生的得意弟子徐梵澄（他老人家活到92岁高寿，是我国著名的翻译家，翻译了许多印度的名著）翻译的，先生是用诗歌的方式翻译的，所以海子非常喜欢。还有一本美国数学家维纳写的《控制论》，那时海子好像研究法制系统论，他要参考。另外一本怎么都想不起来。这三本书应该是他去世前半年内从我这儿拿去读的，后来就一直在他那儿，直到现在。他也曾经送给我一本自己油印的诗集，16开的，蓝色的封面，薄薄的大约几十页，后来我们政治系的一位老教授借去了，我也没有要回来。

海子教书也是很浪漫的，不像我们上课前一定要写讲义，海子从来没有讲稿，但是在课堂上侃侃而谈，颇受学生欢迎。因为他讲解的美学课和他的诗歌密切相关。我在他的书架上好像也看见过几本美学的教材，比如《美学概论》，等等。这也说明海子对讲课也是很认真的，也做了大量的准备。

海子非常热爱读书，甚至可以说是着魔。有一天我去昌平来到他的房间，我印象中那时他的书架上可能有上千册书（这在当时对一个诗人来说应该是非常的丰富），他说昨天读了一晚上的歌德的《浮士德》，这本书好几百页，我说你怎么读的那么快，估计是他读了很多遍，有时只是浏览。他常常是晚上、深夜一直到凌晨三四点读书，主要是阅读诗歌。

海子读诗是在深夜，写诗也是在夜色中进行。他的诗歌几乎每一首都有“黑夜”、“黑色”、“黑暗”、“夜色”等词语。有时一首诗中多次出现这样的词语。黑夜是孤独的、夜深而人静的。他曾经对我们说，他写诗前要喝一点点白酒，大多数是北京产的二锅头，不能像朋友聚会时喝得那样多，这时窗外寂静无声，无人无物；室内海子自己在微醉状态也忘掉自己，真是庄子所说的“物我两忘”，这个状态就是他写作的状态，孤独、寂静、无我、无声，天马行空、笔走龙蛇，这就是海子写诗的状态。

海子诗歌中的《给萨福》、《诗人叶赛宁》、《马雅可夫斯基自传》、《不幸》（给荷尔德林）、《公爵的私生女》（给波特莱尔），等等，涉及的这些伟大的诗人几乎都是在与世孤独中创作了伟大的诗篇，也在孤寂中结束自己的形体生命，但是他们的诗句则永垂不朽，万古长存！至今活在人们的心中。除了这些杰出的外国诗者，海子也提到了中国卓越的诗人屈原，当时的中国人是多么不理解这位万古长青的诗人，屈原在孤独中留下了他的两只白鞋子。

亚洲铜　亚洲铜

看见了吗？那两只白鸽子它是屈原遗落在沙滩上的白鞋子

让我们——我们和河流一起穿上它吧

——海子

海子喜欢、热爱、崇拜这些伟大的诗人，学习并试图超越他们，在对待有形的肉体上也想模仿他们。

“乡村最后一个诗人”叶赛宁①，咬破手指，用血写成一首八行的“绝命诗”：

再见吧　我的朋友　再见

再见吧，我的朋友，再见

① Есенин，1895年~1925年，俄罗斯田园派诗人。生于梁赞省一个农民家庭，由富农外祖父养育。1912年毕业于师范学校，之后前往莫斯科。1914年发表抒情诗《白桦》，1915年结识勃洛克、高尔基和马雅可夫斯基等人，并出版第一部诗集《亡灵节》。

亲爱的，你永在我心间。
命中注定的互相离别
许诺我们在前方相见。
再见，朋友，不必握手诀别，
不必悲伤，不必愁容满面，

人世间，死不算什么新鲜事，
可活着，也并不更为新鲜。

——叶赛宁

海子创作了叶赛宁组诗，一共有 5 首，概括了叶赛宁的一生；海子与叶赛宁有诸多相似之处，出生在乡村，自称为乡村诗人，和父母相处时间不长，感情敏感、爱情曲折，诗风相近。甚至海子也写了绝命诗：现在多数人认为是海子去世前的三个多月写作的“面朝大海，春暖花开”，这种说法也能成立。但是我更倾向于他在离世前 12 天写的“春天，十个海子”。

春天，十个海子全都复活
在光明的景色中
嘲笑这一野蛮而悲伤的海子
你这么长久地沉睡到底是为了什么？

在春天，野蛮而复仇的海子
就剩这一个，最后一个
这是黑夜的儿子，沉浸于冬天，倾心死亡
不能自拔，热爱着空虚而寒冷的乡村

——海子

“这是黑夜的儿子，沉浸于冬天，倾心死亡，不能自拔”，应该是海子当时短暂辉煌的一生的真实生动准确的写照。今天，将来，一直到永远，十个海子全部复活。

海子往事及最后的出走

——哲学教研室海子同事座谈回忆纪要[①]

哲学教研室海子同事们

——海子是1987年从校报调任至教研室，他讲过美学，也讲过系统论。最可惜的是没有我们和他的合影。

——我觉得海子一点也不抑郁，也不寡欢，经常和大家一起“众欢”。当时海子住在教研室501，和我是上下铺。

我们经常在一起喝酒，差不多一星期一次吧。我记得有一次海子喝得还钻桌子底下去了。

——关于气功，海子和袁藏[②]混过。真舟[③]老师曾经组织过一个气功方面的研究会，全称叫“金刚瑜伽母拳法研究会”，还在学校开过讲座、办过班。海子没有参加这个班，但是和袁藏学过这个。有个事很神奇，长顺[④]老师的哥哥有尿毒症，一直在床上躺了很多年。长顺老师让真舟老师给他哥哥看一下，于是真舟老师来了，就在说话的同时，一阵风把他哥哥所在屋子的门吹开了，然后他哥哥竟然起来把门给关了。他哥哥在床上躺了很多年了，突然自己起来关门，真的很神奇。袁藏回避教过海子气功，因为有说海子的死因是练气功走火入魔，遗书还说要找“道教恶魔”报仇等，所以袁藏

① 参加人员：原哲学教研室海子同事双月召集章马、金辛、彩黄，以及济宁等老师参加，西子记录，2014年1月16日晚于贵友酒家。本记录中参加座谈回忆人员的名字均为化名。

② 化名。

③ 化名。

④ 化名。

后来就不敢提他有特异功能这事了。

——我认为从另一个角度讲，海子内心还是有抑郁的一面，不然也不会发生这个事。海子之死的原因是很复杂的。

——当年，海子的诗不太受欢迎，也没有发表太多的诗，除了西川和骆一禾，其他诗友也不太支持他。

——海子的6封遗书都放在教研室一个同事的抽屉里（因为他自己没有办公桌）。他是24日晚上至25日凌晨走的。25日凌晨大概四点钟，海子说：我的脑袋要分裂了，我要去北医三院（现北京大学第三医院）。我们没有自行车，公交也没开，便安抚他说：等天亮了再去，然后他就睡着了。（他当时确实有幻听幻觉。）大概6点左右，天快亮的时候听到海子在外面写东西，应该就是那6封遗书。他经常这样写东西，所以我们也没在意，也没有发现什么异常。后来晚上九点左右，我翻抽屉找烟，发现一沓纸，折叠得很整齐，是一种特别的折叠方法。再一看不对劲，都是两三行话的遗书。遗书按次序，先是给校领导写的；然后是给我们系主任写的；第三封是给教研室写的；第四封给他爸爸妈妈、兄弟姐妹写的；第五封给"一禾兄"写的。另外，还有一封，是单独放在双月老师的办公桌抽屉里，因为涉及拿走了（一种特殊用途的）钱，所以我们把那一封遗书压下来了。后来媒体公布了5封。

然后，我们马上打电话给系里领导，系里领导打电话给校领导，校领导让保卫处报案。但是报案后也无能为力，因为不知道他去哪了。他应该是25日一早走的。

——钱学森曾经给袁藏写过一封信，加上别人说袁藏有特异功能等原因，海子相信袁藏有特异功能，对他崇拜得五体投地。袁藏被他烦得不行，就做"魔术"骗他，所以后来在遗书中海子说袁藏是恶魔骗了他，可能是这样吧。海子没有出功。

——海子真的是个天才，写了大概两百万字的诗。他经常看浮士德、波德莱尔的东西，然后他能理解并变为自己的语言。在他父母眼中，他就是神童，而且很小就能熟背毛主席语录。

我记得有一次，他在《北京晚报》发表了一首诗。我们从大钟寺回来，海子还给我们念，“打钟的声音里，一个皇帝在恋爱，……”有人说他有七个女人，但我认为大多为单相思，通过诗表达了一种爱慕，但并不代表是恋爱关系。

——还有一年，徐老师争取到社会主义精神文明调查报告的活动，为系里争取到一笔钱，本来我们要一起去，后来他因为要回家就不去了。

——他走了之后不久，北戴河秦皇岛火车站打电话过来，问是不是有一个人叫查海生，因为他身上带着中国政法大学的工作证。然后学校派我和保卫处的一个人去认人。我发现他的神情十分安详。据火车司机说，司机当时注意到了海子，他们互相还看了对方，对视了一下，火车很慢，他是钻进去的，不算卧轨，而是钻轨。

——据他父母讲，葬礼的时候，给他买了中山装，躺在那里感觉特别像毛泽东。最后就只有一个简单的告别仪式，他父母都去了。

——我认为他虽然有间歇性的胡话、幻听幻觉，但是我感觉他死的时候非常清醒，因为遗书都叠得整整齐齐……

——我们那次一起去在北戴河的时候，晚上我俩一起翻围墙出去到海边，看着月光下的白浪，他张口就来：“万匹白象奔腾而来。”回来后，我们拿枕头砸来砸去的玩闹，住的是普通的简易房。当时北戴河水很清，三米深的水可以看到底。那天晚上他说，这是他第一次见到海。

——这件事你们应该都知道，海子经常说，有一个诗人到黄河边，看到黄河全是黄水，说道：“黄河啊，你真××黄。”海子特爱说，反复说这句，一聊天就说这句话。

——有一次我们在一个讲逻辑的老师家里吃饭，吃着吃着海子往菜里吐口水。我认为不是很正常的行为，因为他这种行为，我说过他，还打了架（一出楼门，我批评他，他不接受，就打了起来）。

——那天晚上（海子生命的最后一夜，在教学楼高层一个教研室与彩黄上下铺）睡到半夜，大概两点钟，他叫我：你赶紧起来给我叫救护车。我问怎么回事？他说听到远方有人在骂我。我说你神经病（开玩笑）。但我下来真想拨电话，后来看他好像没啥事，就没拨电话。然后回去接着睡。大概四五点钟，我睡得迷迷糊糊，听到他起来，出去上厕所，回来比较安静，坐在办公桌那里，似乎是哭了，在写东西，但写什么我不清楚。这中间，他来来回回出去过几趟。

然后等到七点过，我看到他正襟危坐，靠着床。他喊我说："你知道我现在在想什么吗？我正在想把遗书搁在什么地方。"但是我没有当回事，因为他平时就常常和我们开玩笑，要死要活的。等我洗完脸回来后，他就拎着箱子出去了，说："再见！我出去了。"整个人看起来也很正常。

然后一去不复返，再也没见。后来就得知他在北戴河的消息。

他应该是在住的地方写了一部分遗书，后来又在其他房间（哲学教研室双月当时睡觉的房间）写了一部分遗书。

他写遗书的时间应该是五六点钟。

海子还是非常有才的，向大家展示过诗稿。

海子练气功的时候，反响还是很大的。

他走的时候绝对是清醒的，没有稀里糊涂。

海子曾和我讲："我每次写诗之前，会来一杯白酒，白酒里面掺上生咖啡，我喝下去，迷迷糊糊，开始写诗。"

凡人查海生

——忆往昔的同事生活

祥　子[①]

有一个人，去世后比活着时有名，去世几十年后比刚去世时更有名，这个人就是诗人海子。作为名人的海子，被戴上了各种花环，更被逐步地神化。海子有他“诗神”的一面，也有他平凡的一面。

我所认识的生活中的海子，本名叫查海生。我和他并不是很亲近的同事，所以他不平凡的经历，我知道的并不多。但是，我们在同一个单位里有过一段基本相同的生活经历。我把这一段平凡的生活，记录下来，供研究者解读。

一、相识——同屋（1983 年 ~ 1984 年）

1983 年 8 月，新成立的中国政法大学（在原北京政法学院基础上设立）来了很多年轻人，多是各政法院系的应届毕业生。政法校园本来就小，“文革”期间搬进来的几个单位也还没有迁走（北京歌舞团、北京戏校等[②]），根本没有地方安置这么多青年人。学校便租赁了大钟寺大队在大车店后面的农田，在那里搭建了三排小平房供毕业分配到政法大学的青年教师和部分 83 级研究生居住。

我被分到第一排靠中间的一间屋子。一间屋子四张床，基本上推开门就是床，显得很局促。和我同屋的有团委的陈佐夫、党办的

① 中国政法大学民事诉讼法教授。

② 另外，还有北京市曲艺团、北京市文化局等单位。——编者注

蔡和斌、校刊的查海生（后来换了雷存柱）。佐夫、和斌来自西南政法学院，海生来自北京大学，我来自华东政法学院。我们的共性是，都是外校分来的、都是南方人（我、海生、和斌还都是华东地区的）。四个人里只有我被分到教学岗位，当时在研究生院带职进修。

大钟寺的生活非常艰苦。房子刚盖好就住进去了，墙上还在冒水。北面墙上有个高高的小窗子，有点像监狱的那种感觉。南边有一扇大一点的窗子和门。门外是两排房子之间的露天过道。由于挨着猪圈，夏天臭气熏天、苍蝇乱飞。最难忍受的是上厕所，北方农村的旱厕，夏天臭、冬天冻。

查海生不常在宿舍里住，记得住了不久就不来了，住办公室。校刊的办公室好像是在板房里，条件也很艰苦，只不过吃饭睡觉不需要走那么多路了。海生在校刊的那段经历，吴霖应该比较清楚（吴霖和海生同在校刊工作且都喜欢写诗）。认识海生之初，不怎么能看到他，交流也就比较少。最初的印象，就是这个人不太爱说话，小个子，娃娃脸，白净，眼睛很有灵气。可能他写作不错，要不然不会分到校刊去办报。

二、相处——同楼（1984年~1987年）

我们在大钟寺住了一年左右就搬走了。学校在昌平西环里山脚下买了两栋楼，部分供青年教师住，部分给进修生院办学用。这两栋楼的格局基本相同，每个单元的每层楼都有三套两居室的房子。我们两人一套，一人一间，岂不快哉。

我和海生不在一个单元，最早和海生同一居室的是李承捧，后来承捧结婚搬走，换了陈之恺。因为我还在读研究生，而学校在3号楼给研究生安排了集体宿舍，所以不常回昌平住。只是在校园里偶尔能看到他。

直到1985年课程结业后，我才完全搬回昌平住，这也才有机会天天见到海生。海生还是一如既往地沉默，常见他穿个蓝色中山装，两手各提一个绿皮铁壳热水瓶。水房和食堂是我们年轻人重要的社

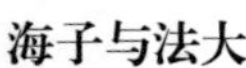

交场所，大家伙儿会在那里聊天说地，聊兴奋了，就转移到宿舍里继续聊。他好像有点封闭，有点腼腆，一般只和北大来的同学说几句话，但有时也会和我们笑一笑、点一下头。

第一次造访海生，是我写了几首小诗，请他过目。他看了，用笔画了一下，说："这两句不错，像诗。"我那时沉浸在初恋的狂热中，倒也没有受到什么打击，只是后来便再也没有写诗。然后，他拿出一个油印的小册子，说是他最近新写的诗。我翻看了以后，感觉太抽象了，天上、地下、青铜、死亡……说实在的，我当时也就停留在欣赏汪国真的水平上，确实看不懂他的诗。我说话一向直率，就跟他说："你这个是写给后人读的吧，比较超前啊。"他听了，没有吱声。后来我又说："这个好像是个提纲，你应该把它写成一个大部头的史诗，再通俗点，增加一些情节。"他这才兴奋起来，谈起他的规划和想法。后来又聊了一些，不记得具体内容了。那个油印本给我印象很深，好像还不止一本，是他自己出钱刻印的。

到昌平不久，我们几个华东来的男生组织了"白取乐"（英文"单身汉"的谐音）俱乐部。每个周六晚上活动一次，由西环里的哥们轮流做东（谁做东就在谁的宿舍举行，负责招待，备饮料酒水，有时还要管饭）。每次一个主题，主持人通常就是主讲人。题材除了法学的，还有其他方面的，包罗万象。记得《世界经济导报》的张卫国讲过政改、研究生院的李曙光讲过经改、本科生院的姚新华讲过民法前沿问题、我讲过民事程序法的前沿问题。

我对白取乐俱乐部最特别的记忆有两次：一次是姚新华主持并且做东，讲的竟然是音乐，主要讲交响乐，还是以贝多芬为例。为营造气氛，关掉了灯，点上蜡烛。老姚随着卡带收录机的音响，举着一根筷子，背对着烛光，边指挥边讲解。他那本不显眼的身形被烛光投射到墙上，竟然如此高大，如此潇洒，听得我们如痴如醉（可能酒精的作用加剧了这种效果）。

还有一次，是请海生讲现代诗歌流派。他之前没有参加过我们的活动，那次好像是我提议、理波去邀请的。正好轮到我做东，也模仿老姚，点上了蜡烛。海生没有刻意准备的痕迹，却滔滔不绝地讲了近两个小时。他声音平和、语调平缓，就像在和你聊天，但是他却能把现代诗歌讲得那么生动有趣。记忆特别深刻的是他介绍撒娇派诗人的代表作：祖国是妈妈/党是爸爸/我不向妈妈爸爸撒娇/向谁撒娇。烛光里的海生，脸蛋红红的（那时还没有留胡子），有点婴儿肥的样子，眼睛扑闪扑闪的。平日里很不起眼的查海生，讲起诗歌来，竟然那么精神。

自那以后，他就常常来参加我们的活动。他总是默默地听别人的发言，默默地喝着酒和咖啡。听说，他后来又讲过一次，不是文学就是哲学。那时，我已经不在昌平了。

三、相闻——同校（1988 年 ~ 1989 年）

没有永远的单身，没有不散的筵席。年轻人谈恋爱了，结婚了，也纷纷离开昌平了。20 世纪 80 年代后期西环里有一句名言：“宁要城里一张床，不要昌平一套房。”

我们这伙人里，好像是学报的陆敏最先进城。法学界的文学男青年找到了新闻界的文学女青年，于是乎，请我们大吃大喝了一顿后，陆敏就住到城里女方家里去了。再后来，我也结婚了，在花市租了间平房，过起市民生活。偶然也会回昌平的单身宿舍住几天，偶然也会看到查海生，但次数越来越少。

在这之前，我经历了上讲台、谈恋爱、评职称，等等，都是那段人生的重要经历。海生虽比我小几岁，但也有和我们类似的经历，只是他的这个经历比较漫长曲折。他在学校里的工作好像并不太顺利，也不太开心。他由校刊转到教研室，教哲学、美学之类的，听说学生好像并不太认同他的教学。他的讲师职称也迟迟没有解决，可能是本专业的著述比较少。

这个时期，他瘦了，样子有点颓废了，服装也比较随意了（可能跟经济水平的提高有关），留起了胡子。他最早留的胡子，比后来照片上的好看得多，那是一种修过的连鬓络腮胡子，很像画像上的卡尔·马克思（写资本论的那位）。

这个阶段，他也谈了几次恋爱，但好像都不太顺利，而且，有些恋爱，在当时是注定不会有结果的。

有一次去他的宿舍，看到他把床撤掉了，铺在地上睡觉，还看到一个石头的佛像。他说，那是他从西藏背回来的。他的这次西藏之行，从成都开始，一路搭乘货车，没有买过票，走了很多路。这在当时，是一件让我景仰的大事，起码我是做不到的。

四、阴阳两隔（1989 年 3 月 26 日）

再后来，就听说他死了。这个消息，最早是听一位友人说的。因为海生离开昌平以前，去敲这位友人的门，可能是想去告别，也可能想去倾诉。但是由于某种原因，海生并没能敲开门。海生去世的消息很快传到西环里。这位友人很惊慌，以为没有给他开门导致了他的死亡，就在第一时间把这个消息告诉了我。再后来，又有一位练过气功的同事紧张兮兮地给我讲：海生的去世和他没有关系，但海生留在学院路的遗书却莫名地涉及他。

海生的离世给西环里的人们带来巨大的震撼和冲击，并且给一些人带来持久的惊恐。

其实，海生早就有轻生的念头，当他有些不如意时，就会有这样的想法。可能他太追求完美，一旦发现人生尽是不完美的，就会萌生这个念头。孙理波就曾经成功地劝说他放弃轻生的念头。可惜，我们这些人都陆陆续续地离开了西环里，留在西环里的，也忙着自己的事，很少关心过他。可能他太孤独了，他自己解脱不了这种孤独。

只是太可惜了，才 25 岁，留下很多已完成和未完成的诗篇，留下家人和朋友无尽的追思。

远在远方的风比远方更远

——回忆与海子在昌平的日子

孙理波①

一、海子出事了

25 年前的早春，海子出事的那天，上午，他去了山海关，下午，我去了昌平。

第二天清冷的晨风中，李传敢气喘吁吁地跑来告诉我："小查出事了。"

传敢当年在校办工作，那天正好在学校值班，山海关那儿的派出所电话打到学校，询问法大是否有叫查海生的人，传敢该是最早知道海子死讯的人之一。见到我时，传敢有点儿激动，而我，说实话，内心却很平静，没有通常人们所说的在听到重大噩耗时"心里咯噔一下"以至无法接受的那种反映。在我的意识里，海子的死似乎是个或迟或早终究要发生的宿命，只是瞬间感到一种难以言表的失落——"有了一个儿子，走了一个哥们"，那天，我儿子出生刚满十天。同时我又强烈地感到，那些日子如果不是儿子出生需要住城里，而是我一直住在昌平的话，海子可能不会在那天死去，他曾经对我说过："你救过我一次。"我自信地认为我还能再救他一次。

25 年过去了，儿子已长成一个青年，在他成长的日子里，曾几

① 1983 年 ~1987 年为中国政法大学犯罪心理学教研室教师，1987 年任法律思想史教师；现为律师。

次问起，相册里那张坐在我身旁，穿红色毛衣的海子的事。也许是因为时常提起的缘故，更是因为我们在一起度过了那难以忘怀的青春岁月，那些彻夜畅谈、那些书信往来、那些诗歌与艺术的交流，有关海子的点点滴滴从未在我的记忆里褪色。

1986 年孙理波与海子在昌平西环里 15 号楼宿舍　姚新华　摄

二、初到法大

1983 年夏，阳光如蜜，当年我们意气风发，满怀理想，从不同的学校毕业被分配到中国政法大学，其中有查海生（海子）、唐师曾（老鸭）等几十位青年学子。由于法大学院路校区被北京歌舞团、戏曲团等多个单位占用，崔健之类的艺术家们与法大学生们在校园里晃荡（他们团占了学生 5 号楼）。因此，根本就没有地方给我们这拨人作宿舍。于是，学校便在北三环大钟寺对面租了大钟寺大队新建的一个小院，作为我们的临时住所。

开学后，也许学校知道查海生喜欢写诗，便同我的一位同样爱好诗歌的校友吴霖一起被分到了校报任编辑，我经常去编辑部找老同学聊天，也许是这个缘故，自然也就与这位个头不高，圆脸的小弟弟（那年他 19 岁）相识了，那时我们大伙儿一般都管他叫“小查”，他开始在校报上发几首小诗，用的笔名叫“扎卡”。在吴霖主编的法大第一本诗集《青铜浮雕　狂欢节　我》中，刊登了他的长诗《北方》和《女孩子》。不久，他又取了一个笔名——海子。

在大钟寺大队的小院，我们同住一排，我住靠大门的一间，小查则住在最里面。在我脑海里，至今难以磨灭的影子是小查下班回来后，常常拎一个学校发的绿色铁皮暖壶，穿一件白色衬衫，挽着袖口，低着头，从院里边走出来，路过我的房门，在离大门不远处的水房打水，碰上时我们会打声招呼。

由于大家都是毕业不久的大学生，又都是单身，周末我们会聚在一起聊天，还给这种聚会取了一个雅号“白取乐”，一是指大伙聚在一起聊天解闷，二是因为我们都是大学学士，便取英文 bachelor 的谐音。海子有时也会被邀来“取乐”，大家都知道他爱写诗、爱读书，从聊天中我们对朦胧诗及所谓“黑道”诗人开始有了一些了解。

由于学院路校区地方不大，又有多个单位占用，法大琢磨在昌平买地建新校区。为了解决我们这拨青年教师的住房，学校在昌平新建的小区西环里，买了其中 15 号和 16 号两幢楼，在西边两栋楼之间盖了一个食堂，东面安了一扇铁门，由此围成一个院子。

1984 年暑假后，我们从大钟寺小院搬到了西环里，青年教师住 15 号楼，16 号楼是中央政法管理干部学院（当时叫法大进修生院）的学生宿舍。海子住在 6 单元 302 室，我在 7 单元。学校安排两名青年教师住一套两室一厅的单元房，如果同屋不常来的话，事实上就是一人居住。

那年暑假后，海子从校报编辑部调到了哲学教研室，担任讲授美学的老师。我们平时不用坐班，除上课外，一周仅周二、周五坐班车去学院路参加教研室活动，在不进城的日子，我们都会待在昌平，过着一种半封闭的清闲生活。

（一）在昌平如风的日子

我与海子都毕业于法律系，在读法律之前，我有很长时间都在学习绘画，海子热衷诗歌。也许是有着共同阅读趣味，在昌平我和

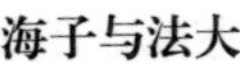

他开始了持续5年的密切交往。

我们及隔壁的一些同学经常几个人聚在一起吃饭、喝酒、聊天。聚会常在我房间里，饭后我一般会用双喇叭录音机放几首诸如海顿、莫扎特、马勒的曲子，偶尔也会放当时流行的卡伦卡朋特的歌。大家随兴而聊，谈读书心得、谈时政，兴致好了，想说的话多，就会聊至清晨，看着窗外天色渐渐亮起，然后，意犹未尽地各自回屋睡觉。天空晴朗的时节，我们隔三差五相约出游。我们会顺着宿舍楼后的山坡去爬那座不太高的军都山，依稀可见不远处昌平城区新盖的一排排红砖楼房；有时徒步去定陵、十三陵水库，坐在水库大坝，看着涟漪的湖水；实行夏时制那会儿，太阳落山晚，饭后我们会去西关京昌公路大转盘，坐在草地上远望北面的叠嶂山峦与渐渐落下的斑斓的云彩……平静中感悟着“远在远方的风比远方更远”。

有时，借着周二、周五去城里上班，我俩会一块儿去沙滩美术馆，逛逛那时还在朝内小街的三联书店，还有文化部旁的一家民营书店——“都乐书屋”。“都乐书屋”的收银员会在买好的书上盖一个闲章“德不孤必有邻”。挨着书店有一家上海风味的餐馆，我们常常在里面点一份咖喱土豆鸡块饭。大概以前没怎么吃过咖喱风味的东西，海子还挺喜欢，因此每次路过那儿我们都会在那家吃点东西。

我们有时天天见面，有时隔上三四天，见面时就会约好过几天要干的事。一年冬天，放寒假前的一天，天色灰蒙，阴冷的空中落下点点细雪。我去找他，说别做饭了，我们去撮一顿吧？于是我俩各拿了五块钱，在西环里路口的火锅店，就着伴有韭菜花的调料美美地吃了一顿涮羊肉，饥肠辘辘的我们，守着热气腾腾的火锅，一人吃掉了一斤鲜嫩的羊肉。那时很少在饭馆吃饭，再加上吃得鲜美温暖，以至这顿饭经常被提起，成为我们温馨的回忆。

平时，我去海子那儿的次数不是很多。一天晚饭后不久，我有事儿去找他，敲了几下门没人反映，我便推门进去（我们有时不锁门），见他坐在床上，两脚泡在盆里，手上还拿着一本书。看见我他乐滋滋地与我寒暄，看他的样子，觉着他已泡了好一阵子了，就问他："你小子还挺会享受的啊？"他晃晃手里的书，不无得意地说："在我们老家人们都说，富人吃肉，穷人泡脚。"看来他喜欢经常泡泡脚。这个比吃肉还舒服的样子，还有他那特有的笑容，令人至今难忘。

北京昌平西环里 15、16 号楼　孙理波　摄

海子的书房兼卧室是一间 14 平方米的朝南房间，里面有一张铁架单人床、两张写字台、四个铁皮书架，还有一个从老家带来的本色木板箱，屋子收拾得干净整齐，虚室以居。书架上排放较多的书是外国文学、诗歌、哲学；少量中国哲学、文学；还有一些画册、世界电影之类的画报，我借给他的几本画册很长时间也放在那儿。原来还有几本法律的书，后来越来越少，就此我曾问过他，他告诉我：法律的书都在床底下，还有每次搬家就扔一些。一张桌子用来写作，有一盏绿色铁皮罩子的台灯、一个不大的半导体收音机；另一张桌子用来堆放稿纸。所谓稿纸，一种是印有红色的"中国政法大学"抬头的信纸，他给我的《生日颂》就写在这样的信纸上，还有一种是写文章用的普通方格子稿纸。两摞稿子放在桌上足有一尺多高，弄得整整齐齐，上面盖了一张黑色的厚厚的纸。有一次我问他："你小子干嘛把这个稿纸弄成这样？"他笑嘻嘻地并有几分得意地说："我坐在这边的时候，看见那摞稿纸，有一种想把它消灭掉的感觉。"他用的是"消灭"两个字，表现出一种写作的渴望与力度。

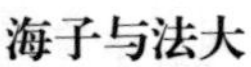

在写诗的状态里，也许看见那些稿纸，海子就兴奋。事实上，我知道，他一个晚上可能会“消灭”掉很多张稿纸，甚至是一刀、两刀。

现在人们看到海子的几张照片上，他都留着一些胡子。1983 年我们刚认识那会儿，他还没留胡子，圆圆的脸光滑稚嫩，要知道那时他才 19 岁啊！大概到了 1985 年，他开始留一头 80 年代标准的诗人发型，齐耳长发和参差不齐的胡子。当年，在昌平只有海子如此打扮，按那个年代的标准够时髦也够前卫。

有一年春节他回老家过年，回北京后，一天中午，我在楼前看到他时，发现他头发短了，胡子也没了，习惯了他以往的模样，顿时觉得这一变化怪怪的，便好奇地问：“小子，怎么了？胡子咋没有了？”他有点不好意思地朝我笑着说：“嘿嘿，乡亲们受不了！”后来谈到此事他告诉我，其实他每年回老家都要把头发剪短，剃掉胡子。因为，在老乡们眼里，留长发蓄胡子近似城里的阿飞。开始他没在意，结果遭到不少村里人的非议。为此，他每次回去，只得忍痛割爱，让乡亲们（包括其爸妈）看上去他像个“城里的青年”。他在一首《浪子旅程》的诗里写道：“我要还家/我要转回故乡/头上插满鲜花/我要在故乡的天空下/沉默寡言或大声谈吐/我要头上插满故乡的鲜花。”从这件事情，我后来慢慢感到，海子内心其实很矛盾。虽然他在北京待了好些年，成了城里人，再加上写诗，他有孤傲的一面，但同时来自农村的背景又隐约在提醒他是一个农村的孩子，不经意间会流露出一丝自卑。内心的冲突是促使他写诗更加用功的因素之一。

1987 年春天的一个晚上，大约 9 点钟，海子来我屋里，闲聊了一会儿后，也许我们都想做些什么，也许有些无聊，我便对他说：“我们去城里吧！”那时，进城的唯一公交 345 路末班车已经结束，他问：“咋去啊？”我随口说：“走啊！”他犹豫了一下说：“行。”又说：“我回去一下。”

10 点时，我们从西环里出发，沿京昌公路，在灰暗的路灯下，边说着话边向城里走去。过了沙河，近凌晨 1 点，我们坐在路旁休息。一会儿，远处走来几个联防队员，一边走一边拿着大手电朝我们晃，我想咱又不是盲流怕什么啊！我跟海子说："别动，让他们过来。"他们走近后，打量着海子的长发、胡子，感觉异样，便开始盘问："干什么的？去哪儿？有证件吗？"海子没吭声摸摸口袋，从兜里掏出红色封面的工作证，联防队员用手电照看工作证，又对我们的脸晃了一下，没发现什么破绽，便一脸不解地走了。他们走后，我对海子说："你小子心还挺细，知道回去拿工作证啊！我是什么都没带。"他似乎有点得意，他说："当年在北大读书时，有一晚在中关村附近溜达，因为没带学生证，差一点被圈起来，从那以后，外出我一般都注意带好证件。"我想，是啊，深更半夜，多亏海子的细心，不然今晚又悬了。

4点左右，我们走到了小营大转盘，那时转盘中央矗立着一尊李自成骑马挥旗的雕像，四周空无一人，我们坐在草坪上，望着铅一样的天空，接近6点，天色朦胧之中我们走到了三环。在北太平庄吃了一点东西后，我去城里，海子去了学院路。这一趟，三十多公里，我们走了8个小时。

（二）"英雄就义"照片的由来

1987年秋十三陵神路大红门　孙理波　摄

1987年初夏，贵州吟游诗人马哲来北京，住在我昌平的宿舍。

他给我一本上海诗人郁郁主编的民间诗刊《大陆》，里面除了收集沪上诗人默默、孟浪、王寅等人的作品外，海子的《我病了》一诗也被刊印在“鼎立之势”篇中。我兴奋地对马哲说：“海子就住在我们隔壁单元。”他有点惊讶。第二天下午，我带马哲去见海子，马哲手里拿着《大陆》和海子见了面。晚上，一起在我宿舍吃饭、喝酒、聊诗。那两年，马哲一直住在我这里。

秋天里的一天下午，阳光明媚，蓝天白云，我们仨翻过西环里旁的小山坡，路过一小村庄，村边的空地堆了一堆原木，侧面看似一个个圆圈图案，我对海子说：“来，给你拍张坐着的。”他张开双臂搭在木头上，微笑，穿着他喜欢的蓝色毛衣和浅灰色西服。

1987 年秋昌平小村庄　孙理波　摄

离开小村，在通往十三陵的路上，不远处是十三陵的大红门。在强烈的光线作用下，猩红的大红门墙在蓝天衬映下格外鲜亮。马哲似乎被感染，一个箭步跳上墙边的台阶，摆了一个“革命同志”英雄就义的姿势，手里拿着我平时戴的那顶浅蓝格子鸭舌帽，我说：“别动，给你来一张照。”给马哲拍完后，海子拷贝他的样儿，神情严肃，摆成一个大大的“人”字，我摁下快门，连同那一头吹散的乱发，凝固成了永远。当时，他俩都觉得不错，要我也摆一下这个姿势，我觉着那样子好像太壮烈了一点，就站着靠在红墙上，海子遂给我拍了一张表情严肃的立像。

海子的这张照片，后来广为流传并印了在西川编的《海子诗全集》的扉页上，似乎成为海子的某种象征。人们为何如此喜欢这张照片呢？也许是海子的神情与姿势暗合了后来海子“英雄就义”的意象，给了人们无限想象的空间。但其实，那天在拍照时丝毫没有太多的“设计”，纯属偶然为之，海子在日常生活中，很少有这样夸张的动作。

照片冲印出来后，我把两张色彩鲜艳的照片分别给了他俩。多年后，我再看到海子这张照片是在1991年的一个周末下午，我路过北太平庄副食品店，在书刊地摊上，发现一本青年杂志刊登了一篇谈论海子的文章，同时登载了这张照片，但是一张黑白照。这张照片的底片在我这里，那张照片的原件，据西川回忆在骆一禾的妻子处。

拍完照，我们继续前行。从大红门再往前直行便是十三陵神路，一尊尊石人石兽，造型逼真，形象生动，立在道路的两侧。在一文官雕像前，马哲为我和海子拍了一张合影。这张照片中的海子神情轻松愉快，可能是站立的位置关系，那天海子好像和我一般高，实际上要比我矮一些。

那天，我们一直步行到定陵，边走边聊，然后从水库方向回到西环里。

1987年秋十三陵神路　马哲　摄

三、《面朝大海，春暖花开》

关于《面朝大海，春暖花开》这首诗，几年前，北大的一位文学博士在给学生解读时说："海子使用了一个相当日常的句式，却传达出相当非日常的、沉痛的个人感受。再看后面的句子，'喂马、劈柴，周游世界/从明天起，关心粮食和蔬菜'。这是诗人对'幸福生活'的想象，却同样充满了一种天真的假定性，是一个与日常生活脱节的人，对所谓幸福生活的假想，特别是'粮食和蔬菜'两个词，都是被一般的诗歌所排斥的日常词汇，在诗中出现的，往往是玫瑰、丁香、菊花、橡树等高贵的植物，这两个'非诗意'形象的出现，又一次形成特殊的风格张力"。

其实，海子并非"是一个与日常生活脱节的人"，恰恰相反，这首诗正是从"日常生活"中来，是写得比较轻松的一首诗。

海子在昌平生活的日子里，非他人所想象的那样枯燥，贫穷。就物质而言，每月有六七十元的工资，吃饭、喝酒、买书是最大的开销，他有整整放满四个书架的书。就思想、精神方面来说，20 世纪 80 年代是一个思想开放与活跃的时代，读书之余，在经常性的饭后"研讨"中，海子与我们讨论甚至争论的也是民族的发展等今天看来都是些所谓的"宏大命题"。理解海子的诗，了解他所生活的环境和他的所思所想是打开他诗歌的一把钥匙。那年代的读书人内心似乎都比较"崇高"，个人的问题不是大问题，个人的情感是一个人躲在屋里才会想想的事儿。海子是一个向往崇高、期盼他的诗能超越民族的思想者。

那时，我们一般早上 10 点前后起床，下午看书，四五点钟去西环里小区门口买点蔬菜之类的东西。

一天下午，我俩一如往常，去小区门口小店买东西。附近农民每天都会在路口设摊卖菜，席地而坐，边卖边吆喝，一幅暖暖的生活图景。在我们走过一地摊时，我看着卖菜的老农，突发感慨对海子说："人家这才是生活啊。"也许是我们正在看《等待戈多》的缘

昌平西环里小区门口，海子与孙理波常在这路两边买菜　孙理波　摄

现已改名的西环里副食店，海子常在这里买粮　孙理波　摄

故，海子发出他一贯的笑声："嘿嘿，你对司空见惯的东西开始怀疑，说明你有荒诞感了。"在买完东西回去的路上，我们又在议论刚才的感觉。其实，生活本身不复杂，你看那老农，白天种菜、卖菜，晚上回去喝点儿二锅头，老婆孩子热炕头，这就是生活啊。不是否定我们平时一贯的思想，而是感到平时的忧虑，与生命的存在、生活本身有些"隔"。顿时，好像我们都感到：想做个"幸福的人"其实不难啊！

放寒假前，海子拿了几张稿子到我屋里来，对我说："我把那天我们聊天的感觉写了一首诗，你看看。”三四张的稿子足有几十段，我翻翻后对他说：“这首诗还比较轻松，不像有些诗，感觉就是血、刀与死亡。”同时，我又说：“看来你还是比较喜欢大海啊。”他曾告诉我，他喜欢海，但从未见过大海，为此，一年暑假他特意去了一趟北戴河。不知为何“海”在他心里有着不一般的感觉。

我们现在读到的《面朝大海，春暖花开》由初稿修改、删减而成，比初稿要简练，主题更突出。

> 从明天起，做一个幸福的人/喂马，劈柴，周游世界/从明天起，关心粮食和蔬菜/我有一所房子，面朝大海，春暖花开。

喂马、劈柴，就像卖菜的老农，都是简单的劳动，但已足够养活自己，有粮食、有蔬菜就有饭吃，再有一个自己的房子，还面朝大海，那不就是幸福的生活吗？可以说，这首诗与他其他诗比，其内心感受、风格和所表达的意境有很大的不同，其原因就在于他从“日常生活”中，受到了启发，他不是一个与日常生活脱节的人，只是有时思考的问题与现实有些“脱节”而已。

对于这首诗，海子的一位大学同学在一篇文章中说：“从明天起，关心粮食与蔬菜，淡然也算是一种境界，但是如何关心呢？却没有了下文。这在形式上与一、二行不对仗，在内容上有严重残缺，是病句行大运。”西川在谈论该诗时说：“面朝大海，春暖花开这句，几乎是家喻户晓，所有人将它认为是很明亮的诗，实际上它背后是非常绝望的，这是快要死的人写的诗呀！”

由于人们不知道该诗写作的具体背景，难免会有许多与原本客观不一致的评论与猜测。一首诗歌一旦成为“作品”，人们对它的评论本身便会成为一种“作品”，越引起关注的东西越会有多种阐释。我这里说的仅仅是我所知道的一些“事实”，对诗歌的阐释也许有益，也许无益。这首诗比较通俗、朗朗上口，为此，受到人们普遍关注和喜欢，但它并非海子一首重要的诗。

四、海子诗赠理波《生日颂》

中国政法大学

生日颂

（或生日陪酒词）

——给理波 并同代的朋友

在生日里我们要歌唱母亲
她们把我们领到这个不幸的人世
在这个世界上 只有她们 无限地热爱着我们
因为我们是她的一部分

在这个夜晚 我们必须回到生日
回到我们的诞生之日
甚至回到母亲的腹中
回到母亲的怀孕 和她平静的爱情

我会想到你——我的母亲
在一个冬天 怎样苍凉而温情地
向父亲暗示：你怀了孕
一个生命在腹中悸动

16×8854

1987 年在我过生日的时候，海子写了一首诗《生日颂》给我，这首诗与我暑假在上海与他通信有点关系。那年，我母亲病重住院，我回上海，每天去医院陪床，期间，我与海子通了四五封信，把在上海的一些情况和郁闷的心情在信里告诉了他。

回京不久，他知道我要过生日，就说对我说："等你过生日，我给你写一首诗吧。"我的生日是 9 月 19 日，那天晚上，我请了几位老同学一起吃饭，酒过三巡，将近9点多钟，海子从兜里拿出稿子深情地给我们朗诵了这首诗。第二天他又重新修改和抄写了一遍，所以诗的最后落款是9月17日和9月20日两个日子，而且字也比较端正，就是这个缘故。在这之前，我曾问他："你小子给我的诗写好了没有啊？"他微笑说："嘿！不着急，在写呢！"由此可知，这首诗不是在一天写成的，后来我又让他先把诗拿来看看，他还是说不急，他要比较正式地在我生日当天，在我们举杯之时拿出来，当场朗诵。过后几天他才把原稿给了我，此后我一直把它夹在海子给我的打印的诗集里。

从我的理解和当时我与海子的交流来看，这首诗可以按两部分来读，一部分是有关我个人的，另一部分是他的借题发挥。为什么诗的第一句要写"在生日里我们要歌唱母亲"呢？我想这和我母亲病重住院有关，所以母亲、女人、爱情、痛苦、诗歌与理想，是这首诗的关键词。

1997年在上海，诗人阿钟打电话问我："你认识海子啊？"我说："你怎么知道？"他提到网上海子的遗书和袁藏在那时写给有关部门的说明。后来，在我们见面时，阿忠又问了一些海子的情况，同时，我提到，我手上有一首海子给我的诗稿，从未对外公布过，阿钟知道后表现出极大的兴趣，说他和朋友正在编《文化与道德》第二辑，问我能否把诗刊登在其中，这本以艺术、诗歌、文学为主的"地下"读物，虽然印数不大，但在圈里有一定的影响。回想在海子生前看到《大陆》上有他的诗《我病了》时，那开心的微笑，同是"地下"读物，我想海子不会反对吧。《生日颂》的"第一次"发表，应当是在1998年5月的《文化与道德》（第2辑）上。

2005年春，我与妻子、儿子一起去了一趟海子老家，他母亲在见到我时，开始没有认出，我告诉她我是海子在北京的邻居，住在海子楼上，霎时她好像意识到什么，我看到她眼里慢慢饱含泪水……1988年初，他母亲曾来过一次北京，在海子的屋里我们用煤油炉、电炉一起做了一顿饭，在吃饭时，他母亲问我："你有女朋友了吗？”我怯怯地说：“刚有。”她对着海子又说：“你啥时也处一个啊？”而今，当她看到我十多岁的儿子时抓住他的手，泪水从眼角一滴一滴落下，想起了当年的我，更想起了海子。

那天，我把《生日颂》的手稿复印件给了海子父母一份。西川在编《海子诗全集》时作为散佚作品，把《生日颂》收入其中，并在扉页刊印了手稿影印件。后来，西川告诉我诗集的编辑从他人手上拿到了我给海子母亲的诗稿。那天说到此事时，不喝酒的西川神情凝重地举起杯子说：“为海子，我们干一杯。”

是啊，正如海子在诗里所说：

唯有痛苦使我们相互尊敬和赞叹
使我们保持伟大的友谊
唯有痛苦是我们永恒的财富

海子在《生日颂》里写道：诗人总爱预言。他在诗里描写的一些场景，在我日后的日子里神奇地真实再现了。为此，我曾正经地对袁藏说：“莫非海子真的有点儿功夫？”他略带神秘笑而不答。

法大有福了！

海子的二百多万字作品以及他痛苦的爱情、欢乐的岁月，都是在中国政法大学产生、度过的。如今，海子离开法大和热爱他的人25年了，但他的作品与在这块土地上的日子，会长久地被人们念起。

回忆海子

马建川①

我与海子（查海生）认识于 1983 年 8 月下旬。那时我们 79 级大学毕业，适逢北京政法学院刚扩建为中国政法大学，从全国二十多所大学分配来一百多位毕业生。报到以后，学生中除了本校留校的以外，外校来的基本都安排住在了离学校一站地的大钟寺大队的旅馆。我和海子住同一排平房，房间相隔不远。我在科研处工作，海子在校刊工作，他的办公室是在校内联合楼二楼最里边的一间房，与我的办公室只隔着一间打字室。

海子毕业时 19 岁，我毕业时不满 21 岁。由于我俩同年毕业，年龄相近，又在一起居住和工作，我俩经常串门和串办公室聊天。他办公室里有一个架子床，他不想回宿舍了，就住在办公室，我在那里也住过几次。我们一帮年轻人经常聚在一起聊天和互相取笑调侃。我们都叫海子“小查”。有时他对一些说法或玩笑不满意，会说：“开什么玩乐！别开玩乐！”那年的冬天一直没有下雪，他是南方人着急看下雪，就批评说：“这是什么冬天，北方的冬天不下雪就是虚假的冬天。”因为这些说法比较新鲜，直到今天我还能记得他说这话时的表情。海子一开始脸上没有明显的胡子，而我们这个年级包括老三届在内的年龄大的同学比较多，他又长着一张娃娃脸，每天还要面对学生，就显得他太年轻和不够沉稳庄重。记不得过了多

① 中国政法大学政治系教授。1983 年 8 月～1985 年在校科研处工作；1985 年 5 月调往新成立的政治系至今。

久，我突然发现他年轻的脸上出现了现在照片里那标志性的胡子，只不过当时没有照片里边长得长。我们还多次调侃他，说：“你的胡子怎么突然冒出来了?”他笑着说：“经常刮，刮的。”我和海子经常一起工作、聊天、参加郊游甚至旅游，因此，我们相处得很熟。

我们一起在校部机关工作时，机关团支部曾经组织了一次郊游，骑自行车到颐和园、稻香湖去。年轻人意气风发，互相竞速，很是热闹。当时发生了一件既让人有些害怕，又非常搞笑的事情。那时的稻香湖有一个跑马场，供游客骑的马据说是退役的军马。我们由于没有骑过马，大家在管理人员的鼓动下，一阵骚动，但没有一个人敢出来骑马。在大家相互推让时，海子居然走到管理人员那里，表示要骑。管理人员拉住马，海子面对马屁股，踩住脚蹬，骑了上去，大家笑翻了，他骑反了，脸朝后，屁股朝前骑了。在他不敢下来之时，谁知管理人员竟然丢开了缰绳，那马居然自己走了起来，在大家愕然和紧张之下，海子无奈地骑了起来。马倒挺老实，没有跑，但经常在半路停下来，搞得大家又笑作一团。好不容易马转了一圈回来，大家赶紧拉住缰绳，才把他扶了下来。

校刊工作要经常约稿、编稿，这使得海子与相关的学生打成了一片。我隐约记得他还指导过学生诗社的活动。去校刊投稿或开会的男女学生经常三三两两地经过我办公室门前。据说其中还出现了一位“女神”，并与海子共同谱写了一段他一直非常向往的故事。校刊在进行编辑工作的同时，也需要校刊的同仁写稿，因此，校刊的同仁们也写作和发表了一些诗歌。当时，校刊的两位年轻人，吴霖笔名起为“江南”，查海生起名为“海子”。我们好奇地问：“为什么这样起名字呀?”吴霖开玩笑说：“我是诗翁，他是诗童。”海子说：“我很向往大海。”

当时，朦胧诗比较流行，北岛、舒婷等也风骚一时。海子起初受到较大的影响，也创作了一些朦胧诗。校刊的张尧天老师（老张）、吴霖、我，再加上他自己，经常一起调侃朦胧诗。我们当中不时有人绘声绘色地吟诵当时流行的“喇叭诗人不吹号，朦胧诗人睡大觉，情哥情妹梦中梦，小花小草眯眯笑”的打油诗来搞笑。后来，他信誓旦旦地说，以后不写朦胧诗了，要像荷马一样，创作史诗，那才是真正有价值的东西。海子写了许多诗，诗句很有意境，想象丰富，跳跃性很大，词汇也很新鲜，和传统诗作的风格很不相同。有一天，在政治系国政教研室工作的唐师曾要在学校里办影展，由于我们年轻教师在学院路工作，但住在昌平，我坐班车回昌平时，唐让我回去跟海子说一下，让海子第二天来学校给他配诗。唐还说其他人写的话力道不够，海子的诗劲最好。但大家也经常会跟海子开玩笑。有一次在他办公室，校刊的老张调侃说：“小查的诗，你可以先写好一批主语、谓语、宾语和形容词，然后扔到一个盆里，用手搓一阵，随机抽出来连成句子，谁也不挨谁，但特别有意境。比如说‘北方的大山伸过了长江，吻到了南方的原野’……”大家一阵起哄，海子一边辩解，一边被逗得哈哈大笑。有一次，我和海子住在他办公室架子床的上下铺，我俩聊到了半夜。当聊到他的一首诗的时候，我们交流了对诗的理解，我谈了对诗意境的看法后，他说我的理解很好，比他写的时候想的还好，实际上他写诗时没有这么复杂的想法，但写好后人们可能会有很美好的诠释。

海子写诗喜欢采风。经由他的嘴，我知道他为了印证“米脂的姑娘，绥德的汉”，从山西进入陕北进行采风。他说到了绥德，看了绥德的汉不怎么样，就没有去看米脂的姑娘，直接就到西安去了。他还先后两次去了西藏采风，写出了不朽的诗句。

科研处负责组织召开学校的校庆科学讨论会，我联系印刷厂，印刷了许多论文。海子看到了，问我在哪儿印的，价钱如何。我问他问这些干什么？他说准备把自己的诗印成诗集，寄给文艺刊物等出版单位。我赶忙把相关信息和联系电话告诉他，并积极鼓励他印刷成集。他印制好并送了出去。大概半年后，有一天他高兴地对我说，他的部分刊物发表了。后来，比较高等级的文艺刊物也发表了他的诗作。一天，他兴高采烈地跟我“吹牛”说：“现在发表刊物容易了，还有约稿。很高级的刊物，一行字两元钱，我的一行可以是一个字！”

海子还跟我说过两件他写小说的事：一个是说他写了一个小说，里边有一个球迷，是拿我作为原型的；还有一个是说，他放暑假回家，闲来无事就在家写武打小说玩。以天下第一为题，大概是天下各个门派争武功第一，死了很多人，后来就剩下了一个师门的师兄弟两个争斗，在两败俱伤之际，他们失踪多年的师傅跳出来把他们打倒，最终师傅拿到了天下第一……他每天写，他弟弟下班后回家看。等他开学要返校时，他弟弟不让他走，说小说还没有看完，要求他写完再走。这些都成了笑谈。

1985 年 5 月，我调到大学政治系行政管理教研室，开始任教。他后来问我怎么调去搞教学的，我说我去跟系主任谈了谈，政治系刚刚成立，需要用人，就办成了。他叫我帮他也调过去，我要他拿一篇论文什么的好跟人家谈，他给了我一篇他参加学校法制系统工程研讨会写的有关模糊数学①的论文，我领着他找了系主任。系主任是搞哲学的，很欣赏他，就调他到政治系哲学教研室教授美学课程，他也挺自得其乐的。后来，由于他诗人的性格和自由的做派，海子经常不参加教研室每周两次的会议和一些活动，教研室主任批评他，他说：“对不起，你们的时间是公家的，我的时间是私人的，浪费不起。”由于和教研室有一些矛盾，海子去世以后，教研室的人员都比较紧张，直到找到他的遗书后，大家才不再有过多的歉疚。

海子身体瘦小，戴着一副大眼镜，留着满脸胡子，气质显得冷峻孤傲。海子还比较感性，爱较真，经常会有一些率性的举动。当时，政治系的教研室都在学院路校区教学楼 5 层，哲学教研室在正中间，对着楼梯，我们去教研室都要从这里经过，年轻人也常到里面一聚。教研室的书架上老放着海子出行戴的破毡帽，有时候大家把那顶破毡帽扔来扔去取乐。有一次，我看见海子戴的眼镜破了，

① 文章题目可能不太准确，这里实际是指 1984 年 5 月 22 日中国政法大学法制系统科学研究会举行的首次法制系统科学讨论会。海子提交的那篇论文，即《从突变理论看国家产生形式和法的作用》。——编者注

脸上也有点挂彩，我问他怎么了？他说一个人在饭馆喝酒，有人看不惯他，和他言语不和，他就和邻桌的几个人打了起来。我说那你还不吃亏呀，得尽量避免打架，学会保护自己才行。他说情绪来了，还管这个！打不过也得打，不能气短。他还说有一天他在胡同里走路，迎面过来一个年轻人，因自行车发生了一点纠纷，两个人互相叫板，也差点打起来。有一个冬天的晚上，海子在外边喝酒后回到教研室，走时怎么也穿不上棉袄，结果穿反了。同教研室的冯章说："小查，你穿反了。"海子边出门边说："老子就爱反着穿，你管得着吗！"

在大钟寺住了一年后，我们集体搬到了昌平西环里 15 号楼，我和海子住在相邻的门栋。1988 年元月，在一个飘着小雪花的日子，我们又集体搬到了昌平新校。我们俩住在 4 号楼 3 门，我住 101，海子住 401。当时我还两地分居，我夫人有时来探亲。20 世纪 80 年代的年轻人大多属于文艺青年，我夫人有时会向他借一些文艺期刊来看。他推开门进来，腼腆的红着脸说："嫂子，书拿来了。"在我们的谢谢声中，他匆匆上楼而去。我和海子还交换看了好多武打小说。后来，他买了大批的武打小说。由于我当时没有看过金庸的《笑傲江湖》，就跟他借着看，他说他要收藏，一度还舍不得借给我。

"面朝大海，春暖花开"。我们系里在 1988 年夏季组织全系去秦皇岛度假旅游。我们住在海边，还去了山海关、北戴河等地游览，大概在那儿住了近一周。一天晚上，我们打扑克牌，玩"三先"，白希、我和海子三个男老师对三个女老师，以三角形坐开，规定净胜 20 分者为胜。有一把牌，海子下手的一位女士只剩一张牌了，必须由他抗住，不能让她出完牌拿分。女士一方给送牌，海子伸头瞪着小圆眼观望了一圈，不好意思地出了一个 J。大家认为牌太小，肯定拦不住下家，他上手的两位女士开始欢呼，谁知还真给拦住了，这下男士们开始欢呼起来。女士们不服，再送了两次牌，在大家紧张地观望下，他又出了两次 J，硬是拦住了下家。等女士们集中最后的力量管住牌，再次送出小牌时，大家都认为海子可能已经再没有可以拦住下家的牌了，男士方输定了。谁知这时他又出了一个J，拦住了下家，他一个人拿了4个J，把大家都乐疯了。当时，我们六人执一副牌，平均一人才有九张牌，他居然独自手执了4个J，也实属罕见。

我依稀记得我们住的宾馆是海员公寓或海员培训中心，就建在沙滩上。刚到宾馆的傍晚，我们一帮人出去看大海。我路过海子住的房间，他的房间敞着门，只见他把椅子搬在窗前，对着大海坐着，身子后仰，把两只脚放在窗台上，悠然自得地在欣赏大海。我叫他跟我们一起去看海，他说："看海不如听海，你们去吧。"有一天，我们在海里游完泳，回宾馆自己解决吃饭问题。我和我夫人吃了饭回来，碰见海子一个人在一家小饭馆外边喝酒。他独自一张桌子，点了一瓶白酒，几个小菜和两只螃蟹，并邀请我陪他喝酒。我说："小查，你为什么老一个人活动呀?"他说："人多了太闹，一个人比较自由自在。"闲聊中得知，他特别喜欢大海，喜欢秦皇岛。他在这里和大海有了天然的联系，海子的名字也充满了生气，他希望以后还能来这里欣赏大海。这可能与他第二年春天选择到山海关自杀有些相关。他还说，回京后他还要再去一次西藏，去一次是不够的，要好好领略一下那个神圣的地方。

大概是1984年前后，83级的研究生熊继宁到校部机关游说，动员大家成立法制系统工程研究会。熊继宁的提议得到了广泛的支持。后来，学校还举办了全国第一届法制系统工程研讨会[①]，请来了全国系统工程的倡导者钱学森先生出席并讲话。这件事轰动一时。由于我在科研处，我也参与组织了会议。当时有许多年轻教师和研究生都热心参与这次的会议，并积极推动了会议的召开。胡希平、海子等都是研究会的成员，海子当时好像还是副秘书长。袁藏[②]那时还在西北政法学院没有毕业，他撰写了相关论文，被会议录用，因此

① 表述不准确，实际指"1985年全国首届法制系统科学讨论会"。——编者注

② 袁藏为化名。——编者注

也来京参与了会议。之后，袁藏毕业分配到了中国政法大学，在管理干部学院任教。在昌平西环里15号楼居住时，我住在7门，袁藏和海子住在6门。搬到新校4号楼以后，我和海子住在3门，袁藏住在4门102室。那些年，人体特异功能躁动一时，甚至被提到了人体革命的程度。袁藏已经成为远近闻名的特异功能大师，有时门房收到的来信都写着“藏半仙”或“藏大师”收。西平[①]与袁藏关系最好，他曾告诉我说袁藏从6岁就开始跟随他姥爷练道家功夫。在西环里时期，袁藏在教室里公开表演过耳朵认字等特异功能，后来他对我说这是人体潜能，很稀有但可以开发。当时楼前面就是食堂，在食堂外边蹲着吃饭时，袁藏不止一次地对我表演耳朵、腋窝、指头缝甚至头发认字的技能。有一次，我和袁藏打了饭去我的宿舍就餐，吃饭时他放下碗，还给我表演了意念使动。就是把我的手表放到他头上，他手不动，就可以让手表多转一个小时，结果他运功运得脸都憋红了，手表没有动，然后他说：“正转太费劲，倒转容易点。”他就又把手表放在头上运功，还真倒转了一些时间。海子也是武侠迷，我听说他还就道家功夫和袁藏进行了交流印证。

再后来，有一天，西平跟我说海子去西藏时，不知在什么地方偷偷拿了人家藏传佛教供奉的石头，在家瞎练，让我快去看看。我去海子的宿舍串门，见他把床板搬到地下，旁边摆着他从西藏带回来的两三块石头，上边有些佛像和藏文佛经。海子还让我看了他买的一些西藏画册，里边有不少佛教的东西。他说这些都是西藏的密宗功夫，他把床板平放在地下，累了可以睡觉，平时可以打坐，对着石头和画册练功。写诗需要思想奔放，打坐需要定如老僧，一动一静，冲突巨大。海子在没有师傅指点的情况下自行修炼，再加上其他练法的干扰，这可能使他把持不定，逐渐走火入魔。

1989年3月25日是星期五。当时学校每逢周二、周五下午开教研室例会，大家都会到学校去开会。每周到这个时候，回昌平的班

---

① 西平为化名。——编者注

车就特别拥挤，来晚了可能就没有地方坐了。会开完以后，我去乘车时比较晚，幸亏有人给我让了一个座。我听大家说之前海子来了，看到有几个座位没有人，就坐了一个。由于海子和占座者较真，被占座的校工马某某把鼻子打出血了，海子因此下车回教研室了。当时那些校工经常互相占座，时常会与乘车的教师发生摩擦。不想第二天，从山海关传回了海子自杀的消息，这使得大家非常震惊。据说，海子去乘车时，情绪就比较低落。他当天下午在校园里遇到了已经分手的前文说到的“女神”，她已经毕业，分配到了深圳工作，回校只是办些事情。她拒绝了海子再续前缘的要求……

海子出事以后，系里指派他们教研室的年轻老师协助他父母和弟弟，还有他的诗人朋友收拾他的遗物。由于我住得很近，就叫我也去帮忙。大家一边安慰海子的家人，一边帮助他们整理遗物。他的房间里除了学校配置的桌椅、床铺、书架以外，几乎一无所有。海子的遗物主要是书籍，其中武打小说较多。他弟弟说，他想回家开一个书屋，一边出租书籍，贴补家用，一边留着作为念想。

海子本身毕业和工作太早，加上他比较单纯，经常面壁深思进行创作，不太会和人打交道，有点不谙世事和一根筋。他天分虽高，但当生活和情感出现波折时，他可能会把自己限制在狭窄而危险的空间里，不能自拔。

海子活了 25 岁，离开我们也已 25 年了。海子英年早逝，常常使我们颇为遗憾。在我写这篇回忆文章时，我好像看见他又背着破毡帽和行囊，像独行侠一样，自由自在、狂放不羁地浪迹天涯、创作史诗去了。

那个孩子般的海子

苋兰之支[①]

现在人们引用最为频繁的海子的诗句，大概就是那句“面朝大海，春暖花开”了。不只是春暖花开的季节，而是每一个心中渴望春暖花开的日子。

很多读诗的人都知道那首诗的作者，3 月 26 日是他的忌日，据说那天是观音的生日。

世人心中的海子有着各种光环——因为他的诗，也因为他的死。

然而，我熟悉的海子却不是芸芸众生心目中遗世孤立的形象。

每年 3 月，感受着春天迫近带来的欣喜，总有一种无以言说的思念萦绕于心，如他的诗意的格调一般，阳光而又忧伤。

曾经常在一起谈笑玩乐的缘故，大家是很好的朋友。当年都叫他小查（他的本名叫查海生）。

1985 年我来到法大不久便与小查相识。多年来我无数次回忆，却无论如何也回忆不起第一次见他的情形，只记得从一开始就好奇他那娃娃脸上的络腮胡子。

那个被大家称作海子的天才少年 15 岁便考上了北大。生平第一次见到火车的他感到极度兴奋，坐着那个神奇的钢铁家伙离家进京，对他而言也是意义非凡。火车车轮在富有节奏的滚动中将他带向未知的远方。多年以后，想起他谈到火车时闪亮的眼眸，暗暗感叹生命的无常。

---

① 中国政法大学商学院教授。

当年考进北大时，小查无论年龄还是身高都像一个刚上中学的孩子。1979 年的大学校园有很多大龄学生，这种反差因小查的清瘦幼小而格外醒目。大家都觉得这小孩儿太好玩儿了，所以，常常不经意间，他就被素不相识的人拍拍后背或摸摸脑袋，也每每在拍照的时候班里的老大哥便戏言："咱爷儿俩来一张"，全然是老子和儿子说话的语气。说起这些校园往事，小查永远笑意盈盈一脸天真，眼神里绝无一丝忧伤。

在昌平的日子清贫而又寂寞。没有电视，少有娱乐，更没有现在人们信手拈来可消遣的一切玩意儿，但也正因如此，我们这些毕业分配到政法大学的年轻人才有了更多的日常接触，也在那时得知小查爱写作。

那时的小查已经去了哲学教研室教书。除了每天上午睡觉，一周上一两次课以外，似乎他其余的时间都在看书和写作。他看书效率极高且记忆力惊人，并且也很喜欢和我们畅谈彻夜未眠疯魔读书的心得。他的宿舍除了一张床两张桌，其余空间几乎都被书占满。大量书籍经过精心分类，整整齐齐码放在书架和桌上，与素日那种不修边幅的形象截然不同。

在 10 元钱能买几本乃至十几本书的 80 年代，他会不惜重金花掉近 200 元买一本彩印的西藏唐卡画册。在他的书架上，从欧洲古典建筑画册到文学诗学、美学、哲学、宗教等各类书籍，林林总总，蔚为大观。坐拥小小书城，他给我的感觉像一个另类富翁。

小查从不因清贫而失去心灵的尊贵，天生诗人情怀却不矫情做作，也绝非外人想象的那样不食人间烟火。当年在他丰富的书籍典藏中还有《环球银幕画刊》这样的时尚杂志，与他神聊电影更是超级开心。在他的眼里，波姬·小丝是一只美丽的性感小猫，索菲亚·罗兰则是一头充满野性的母狼。这样的说法后果很严重，以至于到现在索菲亚·罗兰在我心中的形象都跟母狼联系在一起。

在曾经很少在饭馆用餐的年代，学校的年轻人大多吃食堂，也时常自己做饭。但令人想不到的是，素来生活清苦的小查对美食有着极大的兴趣，闲来无事也常流着哈喇子眉飞色舞地谈论美食。在他眼里，制作美食的大厨堪比魔术师和艺术家，他说，好厨师能将各具形态的自然原料变成美味佳肴，绝对是一种创造性劳动，是不可思议的神奇创作过程。不知是否因他的缘故，一向拙于做饭的我竟然在日后也能将柴米油盐的琐碎升华为一种可爱的情趣。

记得1986年冬季，过完寒假回到北京，偌大的宿舍区冷冷清清。一天，我和朋友正觉得无聊，就听到小查在楼下大呼小叫我们的名字。

“小子叫我们呢!”

我高兴地跑到阳台让他上来。

看见我们都在，小子直着脖子扯长了声喊：“有——没——有——葱——?”

“有！上来拿吧!”

只一眨眼工夫，人就跑上了5楼。

想要一根大葱只是一个由头，神聊才是目的，小子也寂寞呢!抱着我刚买来的鸭梨猛啃一气并一通胡言乱语之后，小子又走了。那个精灵般的身影飘出去之后，我发现放在桌上的最后两只大鸭梨也不翼而飞。

臭小子竟然偷我东西！我不禁笑骂起来。

有些时候，小查又像一个外表柔弱内心叛逆的青春期少年，率性可爱，自由不羁。1988年他从西藏旅行归来，看见教研室黑板上的考勤表上查海生名下有一连串缺席教研室活动的标记，愤然挥笔将所有的印记都打上大大的叉叉，那一刻的他好气又好笑，记考勤的人是一脸无奈，我这个旁观者则窃笑不已。

小查内心抑郁难消时，时常会有些莫名举动，曾经发生过这样的事情：一天在学校班车上小子一路沉默不语，下车后他拉着阿黄和雷子，求俩哥们儿打他一顿。那哥俩儿与他素日交好，只当他又说疯话，就压根儿不理睬径自往前走，他就一路央求：“看在关系这么好的份儿上，你俩痛痛快快打我一顿吧!”小弟兄甩过话去：“看在我们向来这么好的份儿上，我俩怎么可能打你?”小查不死心仍是一路磨叽着，俩哥们儿开始还能应付，后来终被逼到失去耐心，于是合力将他按在地上臭揍一顿才算完。多年以后雷子和我谈起当年之事仍不胜唏嘘。

寂寥寡淡的日子里，关系稳定的恋人们纷纷进入围城，我也未能免俗。

> 故乡的小木屋、筷子、一缸清水/和以后许许多多日子/许许多多告别/被你照耀/今天/我什么也不说/让别人去说/让遥远的江上渔夫去说/有一盏灯/是河流悠远的眼睛/闪亮着/这盏灯今夜睡在我的屋子里/过完了这个月，我们打开门/一些花开在高高的树上/一些果结在深深的地下。

1987年早春时节，在我那简朴至极的婚礼上，小查微醺时拿着诗稿朗诵《新娘》的样子在我的记忆中永远定格。那一晚，真的是酒喝干再斟满，不知喝了多少酒又唱了多少歌，反正，最终小查喝醉后被小伙伴们架了回去。转天见面，小子一脸坏笑告诉我们，那晚回去后他迷醉之中以为在别人房间呢，就肆无忌惮地吐了个痛快，第二天酒醒却发现躺在自己屋里，床上全是自己的呕吐物，那叫一个懊恼，之后只好自己拆洗被子求教研室的大姐帮他缝上……

知道他在很多场合朗诵自己的诗作，也会常常如赠诗与我一般赠与他人，我就瞪着眼“恐吓”:“你那首《新娘》虽然是在我结婚之前写的，但既送了我就绝不许再把它送给别人!”他高举着双手表情夸张地发誓:“哈哈，不会不会，绝对不会!”模样煞是可笑。

不知世上还有谁能得到这样的结婚礼物?而送我礼物的绝世天才之后两年就从这个世界消失了。这个礼物令我骄傲一生也伤感一世。

也因为常来常往，所以，我们有幸成为他很多诗作的最早的读者。我至今还保留着小查送我的《太阳》的最初印本，红色的封面，里面的纸张已经发黄，打开还能闻到浓浓的油墨味儿。而他用大稿

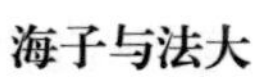

纸写就的诗稿，厚厚的，一叠又一叠。

置身于喧闹人群中的小查通常温良而少语，清澈如水的眼神总是流露出难以形容的孤独和迷离，私下交往中的他却常常神采飞扬，口若悬河。跟他在一起什么都可以成为话题，而他谈论生与死的热情迥乎常人。现在想来，津津乐道于海明威式的文人之死，其实再清楚不过地预示了他的死亡情结。

在春天，野蛮而悲伤的海子/就剩下这一个，最后一个/这一个黑夜的海子，沉浸于冬天，倾心死亡/不能自拔，热爱着空虚而寒冷的乡村……

这是《春天，十个海子》中冰冷的死亡宣言。

甚至看起来阳光明媚的诗句背后也隐藏着深深地绝望。即使是那首著名的《面朝大海，春暖花开》。

离世之前最后两年，应是小查以极限冲击自我，用最为疯狂的诗歌创作畅意表现其诗意情怀的时光。生与死之间的孤独游走，宏大与渺小之间的挣扎切换，现实与理想的极大冲突，爱而不得带来的痛苦纠结，还有好像真的嗅到了死亡临近的气息，他比任何时候都表现得急迫，总是担心来不及，继而痴迷于气功，渴望超能量……直至那个日夜高速旋转的大脑被一个久驱不散的无妄之念最终激活……

1989年3月26日，小查以令世人惊骇的极端方式告别了给他温暖与痛苦的世界。

那时我的爱人也去山海关协助处理后事，他也是最后见到小查遗容的人之一。回来后他告诉我，小查的面容没有一点儿痛苦挣扎的痕迹，他安静得像是睡着了一般，脸上似乎还有一丝笑意。

我无声地流泪了。因这个为诗歌而生、纯真如孩子般的海子。

也许我们的社会在极度压抑中需要释放，海子的离世忽然开启了一个疯狂解读海子的时代，继而海子被赋予很多意义，无可避免地，“为诗歌献身”成了罩在海子身上的去不掉的光环，又因为海子生前对海德格尔、荷尔德林等人的痴迷，使一些人在评价海子时总是将话题扯到天边才绕回到海子。

在我看来，拔高海子或者漠视海子于中国现代诗歌而言都是不恰当的。人们对于海子的很多解读其实更多的只是误读。

这么多年过去了，诚如人们所言，海子对这个时代的影响力已无处不在。我看过无数关于海子的评论，十分认同西川的一个说法。他说，“要完全理解海子就必须走进海子的心里，跟他站在一个心段上”。“仿佛沉默的大地为了说话而一把抓住了他，把他变成了大地的嗓子。”这，已经足够。

所以，这么多年以来，我只愿以朋友之心去追忆那个叫海子的人，我们的小查。

一直有一个念头：当年的小查以那样一种狂喜坐着火车闯入了这个喧嚣的世界，整整十年以后，他枕着铁轨张开双臂，不过是在车轮由远而近的律动和轰鸣声中攀沿着天梯寻找别样的快乐去了而已。在那里，一定有他倾其生命所追求的精神、自由与纯真。

愿他在天国如天使一般快乐！

回望海子

商　磊[1]

姐姐，今夜我在德令哈，夜色笼罩
姐姐，我今夜只有戈壁
草原尽头我两手空空
悲痛时握不住一颗泪滴

——海子《日记》

最早与海子接触是1983年在刚上大学的时候，作为学生主要撰稿人的我去校刊编辑部开会，其他老师介绍了刚从北大毕业分配到我们学校的他，那时他看起来像一个羞涩稚气的孩子。我们是同龄人，我刚入学，而他已经大学毕业，这便注定了天才与庸人的区别，在某种含义上，也注定了两种命运的区别。1984年春，他作为校刊老师组织我们这些校刊、团刊的学生编辑们一起春游，从西直门乘车去京郊门头沟的潭柘寺，在很远的路程中，他并没有端着老师的架子，只是腼腆地微笑着，很少说话。

1987年我留校任教，与海子成了同事，在北京的昌平区共同度过了一段知青般的荒凉岁月。昌平那时没有高速公路，没有繁华，城内没有公共汽车，昏黄的路灯时断时续，做饭经常买不到盐。我为此还曾写过一篇小文《无盐城》，来影射那时寡淡清贫的生活。每天我们从残留的几户农转非家的鸡鸣狗叫中睡醒，惶然地面对着没

[1] 中国政法大学政治与管理学院教授。

有电视、没有广播、没有奋斗压力、安静得没有一点声音的生活。年轻人们纷纷急急忙忙地结婚，用柴米油盐来填补生活的空洞。只有海子固守着精神的领地不肯妥协，他像一个独立的碉堡傲然屹立在世俗小日子的世界里。我在结婚后的一段时间里不大好意思面对他，仿佛革命队伍的逃兵无颜面对自己的战友。有时在家属院类似于田埂般的小路上看到海子（那时没有柏油路），会不由自主地把菜篮藏在身后，然后尴尬地与他打招呼。那是崇尚精神的时代，任何一点物质的沾染都使我们无地自容，何况自诩爱好文学的我。匆匆坠入红尘的我在一尘不染的诗人面前，满怀愧疚，尽管擦身而过的海子温良友好，并无一般诗人自以为是的傲慢。

大学老师不需要坐班，蓄着胡髯、衣衫破旧的他却总是穿梭在坐班车来回的人群中（或许他也在想办法逃避孤独?），在那帮刚刚在班车上吵吵嚷嚷地打完牌马上又要走进飘满了炒菜味道的小家中的人群里，他的茫然、孤独显得那么刺目，他虽很少说话，但总是会很礼貌地冲认识他的人微笑一下。在那困窘的日子里，人们在安定的消磨中麻木地打发时光，只有他背起行囊去西藏寻找生命的意义，听说还冒险偷看了天葬。但是囊中的羞涩是肯定不能保障他此种高贵的爱好的。后来他除了写诗，便在家练气功，想必这也是打发那难挨寂静的方式之一吧！他就是在这种练功中慢慢出现了一些幻觉。决绝地赴山海关前他曾大醉几次，在学校的办公楼和班车上惹出了麻烦，成了那个寂寞年代茶前饭后最好的谈资。据说原因之一是因为他见到了那个分别很久已为人妇的他爱着的女孩。他是那样痛楚于他失落的爱情，但是我们都知道那个女孩和他完全是两个世界的人，我始终不知道他是否知道现实的真相。也许是因为怕知道而绝望，也许是因为不知道而捍卫着那种美好。

2007 年末人民大学教授余虹先生的自杀，不由得使我又想起了形单影只、面容怅惘的离去近 20 年的海子。后来无意中读到 1992 年余虹纪念海子的《神·语·诗》，从余虹的感叹中仿佛看到了二人精神世界的联结。我们常常用不食人间烟火来形容“阳春白雪”们，我们以此来赞赏他们，同时也否定了“人间烟火”的价值。其实人间烟火不仅为我们的肉身服务，也在为我们的精神护航。生命原本虚飘，系住生命之线的正是人间的烟火。

法国社会学家迪尔凯姆认为个人自杀的原因在于个人与社会的疏离。那些不能很好地整合进较大社会单位并盛行个人主义的集体、社区和群体，其自杀的比率较高。当群体联系较弱，个人可以相对自由地过他们认为适当的生活时，个人是孤立于社会的。这种社会孤立的生活受个人兴趣的支配，而不是受控于很强的群体目标。事实上，这种缺少很强群体目标的个人兴趣，常常使个人不足以有活下去的意志，因此可以说，自杀是享受大量自由的人们付出的一种代价。由此，迪尔凯姆得出三条基本的定律：“自杀与宗教社会的整合程度成反比，自杀与家庭社会的整合程度成反比，自杀与政治社会的整合程度成反比。”从迪尔凯姆对自杀的研究中，我们可以看到其研究的核心原理：人类行为不能仅仅通过个人化的术语来理解，我们必须总是留意人们生活的社会力量。自杀乍一看是一个非常个人化的行动，其实它不仅应该由心理学家，更应该由社会学家来研究。正如迪尔凯姆所说，自杀作为一种人类行为不能仅仅从个人方面去解释，其存在的社会基础是不能忘记的。

海子离开这个世界仅仅十几天后，一场狂潮席卷全国。那时既是改革开放后人文启蒙、思想饥渴、政治激情燃烧的年代，也是生活单调、没有任何娱乐消遣、缺少信息沟通、物质贫乏的岁月，人们仿佛集体狂欢般的卷进了那场沸腾的悲剧。在喧闹的群情激奋的人群里，不知为什么，海子寂寞的容颜总会在脑子里浮现，总会有一个幼稚的发问涌上心头：如果海子再坚持十几天，剧烈的变化会不会挽留住诗人离去的脚步？对于民族未来大命运的牵挂会不会使他寻找到另外的救赎之路？20 年里，常常会想起海子的离去，他的生命永远地停留在了 25 岁，他的灵魂永远飘荡在洁净的高原上。如果他也能活到今天，中年时代的理性与沧桑是否能够拯救他诗性的纯粹的灵魂？答案大多是否定的，今天这个急功近利的时代并不比那个物质贫乏的时代更能给人安慰，利益最大化的商业思维下哪里去寻找诗人的舞台。尽管老师们囊中已不再羞涩，完全可以一次两次地进军西藏，也可以有能力拥有了“面朝大海，春暖花开”的房屋，但却很难有能力拥有“面朝大海，春暖花开”的心境了。人类每取得一样进步必然要承担某种损失，这个匆忙进步发展着的时代不仅把当年的浪漫纯真遗失殆尽，而且让原有安定感的牺牲和新的紧张状态的不断增加，这一切的变化都需要今天的人有更强的应变能力和适应能力。如果海子内心依然如高原海子般沉渣难容，如果他一定要从人间尘世寻找生命的意义，那么他会更为孤独。从这个意义上说，余虹之死和海子之死并没有太大区别，他们一样无法食人间烟火，他们缺乏在尘世生活下去足够的坚韧。当然悲观主义抑或理想主义的视角也使他们看世界的目光只是定格在了某一个或某几个角度，而生活是必须全方位去感受才会有热爱的。余虹与海子之死应属于同一种类型的哲人之死，有别于一般意义上的压力之下的断折。我在此所说的“哲人”并非指专搞哲学的思想家，而是具有某种哲学思考的人，不是专注于研究概念、判断、推理的分析家和理性的旁观者，而是对于人及人生有着深切体验着的人；而此处的哲学也不是指那样一种严谨的、客观主义的范畴体系，而是个人灵魂寻求托付、安顿和栖息的住所。

在这个春天你为何回忆起人类/你为何想起了人类/神圣而孤单的一生/想起了人类你宝座发热/想起了人类你眼含孤独的泪水。①

当年的海子虽然由校报转到了教研室教书，却难以融入正统的制度体系中，他在体系之外孤军奋战在自己的精神王国里。大概在1988年春天，我有时会与蓄着乌黑胡须身穿红色羊毛衫的他在政治系办公室相遇，那时他睁着一双无辜的大眼睛很认真地告诉我，他

① 海子：《土地》第十二章。

经常在夜里躺在枕头上的时候，听到自己脑袋里咔咔的声响，我便也睁大眼睛认真地问：真的吗？他依然认真地点头。我趁机认真地提出要求，请求他允许我去听一听他正在上的美学课。他仿佛被惊到一般连连摇手："别……别……千万别啊！"但我没有顾及看起来很没自信的他，还是在他上课时从后门溜了进去。那是教学楼主楼三楼的一个大教室，人坐得很满，但是有些嘈杂，显然站在讲台上的那个小老师缺少一些控制力，只记得为他讲课的气势不足拖累了讲课的内容而暗暗遗憾。下课前，他朗诵了一首自己刚刚完成的诗作，换来了同学们热烈的掌声。当时正是上午，阳光洒满了教室。

有时会想象纪念海子的余虹是另一个海子，拥有同样的特质，一样的深邃、一样的绝望，二十年相隔，两颗纯粹的灵魂遥相呼应。只是余虹体会到了海子不曾活到的商品年代的更真实的痛苦，体会到了不同于形而上学精神之苦的海子的更切肤的痛楚。那是痛楚于人类宝贵精神持守与升华的丧失、痛楚于社会价值的沉沦、痛楚于自己期待与现实之遥远。这些凝神人生的哲人们是否知道，游戏是生活的乐趣，孩子有孩子的游戏，成人有成人的游戏，一样可以玩得津津有味、浑然忘我。可怕的是当既无法沉浸在孩童游戏中，也无法乐衷于成人游戏时，生命的意义又在哪里呢？生命本身禁得住这样的拷问吗？

这样一批以生产精神产品为生的哲人们，或是诗人或是学者虽然逃避了人际关系的纷杂、排除了功名利禄的扰乱，但必会与清贫、与孤独、与生活的虚幻为伍。选择在一种惯性中融入群体性的生活要简单得多，每日的奔波、开会、批判或是争斗并不可怕，因为那不需要思考、不需要聆听时光一分分无声地流淌。孤独是有悖于人类乐群性、攻击性的本能的，因而需要一个人内心足够的强大。

在《太阳·弑》第五场中，海子呈现了内心的绝望："在我这一千年在这一千年在这一千年/我也曾拼着性命抬着棺材进行斗争/我也曾装疯卖傻一路乞讨做一个疯狂的先知/我也曾流尽泪水屈辱地活着做一个好人/我也偷抢也杀人我的自由是两手空空/我所憎恨的生活我日日在过/我留下的只有苦难和悔恨/我热爱的生命离我千年，火种埋入灰烬。”大概1988年冬的时候，我在去买菜的路上，看到满脸伤痕粘着血迹、表情悲怆的他匆匆走来，他显得并不在乎地解释：“没事，在火车站和一帮流氓打了一架。”我无言地看着弱小身材的他又一次走过，似乎瞬间感知到了文弱诗人体内淤积的疯狂，正从内部一点一点伤害他，损害着他的健康。我没有回头看带着伤痕的他怎样一步一步走向只有自己的空洞的宿舍，却垂首对手里的篮子隐隐有了感激之情……

遗憾的是，孤身行走在思想之途的海子与余虹，没有知音聆听，更没有常人为伴。平凡的伴侣虽然不能与他们的精神举案齐眉，唠叨与琐碎是不是能稀释他们的精神之苦？世俗的烟火会以平凡的方式为他们孤独的灵魂搭建温暖的小窝，他们超越的思想可以由此寻到降落点。当他们在人生种种问题的研究旋涡中难以自拔、无法找到出路时，是不是也可以转而投入对生活美的发现之中？或寻求异域之秀美或收藏历史之珍品，虽然迪尔凯姆说爱好的力量远没有追求群体目标之大、之强，但当对于爱好的沉醉类似于一项工作时，是不是也能找到一些生命的意义？记得有位获得诺贝尔文学奖的作家说，他用半年来写作、半年来旅行，旅行的目的就在于疗伤。对未知的无能为力决定了人的软弱，大多数的人活在已知的世界里，并不花太多的心思为未知的东西折磨自己。而这一类哲人的精神之苦仿佛天命，必须设法去解决才能有救赎之路。在自然之路上的跋涉一定比在心路上的踯躅更能感知生命的可贵。如果那时海子有足够的经济支持，他的精神出路是不是会更多，悲剧是不是可以避免发生？我们宁愿看到他平庸的中年到来，也不愿看到一个早殇的智者。

或者还有一条精神庇护的出路：哲学家克尔凯郭尔把人的存在分为三种境界或者三个阶段：审美阶段、伦理阶段和宗教阶段。克尔凯郭尔把宗教的皈依作为人类的必由之路，这和他本人的个性经历有关。克尔凯郭尔也是一个生性忧郁、孤僻的人，他常常漫步在海边，默默地凝望海天交接的地方。他在《日记》中写道："我就像一棵被孤零零地排除在外的孤独的松树，它站在那儿，矗向天空，没有留下任何阴影，只有斑鸠在我的枝丫上做窝。"可以想象，除了做窝的斑鸠，更因为上帝的注视才使这棵孤独的松树一直坚持站立在那里。不可否认，宗教是孤独精神的一条救赎之路：它对于终极意义的回答安抚着人的心灵，这些答案使追问的心灵相信，即使是受苦受难，生活也是有意义的。更重要的是，宗教的教义能使人找到共同体，这个共同体分享着共同的价值和信念。克尔凯郭尔的结论肯定是他内心路途的一种总结，更是给他同类的陌生朋友的真情告白。他在《日记》里还写道："必须加以反对的是智慧，而不是别的什么。"因为他知道，这种智慧的力量也是他的烦恼所在。要是没有信仰（那是智慧不能给他的），他早就被自己的智慧折磨而死，就像不断追问的哈姆雷特一样。

在春天，野蛮而悲伤的海子/就剩下这一个，最后一个/这一个黑夜的海子，沉浸于冬天，倾心死亡/不能自拔，热爱着空虚而寒冷的乡村……①

海子抑或是余虹，都在他们的作品里多次谈到死亡，尽管他们谈死亡的目的是更想知道如何活，如何有意义地活，但是我也相信死亡的诱惑对于追求自由、追求尊严、追求完美、生活孤独的他们来说，一定也如低飞的海燕，在他们波澜不惊的心海之上曾反复盘旋、挥之不去……最后的决绝，并非偶然，只是多次的尝试付之行动罢了。仅仅用忧郁症来解释哲人之死显然有些失之简单，虽然他们肯定是患有忧郁症的。除了早年遭遇的经历，一个人的坚韧或脆弱，在很大程度上取决于他们遗传的神经类型。感受性强而耐受性差的抑郁质，其显著特点是神经承受力弱且不平衡，容易极度兴奋，更容易极度抑郁。当周期性的抑郁来临时，怀疑人生、否定生活、

① 海子：《春天，十个海子》。

厌倦生命，情绪会如严冬的旷野、落寞荒芜。现在有医学解释，一些忧郁的人之所以难以获得幸福感，和一种叫做“多巴胺”的脑内分泌的化学物质有关，它是一种神经传送素，用来帮助细胞传送脉冲的化学物质，主要负责大脑的情欲、感觉的信息传递。从这个特有的角度看，人是否有一种美妙的幸福感与“多巴胺”的分布情况有关。那么，从叔本华算起，尼采、克尔凯郭尔、海德格尔……包括海明威、叶赛宁、荷尔德林、海子，一直到余虹，他们应该是这样一批拥有特殊气质的人。他们脑内先天就缺乏了某种物质的分泌，所以另一种物质的诞生才那么丰沛、那么富有。不同于世人对于身外之物的关注，对人类精神、命运、价值的关注滋生着他们思想的渊源，但是在寻找人类家园的旅途中他们也容易迷失、容易绝望，容易成为茫茫大地上无家可归的流浪者。他们因此付出着痛苦的代价，甚至是生命。

总有两个海子站在我的面前，一个是渴望理解交流的、宽容温和的、内心洒满阳光的；一个是激烈的封闭的、忧愤的抑郁的、内心充满无助与失望的。美国心理学家赛格利曼认为，人的总体幸福感取决于三个因素：一是先天的遗传素质；二是后天的环境事件；三是能主动控制的心理能量。如果说哲人们的生理特质、精神特质是无法改变的，他们遭遇的时代背景也是难于选择的，那么除了肩负着救助人生灵魂的使命之外，有意识地救助自己、调整自己也该成为他们人生的主要任务之一。这样一类哲人承受着超出常人的痛苦，为我们呈现着宝贵的精神财富，值得我们用感激、理解、痛惜以及认真的思考去回报他们——这是回想海子时想到的最多的东西。

一个医生眼中的海子

马春荣[①]

记不清是在 1983 年还是 1985 年暑假，法大工会组织了一次北戴河旅游，我也随队前往。在北京火车站准备登车时，在队列末尾我看见一年轻教师总是与队列保持着一定距离，不排进去也不紧跟。我几次想劝他跟紧队伍，但见领队及其他人都不去管他，我也就没去劝他。

到了目的地，分了住处，我照例到每个房间去查看有无不舒服者。轮到他的房间，我推门首先见到的是一个中等身材的背影，他背朝门，面向窗外的大海，一动不动呆呆地站立在房间内，对于我的进出和问话他全然不觉。我察觉到他就是那个不紧跟队伍的人，心想这个人真有点怪。

以后的几天里，我经常看见他一个人面朝大海，一动不动久久地、静静地像半截电线杆一样立在海边。

我没有时间长期观察他，但心里总是担心他的安全。我不敢想象他会跳向大海，但总担心大海的潮涨潮落会卷走他或吞没他……我把我的担心和其他老师交流，他们告诉我，“他就是这么个人，不要见怪。他叫查海生，北大毕业分到我校电教室[②]工作的老师”。又说，“北大学生有稀奇古怪想法、做法的人很多，不必见怪”。这期间我始终没有见到他的正面。

---

① 中国政法大学校医院医生。

② 此处有误，应为校讯编辑部或政治系哲学教研室。——编者注

返校后的某年某月（现已记不清了），我在校医院听说海子（我后来才知道他是诗人，笔名叫海子）自杀了，我忙问什么时候？为什么？他现在在哪？我急着想知道一切，而且想马上去看看他是否还有救。一种自责深深地揪着我的心，自己早就注意到他的异常，为什么没有继续关心他？我谴责自己的失职，那么年轻，多么可惜啊！创作上遇到了麻烦，那就要自杀？还要从北京跑到山海关去卧轨。为什么呀？我内疚又心疼地想着国家少了一个人才，我们少了一位诗人，学校少了一位老师。最要命的是他的妈妈，儿子没了，以后该怎么活呀？辛辛苦苦刚刚培养出来的儿子突然没有了，天塌了。想到这儿，我恨自己为什么不早点去开导他。我也曾经在北医进修一年多医学心理学，有一定基础，想疏导一下年轻人的心理问题，因此向学校提出开心理课的问题，希望不要再发生此类悲剧，不知何故成了泥牛入海杳无音讯。

从学生时代我就对诗歌比较喜爱，也就比较关心诗歌方面的事情。后来在报刊上看到一些现代诗人的信息，有海子的，也有其他诗人的，得知有一对诗人夫妇也自杀了。心想，这是为什么呢？联想到喜爱月亮的诗人李白，不也是看到水中月亮的影子，就跳下去捞月而亡命的吗？难道浪漫主义诗人都是这样？从医生角度看，觉得他们脑子里确实出现了什么问题。他们和常人脑结构上有什么不同吗？哪怕是有细微差异。又听说诗人不浪漫、不这样就写不出那么感人的诗句，是这样吗？还是因为他们脑子里确实有病灶，需要医生为他们解除？作为医生，我脑子里一直在考虑浪漫和严谨科学之间究竟是什么关系？有没有内在联系，有没有人在做这方面的研究呢？

我又听说海子是因女朋友和他分手而自杀的，因女朋友受不了他不入俗套的做法和想法。海子，你没听说有“天涯何处无芳草”的诗句吗？又何必……我明白了，海子，你特意从北京跑到山海关去卧轨，就是为了你能永远面朝大海，春暖花开。你的诗歌，你的太阳，也永远能，无比辉煌，无比光明。

海子的人与诗[①]

李曙光[②]

我与海子相识，是因为我们有双向的同学朋友。1983 年，我来法大读研究生，他从北大毕业分配至校刊编辑部，我大学时代的同学吴霖也分配至校刊编辑部，而他的大学同学刘广安则与我一直同宿舍。我喜欢往校刊跑，他也经常来我们宿舍，渐渐地我们由相识到相熟。我与海子年龄相仿，很能聊到一起。最初他给我的印象是人很腼腆，但很真诚。随着交往的增多，我发现虽然他的脸庞俊朗，略显稚幼（有一段时间还蓄上了连腮胡子），但他的眼神透露着一种锐利和愤世嫉俗。

我第一次领略到海子的诗歌才华是在校刊上。1985 年 9 月，我的一篇文章《探索：研究群体的兴起》在校刊发表，而他的一首诗《高原上》[③]，就发在我的文章旁边。“这是我和他第一次见面，他叫高原。我早就倾心相许。多少年了，我终于在这北方的身体上越走越深，直到阳光慢慢把我洗黑。总是有一种早早回家的感觉……我把自己带回来了，带回安息的祖先。”“土地始终是黄色的，太阳和血是红的，只有死亡是黑色和白色的，又被黄土埋住……”他的这首诗给我一种震颤感。对于读惯了北岛、舒婷、顾城一类政治抒情

---

① 本文曾载于《人民日报》海外版；另载 http://www.shiyanren.com/bbs/thread-138272-1-1.html，2012 年 8 月 28 日。

② 中国政法大学民商经济法教授。

③ 这里实际是指海子的散文《高原上》，参见海子遗文部分。——编者注

与思想诗的我们那一代人来讲，海子清新、开朗、深邃而又无法把握主题的诗风确实隐喻了许多。

1986年，我在昌平借了朋友的房子读书复习，准备考博。海子恰好住在我楼下，这使得我们有了更多的接触机会。我复习累了或吃饭时就常下楼与他聊天。这时候，他已从校刊编辑部调至政治系哲学教研室教美学。一个北大法律系的高才生出来教美学，这本身就是一个巨大的反差，但这段时间我在海子家中和他身上发现了更多的反差。海子不仅仅喜欢诗歌、美学、小说、历史，那时候，他还迷上了佛教典籍与气功，曾专程去过西藏。我也很喜欢读点美学、佛学类的书籍。吃饭时，我与海子常聚在一起，聊朱光潜、克罗齐、《拉奥孔》以及魏晋时佛学的传入等。兴之所至，指点江山，激扬文字，侃得甚是欢快。有一天，海子在家中搞聚会，他特地上楼邀我参加。晚会上，来了许多他的朋友，我只认识骆一禾、西川、李微等人。我们也是一整晚自由、宽泛、酣畅地侃天说地，我记得那晚我们也聊了点政治话题，如1986年安徽的学潮，再就是西川那晚喝得酩酊大醉……

海子当年的选择曾使我震惊，更使我意外。在我与他的交往中，我觉得他的为人就像他的诗：清新、开朗、深邃。虽然后期他的诗有点晦涩和孤独，但他的诗都是贯通的、纯净的、开放的、无限热爱生命的。也许，诗的境界的极致就是如此。“就让我一个人失眠吧。让我替你们醒着，专心捕捉那从高原深处源源流来的心绪!”极品诗人就是圣者。

书生喜欢书。海子逝世后，一个朋友送给我的一本海子诗集，我非常喜欢，每当空闲时，我总要从临近的书架上抽出，静静地捧读。虽然其中许多诗的章句我很难窥其堂奥，但是，海子的体悟与哲思总使我睹物思人，似乎在暗示和警醒我许多人生真知。

这是我唯一一本珍藏的海子诗集。一天，一位在社科院近代史所工作的朋友，在我书架上一眼看到了这本诗集，非要借去一阅，说是第二天就奉还，我答应了。可是这本诗集至今未还。后来，这位朋友搬家了，我再未听到他和诗集的音讯。读书人借书不还是常有的事，但是这本未还的诗集我一直记得。

海子是我永远的记忆。

“面朝大海，春暖花开……”

我的同学查海生

徐家力①

海子走了25年了，时间飞逝，对他的记忆就像他的瘦小身躯一样越来越微弱。海子现在也算一个名人了，前几天北大法律系的一位同学去安徽出差顺便看望了海子的父母，她回来跟我说海子的家乡出了两个名人：一个是中国共产党创始人之一的陈独秀，另外一个就是海子了。但坦率地说，在当下海子比陈独秀有名多了，尤其是在青年人的世界里，海子太有名了，他就是诗圣，他就是大师。我见过太多的人一提起海子就马上肃然起敬，我也见过对海子的诗如数家珍、崇拜得五体投地的人。在有的场合，在海子粉丝面前提起我是他的同学，顿时我也被高看了几眼。我也读过很多关于海子的书籍和文章，我认为很多内容都是强拉硬扯，甚至是编造的。作为海子的大学同学我一直想写点东西纪念他，也想告诉大家真实的海子是什么样，他在我们眼里是什么样的人。

海子本名查海生，安徽人，15岁时考入北京大学法律系。我19岁时也考入北京大学法律系，我们同一年入学，那一年是1979年。1983年，查海生19岁从北大法律系毕业被分配到中国政法大学当老师，我23岁考入中国政法大学读硕士研究生，北大4年，法大3年，共7年时间，查海生从15岁到22岁，我从19岁到26岁，不能说每日形影不离，但作为同学和同事，朝夕相处的日子太多了，互

① 作者原为中国政法大学83级刑法专业研究生；毕业后曾被分配到最高人民检察院工作，现为北京隆安律师事务所律师。

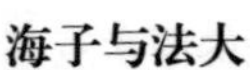

相谈心的次数也太多了，彼此了解的程度也是很深的。

我们当年北大法律系的同学们一入学，老师介绍同学们的情况时就说明，79级同学们的构成是最复杂的，在79级以前的77级和78级学生基本上都是“文革”前的老三届毕业生，年龄偏大，而79级这届不仅有年龄大的，也有年龄小的，从这一年开始有了高中应届毕业生，也就十几岁考入了大学，所以说79级学生是年龄相差最大的一届学生，最大与最小的年龄有十几岁之差。查海生就是我们年级189人当中年龄最小的同学。老师介绍每位同学时都要站起来给大家露个脸，当介绍到海子时，我们大家都记住了两件事：一是最小的同学只有15岁，二是他的名字叫查海生。

当时我第一眼看到他时，我对他的印象直到今天都记得十分清楚：他看起来就是一个孩子，个头很小，明显是在发育期，还在长身体，说话时脸就红，眼睛很大，但是羞答答的感觉，见人很胆怯，很敏感，总是对人报以微笑。

我们住在北大38楼5层，我住在531室，他住在519室，就隔几个门而已，519宿舍的几位同学分别是：罗建平、冯金山、程海涛、项为理、韩沐新、杨学成、查海生。因为每天低头不见抬头见，从见面那天开始，我们自觉都跟他很熟，原因是他太小了，无论是年龄还是个头，没人把他当成同学，都把他当成孩子，一个稚气未脱的小孩。我每次见他都用手摸摸他的脑袋，他总是躲来躲去，他越是不让摸我就越摸，有时他还会生气，我就说摸摸怎么了？小朋友。一来二去，我每次见他都叫他小朋友，这个称呼被我一直叫到我从法大毕业离开他，被分配到最高人民检察院工作。小朋友，这个称呼只是我对海子的个人叫法，它是只属于我们俩之间的称呼，他也没有反对过。我从来没有叫过他的大名，特别是在私下的时候，只有我们俩人的时候，我一直叫他小朋友。

关于海子这个名称是这几年才叫起来的。在大学期间从来没听到谁叫他海子，都叫他查海生。至于同学们私下叫他什么那是每个人自己的事情了。在同学眼里，他就是还没有长大成人的查海生，那个小孩，小查。在那个时候他已经开始写诗，但大家都没当回事，尤其没把他当回事，北大写诗的人多了，谁把他们当回事？况且小查还是小孩。我记得临近毕业的时候，小查还把他写的诗自己油印成诗集送给大家看，我印象当中好像没人认真看过，都觉得是小孩在玩耍，甚至有的同学看完诗后问他：春暖花开，怎么会面朝大海呢？这不合逻辑呀，这不是瞎写吗？总之，他在当时的北大法律系79级同学面前就是一个小孩，谁也没把他当回事，没人把他当成什么诗人，更没想到他会成为今天这么伟大的诗人。

当年的北大，精英荟萃，大腕云集，很多同学都是本地的状元，15岁的查海生显得太渺小了，谁会注意到他呢？我对他的另一个印象是：他不喜欢法学，也不喜欢学法律，他报考的也不是北大法律系，而是报的别的系，[①] 因为法律系扩大招生才把他招进来学法学，这种情况在当时的法律系很普遍。在我们之前的77级和78级每年只招一个班学生，一年几十个学生，从我们这级开始一下子就招了4个班，180多名学生，所以很多人没有自愿报法律系但因为法律系扩招就被招到法律系来了，查海生就是其中一个。正因为如此，他对学习法学没兴趣，对哲学等学科很有兴趣，课余看的书很多、很杂，但法学的书不多。我记得有一两门专业课他考试不及格，后来还参加过补考。[②]

我觉得他在北大一直感到很压抑，因为年龄太小，跟那些老大哥老大姐比起来显得太幼稚和无知了，像77级的李克强等人都跟我们一起上过课。

我当时也是这种感受，他们年龄大的同学在社会上已经混了多年，具有丰富的社会经验和人生经验，而我们是应届高中毕业生，从校门到校门，无任何社会经验，被人家瞧不起是很正常的事情。我虽说比查海生大几岁但也是应届高中毕业生，跟查海生一样，总

---

① 这是有误，参见本书第四部分，海子“高考档案资料”。——编者注

② 这里有误，参见本书第四部分，海子“北京大学学生成绩表”。——编者注

觉得很压抑，抬不起头来，觉得跟人家比，我们真是什么都不是，什么都不行，自卑感很强，如果拿现在的话来说就是轻度抑郁症的表现，这一点也可以解释为什么海子会走向不归路，其实我非常理解他的行为。因为在北大的时候我也有过轻生的念头，那是在北大刚入学不久，赶上十一放假，很多同学回家过节，那时候的经济条件也不允许我回家，我就在北大校园里待着，刚来北大，谁也不认识，同学也不熟，远离家乡和亲人，没有熟人，很孤独，又见了那么多的状元，真是觉得自己什么都不行，很无助，很无聊，坐在未名湖边的石头上胡思乱想，真想一头扎下去也就解脱了。这个想法当时很真实也很危险，就连我这么一个俗人当时都有这种想法，况且海子这么敏感的人，所以后来海子选择了一条别人不理解但很真实的路，我是很理解的。

快毕业的时候，查海生长个子了，比上大学那年长高了不少，像一个成人了，还长出了胡须，我还叫他小朋友，但他已经不让人们摸他的脑袋了，还因为他长高了以后再摸脑袋也不太容易了。

1983 年，我考上中国政法大学研究生院，查海生也分配到法大工作，我记不清他被分配在什么单位，只记得跟校报有关，他总在校报上写文章，开始用海子的笔名，他也约我写过文章发表在校报上，从北大来法大有一批同学，但有两种身份：有人是本科毕业后来工作的，有人是来上研究生的，查海生是前一种，我是后一种，因为都是同学，来法大后见面很频繁，再加上经济条件改善不少，一起吃喝的事多了起来，这时我感到小朋友长大了，还留起了胡子，我也不敢像以前那样把他当小孩看待了，更何况他的身份是老师，而我是学生。在法大他写诗更加疯狂了，好像没人管他了，也没有作业了，他放松了很多，我曾经多次去他在昌平校区的宿舍，发现很多诗稿，甚至有些诗写在卫生纸上。但我同时也发现：他在昌平那个山沟里太孤独了，如果说他在北大时的孤独是精神上的孤独，因为没人把他当回事，没人能够理解他，那么他在法大的孤独既是精神上的孤独也是空间上的孤独，因为在那么一个荒郊野外，在那么一个狭小的空间，一般人都会感觉到孤独压抑，何况异常敏感的海子。

当然，在法大期间，我见到的海子比在北大时成熟了许多，也老练了很多，有时候还会跟我开起玩笑来，要知道在北大时我总看到他听别人说，很少见到他说什么，就是他说了别人也不会注意，但是在法大不同了，他有了很大的自信。有一次一起吃饭，他把女朋友带来了，我看那个女孩长得白白净净，也很丰满，我就问他从哪里找来的？他说是内蒙古人，正在法大上本科，吃饭后他问我感觉怎么样？我说不错，配你很合适，你要好好把握，他听了很高兴，我也看出来他对那个女孩很满意，吃饭时言听计从。

在法大三年研究生的生活很快就过去了，毕业后我被分配到最高人民检察院工作，离校前又跟查海生见了一面，他说你们多好，又换地方了，不像我们就在昌平呆下去了，我说你也可以换哪，他说哪有那么容易，多保持联系，我说你进城时可以去找我，尤其到王府井买书时来找我，我单位就在王府井附近的东华门。

到高检工作后就很忙了，与他的联系就少了，几年后传来了他自己走了的消息，说实话，我虽然感到很悲伤，但以我对他的了解我并不感到很意外……

海子往生 20 年①

唐师曾②

法大陈夏红给我发短信，提醒我今天参加“海子逝世 20 周年诗歌追忆会”。“海子”是社会对查海生的尊称，20 年前，我们有眼无珠，只知道叫他“小查”。现在大家都纪念海子的诗，我们（丁科长、吴老霖……）却怀念“小查”这个人。

1983 年 7 月，我们 8 个“79 级”被北大分到学院路的北京政法学院。那时还没有蓟门桥，更没有三环路。学校没有院墙，只是拉着一段铁丝网，四周都是参天的大杨树。和我们分享校舍的还有北京歌舞团和北京戏校，每天早上，我们都能看到他们在这里晨练，人影闪烁，号角震天。弄得我们像刚被扔进新笼子的小动物，眼花缭乱，不知所措。几个月后，学校改名为中国政法大学。

我被分到马列教研室，小查被分到校刊。我俩都被我党的各基层组织推选为“爱国卫生委员会委员”，负责给各自的办公室扫地、打开水、生炉子，相当于学校几大种姓之外的贱民。

一开学，“爱卫会”就在教学楼二层开会，我坐在那儿玩照相机，坐在我边上的一个委员比我年龄还小，也不好好开会，往桌子上画小人。我们俩彼此对视，心有灵犀。一问，他也是北大分来的，分到校刊，名叫“查海生”。难怪王八瞅绿豆，觉得顺眼呢。

查海生在校刊编报纸，他喜欢照相，也喜欢我的照片，可他没

---

① 本文原载于 http：//blog. sina. com. cn/tangshizeng，2014 年 12 月 7 日访问。

② 新华社记者，1983 年～1986 年间曾在中国政法大学国际政治系担任教师。

有照相机。他说："没事儿把你拍的照片拿校刊发表吧，我给你开最高稿费，每张两块钱。"每回稿费到手我们就到政法南面的"冶金"小餐馆喝一顿啤酒。"饺子就酒，老喝老有。"那时候我们一个月才挣 45 块，可远比现在快乐。

校刊还有华东政法学院分来的吴老霖，笔名叫蓝雨，也是个诗人。吴老霖总穿皮鞋，脚极臭，一杯啤酒能把脚后跟都喝红。他酒后习惯侃侃而谈，嘴角挂满泡沫。他颇受党的器重，势力很大，我的第一张照片就是小查假吴霖之手才得以发表的。丁科长是画家，他法学院毕业，却对法律一窍不通，几笔就能画出任何人的特点来，因此，丁科长一个人包揽了校刊的所有插图。吴霖在校刊的势力迅速蹿升，他把我添加到他的"家属"行列。记得我曾作为校刊家属免费玩了一次十渡。在去十渡的路上，我给吴霖、小查照了各种奇形怪状的留影。

小查则始终像一只受到惊吓的啮齿类小动物，不久便调到了哲学教研室教逻辑①。我碰巧早上第一节有课进教学楼，路过正对楼梯的集体宿舍，总能听到小查对着楼道大喊："关门！关门！"回首望去，大门里的小查正躺在上铺，探着脖子抗议。见是我，不好意思地扬扬胳膊，算是对我带上门的感谢。

北大西语系的刘军是查海生的铁哥们儿，常来法大经济法系辅导一个李姓女生学法语。这让我们教研室一位同样渴望教书育人的张老师有爱没处使。张老师因"法大"而仇恨"北大"，常因刘军而迁怒老鸭。老鸭当时一心想当"capa"，不关心诗，后来才知道长发刘军就是"诗人西川"，查海生的笔名竟叫"海子"。

查海生写诗都以玩为主。我去新华社摄影部后，查海生到哲学教研室教逻辑。后来学校搬到昌平，听哲学系分来的宝姑娘讲，小查木讷，讲课不如其他人热闹，故有学生起哄。我们都不愿去昌平，

---

① 此处不太准确，海子在哲学教研室承担过系统科学和美学方面的教学任务。——编者注

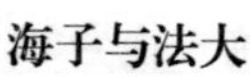

后来也都纷纷调离。小查也不喜欢昌平，但不得不去。吴霖认识一个瘦高、白脸的小伙子，这个小伙子脸色奇白。吴霖介绍说这个人能耳朵听字，是很重要的人。我和丁科长都不信，直到吴霖把这个小伙子找来当场表演。我们测试了中文、英文各一个单词，中文是卡帕、英文是 capa，他都听对了。我开始将信将疑，可丁科长誓死不信。受这个白脸小伙子的影响，小查开始练气功。因为时间太久，有些细节因为我也记不清了，只记得我和丁科长是坐校车去的，一路颠簸，当时还没有八达岭高速，累得要死。

1989 年，查海生在山海关卧轨。他死的那天，我在西德多特蒙德采访第 40 届世乒赛。此后不久，我们教研室的朴京一（北大国政系 80 级）也跳楼自杀了。由于路途遥远，我也很少回法大。这是北大教育的后遗症？还是蓟门桥、军都山的风水？对此，我一直百思而不得其解。

记不清是 1995 年还是 1996 年，北京皇冠假日饭店举行了一场诗歌朗诵会，西川带头为海子的家人募捐，我捐了 100 块钱。当时认为不少，现在想着都脸红。海子来自安徽农村，家境极差，考上北大不容易。那天到场的还有诗人“食指”，他从回龙观精神病院临时出来。当时带我去的是我的师弟——《北青报》的诗人“橡子”。

姐姐，今夜我在德令哈，夜色笼罩
姐姐，我今夜只有戈壁

草原尽头我两手空空
悲痛时握不住一颗泪滴
姐姐，今夜我在德令哈
这是雨水中一座荒凉的城

除了那些路过的和居住的
德令哈——今夜
这是唯一的，最后的，抒情

这是唯一的，最后的，草原
我把石头还给石头
让胜利的胜利
今夜青稞只属于她自己
一切都在生长
今夜我只有美丽的戈壁空空
姐姐，今夜我不关心人类，我只想你

德令哈在青海海西州，我曾开6缸雪佛兰、8缸大吉普两次前往。行前，新华社青海分社社长党周（藏族）、总编马千里（回族）致电海西州宣传部长，让她好好接待我。我和小查都是长不大的彼得·潘，都有不同程度的恋母情结。

小查一个月挣几十块的工资，他有父母和三个未成年弟弟。他用最廉价的交通工具一个人去德令哈。一个人赤手空拳、凄风苦雨，只想要一个姐姐。而他什么都没有。这是真正的“一个人的远行”。一个天才就这么死了。我们都瞎忙自己的事，都应该为天才的夭折负疚。

从明天起，做一个幸福的人
喂马，劈柴，周游世界
从明天起，关心粮食和蔬菜
我有一所房子，面朝大海，春暖花开

从明天起，和每一个亲人通信
告诉他们我的幸福
那幸福的闪电告诉我的
我将告诉每一个人
给每一条河每一座山取一个温暖的名字

陌生人，我也为你祝福

愿你有一个灿烂的前程
愿你有情人终成眷属
愿你在尘世获得幸福
我只愿面朝大海，春暖花开

还是这句话，一个天才就这么死了。我们都瞎忙自己的事，都应该为天才的夭折负疚。

关于查海生非正常死亡及善后处理工作情况的回忆

何长顺[①]

查海生，1964 年 4 月 1 日生，[②]安徽省怀宁县高河查湾村人。1979 年 15 岁时考入北大法律系，1983 年毕业分配到中国政法大学。原在学报编辑部[③]工作，后调到政治系哲学调研室从事教学。

查海生人很聪明，有艺术天赋，写有大量诗歌、小说、论文、戏剧，并在社会上有一定影响。不幸的是，1989 年 3 月 26 日，其在山海关火车站六桥西卧轨自杀。他为什么选择在山海关自杀？据说："他是大海所生，他要回归大海。"

我当时任中国政法大学党委副书记，主管党务和干部工作，党委委托我负责处理此事。

查海生卧轨自杀后，山海关火车站公安来电说："你校职工查海生卧轨自杀，请派人来，处理善后事宜。"学校当即决定派政治系和教研室负责人常绍舜、胡明前去了解情况，查明原因。

据常绍舜、胡明向学校汇报：山海关火车站公安介绍，他们在查海生身上发现一个纸条，上面写着："我的死和任何人都没有关系。"据此，我们认为他是自杀。

查海生为什么要自杀？自杀的原因是什么？这需要我们进一步了解，然后对学校和家属有一个交待。为此政治系领导一面通知家

① 时任中国政法大学党委副书记，主管党务和干部工作。

② 这里可能不太准确，参见海子简历部分。——编者注

③ 这里有误，应为校讯编辑部。——编者注

属来校，一面搜集材料研究死因。据我所知，政治系把查海生这几年的异常表现及宗教信仰对他的影响，整理成了一份比较详细的材料，然后送到北京安定医院鉴定。鉴定认为："他是属于精神方面的疾病，属于走火入魔。"政治系领导向查海生父母做了详细的说明和耐心的工作，说明他是自杀，并且是由于他个人方面的原因。查海生的家属还比较通情达理，认可了学校的调查。在征得家属的意见后，党委决定派我前往山海关处理善后。

与我同去的还有校工会代表、保卫处代表、人事处代表以及政治系有关人员，还有查海生北大的同学刘广安（我校教师）。

我们乘学校派的专车到山海关，当晚开了一次会，决定了两件事：一件是要把断了的尸体缝合好，让死者体面上路；另一件是要举行一个遗体告别仪式，写一份恰如其分的悼词，表示对死者的哀悼，也好安慰家属。

遗体告别仪式结束之后，尸体随即火化。大约第三天，我们同家属带上骨灰回到了北京。事后，人事处按照规定将丧葬费给了家属，同时考虑到农村生活比较困难，又资助了他们一些钱。据了解，家属对后事的处理还比较满意。

关于查海生（后事处理的）一些情况

陈宝正[①]

时间大约是在1989年3月24日或25日，具体日期我记不清了。当时我在校保卫处值班，晚上八点至九点的时候，电话突然响了。我接到政管系哲学教研室一位老师的电话，说他们哲学教研室的查海生不见了，在他的桌上发现了一封遗书。我当时向他问了一些情况，查海生当时的宿舍在昌平，我向处长汇报了此事。同时通知昌平的保卫处到查海生的宿舍查看。十点多的时候，昌平那里回电话说，宿舍里没有查海生。同时，有关人员也在校园附近和他常去的地方找，都没有消息。最后，只能等消息再查找，同时向派出所报案。

1989年3月26日晚大约八九点，处长通知我，说山海关车站派出所来电话说，我校青年教师查海生在山海关自杀了。让学校立即去人。当晚我和哲学教研室的胡明老师（现为副书记）乘坐学校用车到北京车站，我们坐的是半夜的车。到了山海关天都亮了，我们下车后就直接去了山海关车站派出所。

在派出所警官简单介绍了一些情况后，办案警官就开车带我们来到事发现场。事发现场位于距山海关车站的山海关大桥一百多米的两条铁路中间（见示意图）。尸体被警官抬到外侧铁路边上，由装烟用的纸箱拆开盖着，上下各一。到达现场后，警官把盖在尸体上的纸箱拿开，当时尸体没有血色，灰灰的特别难看。尸体从腰部，

① 时任中国政法大学保卫处科长。

也就是腰带处切断，肝、肠子、内脏都流了出来。警官只是把上下尸体简单地放在一起了，上身保存得较完好，只是左臂被压断了，有一些肉连着。现场看着比较惨。我当时不认识查海生，没有见过他本人。当时胡明老师一看到尸体就呕吐了。我上去问胡明老师是查海生吗？他说是查海生。我就回到尸体边上，在查海生尸体上查找一些遗物。当时尸体身上什么东西也没有，只在上衣口袋里有两角钱，我也就没有拿。现场的警官说当时在查海生的身上只有一份遗书。遗书上是这样写的："我叫查海生，是中国政法大学青年教师，我的死和任何人没有关系。"遗书是用手掌大小的纸写的（后来我把遗书要回来了）[①]。确认后，我和胡明老师到市里给查海生买衣服和鞋。买衣服花了 120 多元，具体数额我记不清了。衣服是深蓝中山装，因为当时流行中山装。办完后我们来到派出所，派出所通知了殡仪馆。我们到现场后，拉尸体的车到了，我们把要穿的衣服交给他们，他们用装尸袋装好，把衣服带到了秦皇岛殡仪馆。我叫他们把压断的尸体缝合好，同时在市里（山海关）向学校副校长汇报了情况。然后我们就返回山海关车站，山海关派出所的人送我们上的车。我们返回了北京。

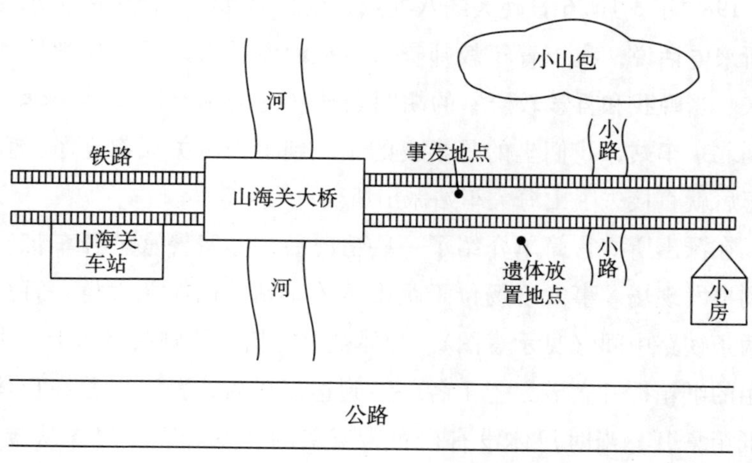

① 经查找发现该遗书已丢失。——编者注

当时在出事现场，派出所的警官向我简单地讲了他们调查的一些情况，并向当时的火车司机了解了情况。据当时的火车司机描述，火车（火车有50多节车厢）在要通过山海大桥进入山海关火车站时火车的车速已经很慢，火车司机看到有一个人在两条铁路中间站着，后来司机就没有看到人了。据现场警察分析，当火车慢下来后，可能在40多节车厢至50节车厢这段，人是钻进去的，所以尸体保持得比较完好。如果当时车速比较快，人是钻不进去的，就是钻进去了，也会被压烂。

回到学校后，我向有关领导汇报了经过。接下来是等查海生的家里人。他家里人来了后，保卫处领导叫我再去山海关。我当时不想去，觉得心里很难受。但因为第一次是我去的，这次我也只好去了。学校派了一辆大客车，学校领导和有关的人都去了山海关。我们在路上走了近一天的时间，在天要黑时我们到了秦皇岛山海关，直接去了山海关派出所。派出所向我们介绍了出事现场的情况。离开派出所时我向派出所索要查海生现场留下的遗书，他们当时不想给，我说我是中国政法大学保卫处的，我们保卫处干部当时都有市公安局发的工作证，我让他们看了，再有上次我也来了，也跟他们认识，他们通过请示领导也就把遗书交给了我。遗书的内容、纸张大小跟警察讲的一样。然后我们返回了秦皇岛。第二天查海生进行火化。第二天火化的情况，各位领导可能讲了，我也不多写了。只是把查海生的遗体推出来后让家里人看看，当时他家人中没有人向前来看。好像只有一个舅舅，走到离遗体有2米左右的地方看了一下。我当时来到遗体边上，查海生的遗体刚推出来，还在冻着，脸虽然冻了，但还在冒冷气，有水珠，脸上还留着胡子。他家里人说怎么还留着胡子，殡仪馆的人说，没有家人允许的话，不敢刮。于是他家里人让把胡子刮掉，并重新美容。我向美容人员了解遗体是否缝合好，因遗体从腰部压断，在拉走之前我也向他们交代过。他们说缝合好了，缝合了大约有60多针。这我也就放心了。其他的情况大家都已知道。第二天一早我们便返回了学校。

回忆我哥查海生与法大二三事

查曙明

查海生（笔名海子，1964 年 ~ 1989 年）是中国当代最具影响力的诗人之一。他 1979 年考入北京大学法律系，1983 年毕业分配至中国政法大学工作，1989 年 3 月 26 日在山海关卧轨，自杀殉诗。

哥哥从大学二年级开始，每年只是寒假时才回家陪家人欢度春节。其余时候，他与家人主要通过书信联系。这种生活多少年来一直影响着我，以至于到现在每年春节前夕我心里还隐隐有个期盼：哪天，哥哥背着发白的牛仔包风尘仆仆地突然出现在家人面前。每当我遇到挫折困惑时，总想静下心来写封信给哥哥，与他谈谈心。

1983 年，哥哥在石家庄中级人民法院实习。实习快要结束时，他才给父母来过一封家信，就自己毕业分配去向的问题征求父母的意见。当时，他有三种选择：安徽省司法厅、南京中级人民法院、中国政法大学。记得父母让我代替回复的建议是，让他到安徽省司法厅工作。理由是，那里离家近，相互之间能有个照应，但最终他自己还是选择了中国政法大学。后来，他同父母解释：一开始要求到地方工作，以后想调换大城市就比较麻烦，但从首都北京调往地方城市就相对容易多了。父母想想也对，尊重了他个人的选择。只是父母每次去信都叮嘱他：你现在年纪轻，在单位要好好工作，与同事要搞好关系，尊重领导，注意身体等。那时他回信信封的地址是：中国政法大学校刊编辑部，信的内容都是让父母放心。他说，新的工作单位食堂的伙食不错，工作也不是太累，让父母多注意身体，不要太劳累，并督促我们三兄弟好好读书等。

这年秋天的一天，父母突然收到了一张哥哥寄来的汇款单，汇款金额是人民币60元整。在汇款单附件说明栏上，哥哥附了简短的两句话：爸爸妈妈，你们好。已发工资，现寄60元给你们。望保重身体，祝全家安康。当汇款单由村支书递给父亲时，父亲脸上露出了幸福的笑容。此事一度成为查湾村的头号新闻：查裁缝的大儿子在北京某大学工作了，吃公粮啦，还给父母汇款了。这件事一直是当时纯朴的村民教育自己儿女的样本。

这年寒假回家过春节时，哥哥还捎带了几帧单位发的美女挂历。哥哥把挂历挂在老屋厅里当年画，很耀眼，很时髦。他还给我们三兄弟带回几叠印有中国政法大学字样的信纸做笔记本。

1984年下半年，[①] 哥哥来信告诉我，他的通信地址改为：中国政法大学哲学教研室。在信中他告诉父母，他现在是一名大学助教了，教学生美学。当时父母很疑惑，问他："你在大学学的是法律，怎么现在学校安排你去教学生美术？这样专业不是不对口吗？"他解释说："美学是一门哲学，不是美术。"

四季轮回，日子密密细细，我们一家六口人，父母日出而作，日落而息，我们兄弟教书的教书，上学的上学。平淡而幸福地生活着。

1985年春节哥哥回家度假时，因家中兄弟较多，床铺少，父母便安排哥哥同我睡一张床。大年三十晚上零点时，我发现哥哥手中拿着一张照片双手合十，面朝北方，盘坐在床中央，口中念念有词。第二天正月初一我趁哥哥去村庄给长辈拜年之际，偷偷从他枕下翻出了一张女孩的半身照片和一封未发出的信。照片上的女孩十分漂亮，大大的眼睛，圆圆的脸，挺拔的鼻梁，还留着披肩短发。我小心地打开照片下的信封，发现那就是情书，此时我知道哥哥恋爱了。哥哥回来后发现我翻动了他的照片和信件，不但没有责备我，还微笑着问我，女孩漂不漂亮，并要求我向父母保密。后来我有幸还先

① 这里可能有误，可参考本书中其他相关回忆。——编者注

睹了他的抒情短诗《你的手》。此诗是我高中时代所读过的最浪漫的一首情诗。

1986年哥哥春节回家时，上身穿着一件大红棉袄，下身穿着一件发白的牛仔裤，长发披肩，满脸黄色的兜嘴胡。哥哥的形象把母亲吓了一跳。记得当时母亲嗔怒道：海生你怎么这般模样，头发也不理理，胡须也不刮。哥哥解释说，因他年纪轻，个头矮，面相稚嫩，在学生面前没有威慑力，故如此打扮，以显得老沉持重。母亲听完笑了。

1987年，因我们三兄弟都在读书，家中经济拮据，父母便在村庄前开了一间豆腐坊。春节期间一家人都比较忙，这样我们与回家度假的哥哥相聚的时间就相对少了一点。但他经常去豆腐坊看看，同我们说说笑话，并用带回的相机给我们兄弟拍了好多制作豆腐的照片。记得这年大年三十的晚上，一家人团聚在妈妈做的年夜饭前。父母语重心长地对哥哥说："你也不小了，工作也有几年了，可以谈个女朋友了。"当时哥哥爽快地答应了父母：明年回来一定带一个女朋友回家过年，让父母放心。这顿年夜饭一家人其乐融融。

1988年，学校安排给哥哥一套两室一厅的单元房，比较宽敞方便。这年回家时，他同父母商量，今年带母亲去北京游玩几天，明年再安排父亲去。这年母亲在哥哥的昌平住处待了有一个星期左右。因牵挂家里的农活，母亲便婉拒了哥哥的挽留，匆匆回了家。母亲这次去京，在哥哥昌平的住处碰见了一个姑娘，她经常来看哥哥并帮哥哥洗被子，收拾房间。母亲常在父亲面前夸这个姑娘朴实贤惠，不像城里姑娘矫情。

1989年春节回家时哥哥偷偷告诉母亲：他发现自己有胃病，经常吐血，今年想请半年假去武汉治病。当时母亲被吓坏了，让他赶紧跟学校领导打报告请假。但不知什么原因，过完年后哥哥接到了一封信，就又匆匆返校了。

1989年3月28日，中国政法大学的一封电报送到了父母手中，电报中称：查海生病危，请父母速来。当时父母就懵了，赶紧和我的两个叔叔还有舅舅一道赶往京城。到法大后，他们得知哥哥已去世。这个消息犹如晴天霹雳，父母当时就崩溃了。善后的事，都是随法大处理的。法大说：查海生患有精神分裂症，属自杀身亡。按有关规定：补助500元安葬费，补发10个月工资，一次性将此事处理完毕。9月份，我参加完高考后，又陪母亲去了一趟法大。通过族中一位在京当兵的堂兄，我们联系上了法大的领导，母亲要求重新处理此事，却被告知，此事已一次性处理完毕，他们也无能为力。此后，我们家与法大再没有联系了。

追忆与哀悼

刘广安[①]

一、海子形象追忆

海子不是一个仪表堂堂的男子，也不是一个气宇轩昂的男子。在我的印象中，海子一直是一个清秀聪颖、长着娃娃脸的大男孩。即使他后来留起了胡子，也仍然是一个并不老道的大男孩、胸无城府的大男孩、具有童趣的大男孩。

在北大4年和法大6年的交往中，我没有见过海子忧愁的样子，也没有见过他生气的样子。我只见过他谈诗时神采飞扬的样子，见过他失恋后感伤至极的样子，见过他醉酒中滔滔谈论的样子。海子是一个心地单纯、善良的人。失恋后，未曾听他说过恋人的短论。醉酒中，也未曾听他说过别人的坏话。

失恋和醉酒都不是幸运的事。但海子遇到了值得他失恋的人，值得他醉酒的人，写出了那些幸运的诗。聪明的、堂堂的女子是激发男子创造性和事业心的巨大动力。海子遇见过这样的女子，他也是幸运的人。

校报记者陈夏红邀我写点回忆海子的文字。回忆海子，是让我激动的事，又是让我伤感的事，更是让我痛心的事。这次回忆就写到这里吧。

---

① 中国政法大学法制史专业教授，海子北大舍友。

二、痛悼海子文[①]

海生，安徽怀宁独秀同乡人。十五之龄腾飞于未名湖畔，二十五之年陨落于山海关下。海生以短暂年华纵横于文、史、哲、美、法诸学科之间，而以诗作横绝于世。海生前期的诗，美而纯；海生后期的诗，奇而烈。其美胜于夏花，其纯近于晶莹，其奇若万丈晨曦从天而降[②]，其烈似千百星球凌空而炸。海生的诗将是中国诗史上一个可望而不可即的奇峰。海生将不只是一个时代的诗人，而是一个世纪的诗人；将不只是一个中国的诗人，而是一个世界的诗人。他的名字在世界诗史上，将会与拜伦、雪莱、莱蒙托夫同列[③]。海生的死因将是一个永远的谜！殉情乎？殉诗乎？殉难乎？殉道乎？其后识者再察之。呜呼！海生同窗哀之哉！痛之哉！

---

① 本祭文写于秦皇岛，修订于北京，宣读于中国政法大学学院路校区教学楼207教室“海子追思会”。后应法大学生之邀，发表于《法大人》。

② 万丈晨曦从天而降：此句是骆一禾等诗友在山海关献给海子的挽联。

③ 赴山海关辞别海子的路上，我问骆一禾：如何评价海子的诗？一禾答：海子对中国诗歌语言的贡献，不亚于普希金对俄罗斯诗歌语言的贡献，海子诗歌语言的色彩更绚烂一些。

讣告与告别

本报记者海子去世

校刊编辑部①

本报记者、哲学教研室教师、青年诗人海子不幸于 3 月 26 日去世，终年 25 岁。

海子，男，原名查海生，安徽省怀宁县人。1983 年毕业于北京大学法律系，同年分配至本报编辑部从事编辑工作。

海子为中国当代诗坛“第三代人”中有影响力的青年诗人，代表作有诗剧《太阳》等，并有作品刊登于多种诗选集。

本报编辑部以此谨表哀悼。

再见了，小查

吴　霖②

听到你突然离去的消息，我怅怅良久，无言以对。星期五清晨

① 该文作者“校刊编辑部”为编者所加，实际作者推定为海子当年的同事吴霖。原文载于《中国政法大学校刊》1989 年 4 月 17 日，第 2 版。——编者注

② 吴霖是海子最早的同事之一。因与吴霖没有联系上，鉴于该文是最早的公开发表的纪念海子的文章，编者将之抄录，收入本文集；原文载于《中国政法大学校刊》1989 年 4 月 17 日，第 3 版。——编者注

见你在西直门匆匆逆人流而行，是最后一次见你。我知道，你未能度过那个“劫”。

6 年前的夏晚，我们并肩走近了校刊编辑部。当我因为初历南方而在纸上精致地刻画南方梦时，你已在深刻体验粗糙的北方。想起我编的中国政法大学第一本油印诗集《青铜浮雕·狂欢节·我》中，你的《北方》长诗，已经有了和你清新的面孔及 19 岁年龄迥然相异的冷静和残酷。

就像我当时随意写下“江南”作为自己的笔名一样，你的“海子”笔名终于使大多数校园中人忘记了你的真名。就像你最初的笔名“扎卡”一样，“海子”本身也属于远离喧嚣都市的高原净土。听说你寒假在西藏高原上打坐，不知吹进你心底的风，来自何方。

几年前你去了哲学教研室，后来开始教美学。从此，我们偶尔见面。我们两人的距离仿佛越来越远，但我们在文学刊物上却经常擦肩而过，就像那个星期五的清晨。作为诗坛“第三代人”的形象，你越来越鲜明，也越来越孤独。

我当然知道你那次短暂的爱情给你带来的幸福和痛苦，你留下了那些深情的诗歌可以作证。如今你永远离去，是否因为该表白的都尽数表白？那些温馨的绝望句子，将陶冶那些后来的人们。

听到你突然离去的消息，我欲哭无泪，初春的天空是那么的美丽。我想起你的句子：为什么一个人总有一条通往地下再不回头的路？为什么一支歌总守望故土落日捆住的小地方？

我在心里对一个远游的兄弟轻轻地说一声：再见了，小查。

第二部分

海子研究

捧海子圣杯
测情郎完型能力
托水晶圆球
察赤子透视眼光
嫣然笑
香唇吐谜域
双眉颦
答案堕雾光

灰色姑娘
雾飞云翔

——玄武子

海子之死的证据学谜区（摘编稿）①

熊继宁

那时候我已被时间锯开
那神，经过了小镇处死父亲
留下了人类留下母亲
故事说：就是我
我将一路而来
解破人类的谜底
杀父娶母，生下儿女
———那一串神秘的鲜血般花环
脱落于黑夜女人身下
一切都不曾看见
一切都不曾经历
一切都不曾有过
一切都不存在②

一、关于海子死亡问题谜区

我爱你身世之谜，除你之外

① 熊继宁："海子之死的证据学谜区（上）"，载《证据科学》2010年第2期；熊继宁："海子之死的证据学谜区（下）"，载《证据科学》2010年第3期。

② 西川编：《海子诗全编》，生活·读书·新知上海三联书店1997年版，"太阳·诗剧"。下文中所引用海子诗歌未注明出处者，均引自该书。

我没有其他的谜①

海子之死既是一个案件，又是一个谜。从法律的角度看，海子之死属于非正常死亡。因此，可能涉及自杀、他杀及其原因的刑事侦查、司法鉴定、案件审理等一系列问题。但是，由于海子死亡后司法部门没有正式立案，他的死亡就转化为一个广义破案和广义证明问题："海子死亡问题的谜语"——简称"海子之谜"，这是指与海子死亡及其原因相关的问题所具有的不确定性。

（一）海子死亡问题谜区

所谓海子死亡问题谜区，是指"海子死亡问题的谜语"不是"单一之谜"，而是由一系列的"猜猜看"构成的纷繁复杂的谜区：

1. 自杀之谜：海子是自杀还是他杀？如果海子是自杀，自杀方式、时间、地点为何？自杀原因为何？

2. 他杀之谜：如果是他杀，谁是凶手？杀人方式、时间、地点为何？杀人动机何在？

3. 谜中之谜：如果不是他杀，为何设"他杀之谜"？被控他杀者为何不解谜？

4. 连环之谜：后续诗人群体性死亡是否与海子的死亡相关？

其他从属性谜语包括：

5. 遗书之谜：海子"遗书"与"遗言"为何相悖？

6. 精神分裂之谜：海子是否患有"精神分裂"的疾病？

7. 特异功能之谜：世界上是否存在特异功能？被控"凶手"是否具有特异功能且具有意念杀人的功力？被控"凶手"是否具有杀人动机且实施了杀人行为？

8. 气功之谜：如果海子真是练气功"走火入魔"，那么他学的是哪一门派的气功？海子的气功师父是谁？海子的功力达到了什么程度？

---

① 西川编：《海子诗全编》，生活·读书·新知上海三联书店1997年版，"婚礼之歌：月亮歌"。

9. 需特别排除之谜：神杀、命杀、规杀、情杀之谜如何排除？不要以为设问者“迷信”，这个问题可是海子自己提出的挑战——“海子四谜”（见后文）之一就是：“你知道我的诞辰、我的一生、我的死亡，但不知道我的命。”

10. “致命情人”之谜：假设海子殉情，那么他的“致命情人”是谁？不要以为设问者“刻薄残忍”，这个问题也涉及海子自己提出的挑战——“海子四谜”之一就是：“你知道我的爱情，但不知道我的女人。”

11. “青草”之谜：在海子诗歌中被称作“青草”的“我”是谁？不要认为设问者“琐碎”，这个问题可是海子自己提出的挑战——“海子四谜”之一就是：“在我的诗歌中，你知道我叫青草，但不知道我是谁。”

12. “老家来人”之谜：值得注意的是，海子在“如果你们之中谁想两个人一起去干，他们一定会互相残杀”的语境下提到：“老家来人”，其意指难猜。

13. 天空和太阳之谜：在海子诗歌中的“天空”和“太阳”的语义所指为何？与其相关的事物是什么？不要认为设问者“迂腐”，这个问题可是海子自己提出的挑战——“海子四谜”之一就是：“你知道我歌颂的自我和景色，但不知道我的天空和太阳以及太阳中的事物。”

14. 橘子之谜：海子自杀时身边放的橘子有什么隐情？是否真有那只引起无限猜想的橘子？

15. 尸体之谜：海子一分为二的躯体所达到的精确程度以及它的证据学和司法鉴定学含义是什么？

16. 预知能力之谜：海子是否具有预知或预言的能力？

17. “死亡安排”之谜：假定海子自杀，是否存在一个周密、精细、深刻、广泛的“死亡安排”？

18. 海子是中国的普希金吗？海子称，我和普希金一前一后。这是什么意思？

19. 如何解读“海子画”？

20. 海子几何图形之谜：“梯形和三角形……抱成一只翠绿的猿”如何释义？

21. 神秘日期之谜：海子诗歌中明确标明的几个年份和日子具有什么样的证据学意义？它们分别是：①1982 年；②1985 年；③1988 年及 1988 年 11 月 21 日。

（二）“奇异吸引子”与“海子黑洞”

海子之死可以说是 1979 年北京政法学院复校后 10 年间的“政法第一案”，也是改革开放后中国朦胧诗人从兴到衰的系列死亡的“诗界第一案”。可是，迄今为止，与海子死亡相关的问题，除了海子已死和在山海关龙家营火车站附近发现他的尸体这两点较为确定外，其他似乎都不确定。

无论你从什么角度、通过什么渠道，接触到这个谜区，你都会感触到这是一个“奇异吸引子”，都会不由自主地通向一条由恐惧到好奇，由好奇到震撼，由震撼到理性，由理性到不确定性的似乎确定性的路径。

换一种生活化的说法，你就会由崇拜到同情，由同情到厌恶，由厌恶到理解，由理解到关怀，由关怀到关注，由关注到解谜，由解谜到破案，由破案到证据，由证据到系统，由系统到不确定，从而进入这个连太阳也将变为黑色的“海子黑洞”，不能自拔，甚至终身不能解脱。

青年诗人谜语，
海子死亡谜区。

奇异吸引子，
不确定路径。

无序中隐藏着有序，
有序造成更加无序。

一切都不确定。

谜语确定无疑。

——玄武子①

二、广义破案和证明

你找不到我，你就是找不到我，你怎么也找不到我

在昔日山坡的羊群中②

（一）破案和解谜——可能性空间的缩小

所谓破案（包括审案或解谜、揭秘等），都是通过寻求案件或待证明事项与其他已知事实和行为之间的相关性，明确二者之间的相关度，建立特定事实和行为与案件或待证明事项之间的确定性因果联系来进行的。

因此，所谓破案和解谜是已知事实和行为与案件或待证明事项之间关系的系统化的过程。

1. 破案和解谜是信息通信过程和控制过程。由于系统、控制和信息三部分的相关性，破案和解谜既是一个信息通信过程，又是一个控制过程，同时二者又是一个系统化的建构过程。其结果都是已知事实和行为与案件或待证明事项之间联系可能性空间的缩小。

缩小案件或待证事项可能性空间的基本路径就是通过寻求已知事实和行为与案件的相关性，明确已知事实和行为与案件的相关度，并据此推断特定事实和行为与案件或待证明事项之间的确定因果联系。其具体操作方法有两种：证明和证伪。

2. 系统识别过程是对待识别对象信息与已知信息的比较、甄别、答疑和确认的过程。通过系统识别过程实现以下过程目标：比较目

① 笔名。

② 西川编：《海子诗全编》，生活·读书·新知上海三联书店1997年版，“酒杯”。

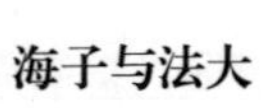

标信息，以确认待识别对象是否就是该对象；通过部分已知信息，推知未知的系统整体信息；通过模型推知原型。

（二）证明

证明是通过建立已知事实和行为与案件的相关性，明确已知事实和行为与案件的相关度，并据此推断特定事实和行为与案件或待证明事项之间具有确定性因果联系的方法、技术和过程。

1. 证明就是一个利用部分推断整体的过程。其中包括：寻求已知部分与整体的相关性和相关度；建立相关路径和描述相关情景。

2. 证明是一个所需证明事件或案件系统化的过程。

证明是一个灰色系统的白化过程，即根据已有部分白化材料，通过区分输入、输出并建立输入和输出的联系，揭示黑箱的过程。

证明是根据确定目标将相关事实结构化、功能化、层次化、机制化、系统—环境互动化的过程。

（三）证伪

证伪是排除已知事实和行为与案件或待证事项之间的相关性，并据此推断特定事实和行为与案件或待证事项之间不具有确定因果联系的方法、技术和过程。

1. 证伪是指某个“利用部分推断整体的结论”非真化的说明过程。其中包括：否定案件已知部分与案件整体的相关性或降低其相关度；拆毁案件的相关路径；抹除案件的相关情景。

2. 证伪是一个解构“碎片化”的过程。证伪在关于案件非真化的说明过程中，粉碎了案件系统化论证所据以成立的“证据”与案件之间的关系结构，将其变为一堆与案件无关的碎片。

3. 证伪是一个将似白系统或似灰系统黑化的过程：根据已知材料，通过区分输入输出，不能建立二者之间的输入—输出联系，从而导致待证系统黑色度增加，甚至导致假性白箱或假性灰箱变为黑箱的过程。

（四）广义破案——探谜

由于海子死亡之谜的特殊性质，且海子的死亡案已过了法定追诉期，因此，对海子之谜的探究就只能是一个广义破案——探谜过程。

所谓广义破案——探谜，是指参照法律或法学框架，但不依赖于司法机关的介入，针对案件事实，收集广义证据，对证据资料进行比较、分析和综合推理，以确定案件性质及其原因的一项学术证明和证伪活动。

在广义破案活动中，有兴趣的研究人员自侦自破，自问自答，自证自明。它不仅满足了社会上关心海子死亡之谜问题的人的心理需求，还具有完善证据学的学术价值。

广义破案比司法破案更有难度。由于没有专职机构的职权和侦查手段，在案件相关的证据材料的获取、证据信息的辨识等方面，广义破案存在更大的困难。但是，由于其没有诉讼时效的限制，没有实际的利害冲突，大量的民间私下的信息交流可以使广义破案获取更多的真实信息。但这种情况的前提是知情人员参与的充分性和广泛性。海子的文艺出版、传记回忆、悼念文辞、网络评论、私人访问和交谈等，为证据的获取提供了广阔的信息源。

在广义破案中，使用的是广义证据。所谓广义证据是指在论证（推理和决策）过程中，直接或者间接地缩小待证假设或待证事实的可能性空间的信息。在实际运用中，它表现为实物或言词的形式。在语言学中，它是指论证背景下，直接或者间接地支持或者否定某假设或者待证事实的信息的关系词（A 是关于 B 的证据）。由于海子之谜的非法律案件性质，关于揭谜的假设或待证事实所需的具有缩小可能性空间功能的信息都是潜在证据。

（五）建立并开通“海子案件广义破案综合集成研讨厅”

关于“综合集成法律决策与科研支持体系”的设想[①]为广义破案提供了现代科学技术支撑的新的构想。综合集成法律决策与科研

① 熊继宁：“法制/法治系统工程与系统法学”，载《中国政法大学学报》2009 年第 4 期。

支持体系的目标是：依据复杂性科学的理论，将法制系统作为开放的复杂巨系统进行研究，寻求法学理论及相关知识领域、立法司法实践与计算机网络信息技术结合的决策新途径，探索构建“人—机—网—知识—专家”综合集成的决策支持体系，从整体上提高立法、司法、公民诉讼、法学科研教学等方面的决策和执行能力。其综合范式的思路是：在人、机器、知识、专家等单个因素或变量都不完备的情况下，通过对不完备因素或变量的系统化集成，提高系统的整体功能和效力。综合集成法律决策和科研支持体系是证据科学建设科学化的路径。在综合集成系统中，系统整体能力的涌现依赖于系统组织方式所决定的组分之间的互动，以及现代高科技支撑的强大信息能力。综合集成法律决策和科研支持体系以其强大的信息采集—传输能力、政策分析能力和学术研究能力，为实现我国证据系统的科学化和民主化，增强诉讼系统的复杂适应性，提供了一个高科技、高民主和高智源的综合集成的技术和知识支持。在目前条件不完全的情况下，可利用计算机网络技术提高广义破案的信息采集—传输—处理能力，扩大破案参与主体的范围，在科学化、民主化的基础上增强证据系统的决策能力。

以计算机网络技术为基础的广义破案既可以拓展海子案件研究的可能性空间，同时又增加了其证明难度。但是，它无疑会给证据学增添新材料和新见解。笔者建议以海子死亡的证据学问题探索为契机，建立并开通“基于网络的广义破案综合集成决策与科研支持体系”和“海子案件广义破案综合集成研讨厅”，以推动未来“综合集成法律决策与科研支持体系”的实现。

三、纷繁杂乱的证据材料之筐

那条木船一直是个谜。
也许，投向他身上的无数束目光已经表明，
村里的人们把解开木船之谜的希望
寄托在这位与木船有伙伴关系

或者血缘关系的
男孩身上。[1]

（一）广义证据材料开放式清单

不论您自认为与海子多么熟悉，多么了解，多么心心相印、情投意合、肌肤相亲、水乳交融、血肉相连，也不管您对海子的死亡问题及其原因的判断何等的自信，了如指掌，成竹在胸，可是，一旦用证据学的眼光审视事件时，您就会发现作出推理、判断、结论所需的现有证据材料的不足。

下面给出一份关于海子死亡的广义证据材料的开放式清单。[2]所谓开放式清单，是指鉴于海子问题揭谜的非司法性质，所有知情人都是潜在证人，所有相关信息都是潜在证据，因此该清单对于潜在证人和潜在证据而言，都是开放的。任何知情人都可以公开或私下添加你所知道的案件证据，以增强你的认知、推理和判断，证明你提出假设或需要证明的事实。

对于广义证据的鉴别，由于没有司法审查的介入而不能经过严格的司法程序，对证据的获取、审查和取舍、排除，只有通过揭谜人或关注人自我进行。

海子死亡问题证据开放式清单

证据名称	有无状况
物证	无
书证	有：6 份遗书（言?）/1 部诗集
证人证言	有：访谈、传记、纪念文章
被害人陈述	有：5 份遗书?
被告人陈述	有：1 份被控人辩解

① 西川编：《海子诗全编》，生活·读书·新知上海三联书店 1997 年版，“木船”。
② 表中“有无状况”栏中的证据，笔者没有见到原件的，均用问号“?”表示。

续表

证据名称	有无状况
鉴定结论	有：法医鉴定？ 有：司法精神病鉴定？ 有：痕迹鉴定？ 无：书法鉴定 无：会计鉴定 无：化学毒物鉴定 无：其他毛发、步伐鉴定
勘验、检查笔录	有:?
视听资料	无
……	……

理论分类开放式清单

控诉证据	辩护证据
1. 5 份遗书 2. 文书质疑	1. 1 份遗言 2. 被控人辩解 3. 文书回忆
原始证据	传来证据
1. 6 份遗书（言?） 2. 勘验笔录? 3. 被控人辩解	1. 复印件或网络媒体 2. 访谈、传记、纪念文章 3. 文书回忆、网上资料、文艺类传记
直接证据	间接证据
1. 6 份遗书（言?）	1. 复印件或网络媒体 2. 访谈、传记、纪念文章 3. 文书回忆、网上、文艺类传记等
……	……

（二）证明力不足

从证据的真实性和证明力的角度，仅就上表所列证据采集情况来看，证明力显然是不足的：

1. 书证矛盾和书证延迟：一是5份正式遗书和1份非正规遗书，二者前后矛盾，且未作笔迹鉴定。二是海子诗作的绝大部分在其生前并没有出版。海子的诗作是在其死亡结论作出8年（1997年）后，经其诗友整理才出版的。

2. 案件被控直接相关人的陈述无法验证。对于海子是否会气功，气功能否杀人，被控者是否达到了杀人的水平，是否具有杀人动机，是否实施了杀人，都是目前科技水平无法验证的。

3. 传闻证据须打折扣。网上或书刊作品中的传闻和相关人士的证言，出于为死者隐、为活者隐、为单位隐的伦理或政治考虑，传闻和证言的可靠性须打折扣。

4. “精神分裂”鉴定的非规范性操作。对海子“精神分裂”的鉴定是通过非正规的关系渠道获得的，该鉴定所依据的材料主要是死者遗书、被控人自述、单位相关人员的证言。“精神分裂”鉴定的结论是值得推敲的。

5. 重要知情人士隐而不出。海子死亡事件的重要知情人士大都由于为生者隐（海子的女友及其他相关人）、为死者隐、为自己隐等方面的原因，在海子逝世当时都成为“隐士”。目前，少部分知情人士因对海子的悼念活动而成为“显士”，但绝大多数真正知情人仍是隐于闹市之中。

6. 知情人对其他原因讳莫如深。案件侦破的最大禁忌是防止因搜索空间不全造成的控制盲区。知情人对海子案件涉及的一些其他原因，如安全或规制方面的原因，则更是讳莫如深。

7. 被遗漏的书证——海子诗歌。目前，关于海子死亡最具有证明力的资料之一可能是西川编的《海子诗全编》。可惜，在海子死亡当时所作出的死亡结论时的主要盲区：除了直接关系人和重要知情者隐而不现外，海子的“诗歌”也是隐而不见（案件直接处理人员视而不见，诗稿后来持有者秘而未公）的。对海子作出“精神分裂”结论的相关医生和生前所在单位参与海子事件处理的有关人员，在当时，甚至至今都没有阅读过这些诗作。这种情况无疑会影响到对海子死亡原因推理判断的方向及其正确性。

（三）灰箱和灰姑娘

一部诗歌，一个故事，
一部不可证明的“伪史”，
它比“真事”更为“真实”。

——玄武子

1. 求助于间接“映射量”——灰色变量。关于海子的死亡，我们没有任何直接的证据，只能求助于间接的“映射量”——灰色变量。没有任何强证明力的证据，只能寻求我们的假设推理判断能力。所有支持定性的变量都是模糊变量。

好在诗人的诗歌不论写什么，都是在写他（她）自己。他们不像政治家、道德学家或法学家，他们所写，大都是为了给别人看的，甚至投其所好，投怀送抱，其中的映射，多是歪曲的折射。诗人的作品（真正的诗人，不是单纯追求发表的诗人）所映射的往往都是眼、耳、鼻、舌、身、意六根及其色、声、香、味、触、法六识的直接反射，是诗人对自己的心、志、情、行的直接体悟的语言记录。因此，如果判断一个人为真正的诗人，那么，他的诗歌就是他的心、志、情、行的体现，可作为信度较高的证据。其实，科学家的著作也有类似于诗文的证据性质。

支持上述猜想和工作路径的证据是海子自己在诗歌和诗论中的自白。

2. 诗中的事迹大多属于诗人自己。海子曾经写道：“必须说明，诗中的事迹大多属于诗人自己，而不是湿婆的。只是他毁灭的天性赐予诗人以灵感和激情。”①

海子诗歌的特征：与那些缠绵怀春的阴性诗歌比较，海子诗歌属于雄健冲动的阳性诗歌；与那些慷慨悲歌的事业诗歌比较，海子诗歌属于望影自恋的忧伤诗歌；与那些抒情诗歌比较，海子诗歌属于“行动”的诗歌；与那些情感诗歌比较，海子诗歌属于身体诗歌；与那些“言志”诗歌比较，海子诗歌属于“言心”诗歌；与那些郑重的诗歌比较，海子诗歌属于“游戏”诗歌；与那些理性诗歌比较，海子诗歌属于非理性诗歌；与那些哲理诗歌比较，海子诗歌属于心理诗歌；与那些“碎片”、“组分”诗歌比较，海子诗歌属于“系统”、“整体”诗歌；与那些“人文”诗歌比较，海子诗歌属于“科学”诗歌；与那些“美丽”诗歌比较，海子诗歌是“美学”诗歌；与那些“关注生命”的诗歌比较，海子诗歌是“倾心死亡”的诗歌；与那些向往“光明”的诗歌比较，海子诗歌是醉心于“黑暗”的诗歌。海子诗歌中的事迹大多是海子的事迹。其中无疑存在与海子案件相关的证据。

海子亲口告诉我们阅读的方法。“世界和我，在这本书里，是一个人”；“我的一切叙述上的错误和混乱都来自世界和自我的合一”。②

3. 像一枚金币，一面是人，另一面是诗人。海子认为，诗人就“像一枚金币，一面是人，另一面是诗人”，并且“你主要是人，完成你人生的动作，这动作一面映在清澈的歌唱的泉水中——诗”。

海子揭示了诗和行为的关系，“诗是被动的，是消极的，是在行为的深层下悄悄流动的”，例如“你首先是恋人，其次是诗人；你首先是裁缝，是叛徒，是同情别人的人，是目击者，是击剑的人，其次才是诗人”。因此，无论在海子死亡的当时，还是在以后，《海子诗全编》都是相关性和可信性程度较好的证据，可以将其视为《海

① 西川编：《海子诗全编》，生活·读书·新知上海三联书店1997年版，“地”。

② 西川编：《海子诗全编》，生活·读书·新知上海三联书店1997年版，“《大草原》三部曲之一5”。

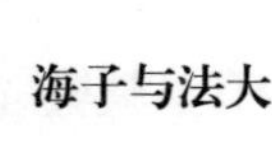

子诗歌日记》。

所以，海子诗歌就成为破译海子案件的映射物。通过研究海子诗歌可以实现双重映射：

海子诗歌映射{作为诗人的海子
作为人的海子

海子诗歌映射{海子的心理世界
海子的行为空间

（四）那个主人公和唱歌人、听歌人其实是一个人

海子直言不讳地承认，诗歌中的那个主人公和唱歌人、听歌人其实是一个人。这个人不是别人，就“是我是诗人”，即海子本人。

从诗的歌曲中听出了
那个主人公
和唱歌人
和听歌人①
我们三位其实是一个人是我是
诗人②

海子有点儿不耐烦了：“我就是他就是我自己，我说得够清楚的了。”

根据上述支持性证据，问题似乎一下子简化了：海子诗歌可以成为我们破案或解谜、揭秘的一个关键证据。可是，海子的诗歌却呈现为一个证据灰箱。当我们打开《海子诗全编》，溢出的灰色姑娘却是一个万般面孔、千种形象的神秘女郎。

打开灰箱
逸出灰色姑娘

---

① 西川编：《海子诗全编》，生活·读书·新知上海三联书店1997年版，“原始史诗片断，07洞穴与屋子”。

② 西川编：《海子诗全编》，生活·读书·新知上海三联书店1997年版，“歌”。

闭月羞花
沉鱼落雁
模糊量纲

捧海子圣杯
测情郎完型能力
托水晶圆球
察赤子透视眼光
嫣然笑
香唇吐谜域
双眉颦
答案堕雾光

灰色姑娘
雾飞云翔

——玄武子

（五）海子四谜

海子欲擒故纵地卖关子："我告诉你。我知道自己是谁。我的命是什么。我的女人是谁。我的事物是什么，但是在我的诗歌中不能告诉你这些。在我的诗歌中，我的名字叫青草。""青草借我肉体说话"；①"就是我。假借人形和诗歌/向你们说话。假借力量和王的口吻"②。

海子顽皮地挑战世人，挑战法学，挑战科学，挑战证据学：

在我的诗歌中，你知道我叫青草，但不知道我是谁。

你知道我的诞辰、我的一生、我的死亡，但不知道我的命。

① 西川编：《海子诗全编》，生活·读书·新知上海三联书店1997年版，"太阳·弑，第二幕第十七场"。

② 西川编：《海子诗全编》，生活·读书·新知上海三联书店1997年版，"猿"。

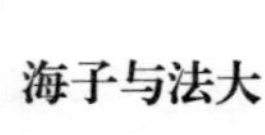

你知道我的爱情，但不知道我的女人。

你知道我歌颂的自我和景色，但不知道我的天空和太阳以及太阳中的事物。

海子满脸严肃地吊胃口，“在我的诗歌中我不能告诉你我的事物”，但“诗是杀害我们的内容”。他认真地，似乎耷拉着眼皮，但并不提高语气，却斩钉截铁：“这不是蔑视你们!”①

四、证据系统完型谜区

让我的弓满了，在你的光环中断裂

让我的红色羽毛红色血泊绑在你身上②

(一) 圣杯与分裂人

海子案件证据搜索的一个突出特点是其具有系统证据学基本定理所表述的特性。请凝视“圣杯”（下图）的各种线条和颜色，同时阅读下面系统证据学的基本定理：

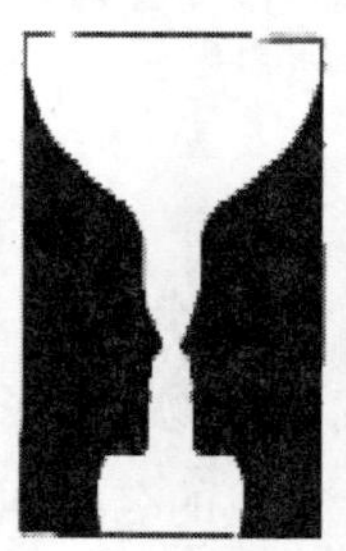

海子圣杯

不难预见，所有读者的系统完型能力，都使其从物理视角上，轻易地发现了一支线条优美的高脚杯。

在赞叹自己良好的图像完型能力的同时，也许有人可以诗意地

① 西川编：《海子诗全编》，生活·读书·新知上海三联书店1997年版，“太阳·弑，第二幕第十七场”。

② 西川编：《海子诗全编》，生活·读书·新知上海三联书店1997年版，“婚礼之歌：月亮歌”。

将这只优美的高脚杯联想为一只奖给海子的“诗歌王子”圣杯。

通过计算机鼠标在一定限度内将圣杯图形任意缩放，或加以适度变形，或切割圣杯线条使其成为不同长短的线段甚至成为小点，或通过调色板任意改变圣杯的颜色，“圣杯”的整体完形却依然保持稳定。

1. 证据完型趋向律：关于证据材料的知觉印象随环境而呈现可能最完善的系统形式。它包括六条系统证据学分定律：

（1）证据图形与背景律：在一个具有不同配置的证据材料场内，有些材料突显为易被感知的证据材料图形，而其他材料则退居于次要地位而成为背景。证据图形与材料背景的区别愈大，图形则愈突出而成为知觉的证据对象。

（2）证据邻近律：在空间上或时间上相邻近的各自独立证据材料，倾向于被系统集成化感知。

（3）证据类似律：类似的各独立证据材料，有被系统集成的倾向。

（4）证据连续律：被阻断的证据材料线索，具有连续性系统集成的倾向。

（5）证据趋合律：不完满的证据系统图形，有一种使该证据系统完满的趋向。

（6）证据变换律：由于证据的系统完型与外部刺激形式同型，该证据系统完型可以经历广泛的改变而不失去本身的特征。在相对时空关系保持不变的情况下，证据元素层次的显著改变不会引起证据系统整体完型的破坏。

2. 证据系统转换律：人们对具体证据材料的认识，不仅与其证据系统完型的能力有关，而且从一个证据系统向另一个证据系统的转换也是整体实现的。

继续凝视刚才的线条和颜色，根据提示做一次图像系统完型转换。也许您会在背景中发现左右两个黑色对称的人头形状。

您又可以不乏诗意地将其联想为“分裂的海子”。因为这两只被诗意地完型为“海子”人头像的黑色对称不规则图形，被那只在先

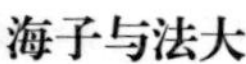

完型的、根据证据变换律“经历广泛的改变而不失去本身的特征”的透明高脚杯分离开来，所以称为“分裂的海子”。

您可以惬意地在“圣杯”和“分裂人”之间来回转换，复习关于证据系统的知觉转换定理。

“圣杯和分裂人”是以海子诗歌为证据的关于海子的一个更高层次的系统耦合完型。它支持或反驳着关于海子案件的“自杀定性”和关于海子“自杀原因”的种种说法。“圣杯诗人”与“分裂人”，这也是关于海子从生到死的一个系统化完型。

由于海子获得了 2001 年人民文学诗歌奖，海子圣杯已无需证明。

如果“凝视”海子诗歌，“分裂海子”的诗意图像完型也会清晰地显示出来，并持续涌现。关于以海子圣杯为背景的系统分裂完型，在其诗歌中表现为：肉体分裂、身心分裂、内脏一劈为二、头骨两边长出两枝花、赤道将头一劈两半、石头外表和内部的猎人、一只子宫里出来两不同种、翅膀分裂—圣书分裂、光明之舞和黑暗、希望恐惧并存、高原分裂、大海雪山分离等描述。

关于肉体的分裂，在海子诗歌中有着各种形象的描述：

肉体是对半分裂的瓶子：

肉体，水面的宝石
是对半分裂的瓶子
瓶里的水不能分裂①

她们锐利而丰满的肉体被切断：

饥饿是上帝脱落的羊毛
她们锐利而丰满的肉体被切断暗暗渗出血来
上帝脱落的羊毛因目睹相互的时间而疲倦②

---

① 西川编：《海子诗全编》，生活·读书·新知上海三联书店 1997 年版，“自杀者之歌”。

② 西川编：《海子诗全编》，生活·读书·新知上海三联书店 1997 年版，“饥饿仪式在本世纪”。

（二）生死海子——海子诗歌中的生死意象

关于海子死亡的“自杀”定性和自杀原因的“自杀情结”的假说，将其系统完型集中在海子诗歌中的“死亡”意向。这种假说认为：海子的写作与生活之间没有距离。他受到自身及其作品的“死亡意象”、“死亡幻象”、“死亡话题”、“天才短命”以及“道家暴力”的暗示等，而不能解开自杀情结。

我们能够从海子诗歌中找到关于“死亡意象”、“死亡幻象”、“死亡话题”暗示的证据吗？没有问题。但是，我们能以此作为证据，称海子为具有死亡情结的“死亡”诗人吗？这可能不行。因为海子诗歌中的“生”与“死”的意向正如隐藏在“圣杯”背景中的“双面人”一样，也是双面的。它的诗歌中关于“生”和“生命”的词汇量作为假说的负面证据，也是巨大的。

海子诗歌中死亡意象词汇频谱

死亡词汇次数	其　中		
血 610			
死 489	死亡 174	死人 8	死婴 3
亡 201			
杀 118	杀戮 1	自杀 6（自杀者 3；自杀过程 1；自杀身亡 1；我差一点儿自杀了 1）	
尸 97	尸体 63		
棺材 24			

如果仅用生死词汇量比较作为肯定或否定证据的话，在海子诗歌总体中的直接生命词汇大于直接死亡词汇：直接与“生”有关的词汇 901 次，远远大于“死”489 次 +“亡”27 次（共 516 次）。对于因“自杀”定性和自杀原因的“自杀情结”的否定证据大于其支持证据。

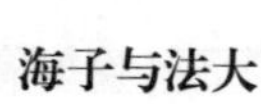

海子诗歌中生命意象词汇使用频率

海子生命词汇次数	其　中		
生　901	生命　139	诞生　74	生活　104
爱　307	爱情　84	恋情　1	
情　301	爱情　84	偷情奸情　无	激情　2

以海子诗歌中的“黑”、“红”词汇使用频率，证明海子的潜在“死亡”情结和“暴力”意识，也是证明力不足的。正如海子的咏唱：

黑色并不幽暗
白色并不贞洁
红色并不燃烧①

根据统计，占据海子诗歌颜色词汇排序中的第一位“黑”色的使用频率是515次，远远高于其他颜色的词汇排序。值得注意的是，海子诗歌中的“红”色（344次）加上“赤”（71次）合计为415次，高居海子诗歌颜色词汇的第二位。

你也许会将“黑”色定义为死亡象征色，而把“红”色定义为暴力象征色，并以此作为海子是“死亡”、“暴力”诗人的证明。可是否定证据显示：广义上代表生命的颜色“绿”（81次）和“青”（268次）的词汇合计为349次。

人们还往往忽视“红”色也是生命的伴生色。中国人在认为红色象征暴力和血腥的同时，也认为红色代表喜庆。按照中国传统，人们从娶媳妇、生孩子、过生日到家国庆典都离不开红色。显然，“黑”不排“绿”，“红”不除“红”。

另外一个让人关注之处是，海子诗歌中没有“橙”和“橙色”。橙色是欢快活泼的光辉色彩，是暖色系中最温暖的色，它使

---

① 西川编：《海子诗全编》，生活·读书·新知上海三联书店1997年版，“鱼生人”。

人联想到金色的秋天，丰硕的果实，是一种富足、快乐而幸福的颜色。“橙色运动”是一个以艺术创作为包装的政治运动潮流。橙色运动的发起人之一是丹麦艺术及政治家高志活。橙色运动表现了向权威说“不”的一种反叛态度。深知“色彩的暗示力量”的梵高同样认为橙色为“活泼的橙色”。[①]能否说海子具有身心方面的“橙色盲”呢？不，海子诗歌中没有橙色，这也许是一个清楚明确的暗示。辩证唯物主义认为：存在决定意识；人们的社会存在决定人们的社会意识。也许，海子在现实生活中确实没有看到“橙色”，他的诗歌中也就自然没有“橙色”。可是，海子死亡时，身边却“真的”有一个“橙色”的橘子，由此引出了“橘子之谜”（见后文）。

（三）倾听死亡和倾听生命

问题在于，我们能否根据一个诗人在诗歌中大量使用了死亡及具有暴力象征的词汇，加上关于死亡描述的篇幅，就以此为证，断定该诗人由于“死亡情结”而必然自杀呢？也许它们之间不具有直接相关的关系。

转向凝视海子诗歌和文论中涉及死亡主题的篇幅，你也许会转忧为喜，海子诗歌和文论中涉及死亡主题的篇幅约占全部文稿的3/5（约300~540页）。有些诗篇以死亡为主题并直接使用了死亡的名称，例如：《死亡之诗（之一）》、《死亡之诗（之二：采摘葵花）》、《自杀者之歌》、《海水没顶》、《土地·忧郁·死亡》、《太阳·断头篇》（其中包括《天空的断头台》、《断头战士》）等；[②]还有大量的诗篇，都有关于死亡的内容。

2001年3月26日中国政法大学通讯社文学部主办的《法大人》，为纪念海子逝世，选用的主题就是海子诗歌的题目“活在珍贵

---

① ［德］瓦尔特·赫斯编著：《欧洲现代画派画论选》，宗百华译，人民美术出版社1985年版，第35页。

② 西川编：《海子诗全编》，生活·读书·新知上海三联书店1997年版，第133、134、136、155、301、481、492、537页。

的人间”，并把这首诗刊载在刊首。显然这首诗的意向是海子极端珍惜生命和热爱尘世生活的证据。

尽管“死亡情结”论者会用海子日记中的一句“我差一点自杀了”作为支持证据，但是，该篇日记和其他诗歌证据同样表明：海子“无限热爱着新的一日”，虽然有点抑郁，他仍然顽强地坚持生命的价值。海子抗拒着死亡，他劝说：“活下去；与其死去！不如活着！”他拒绝永恒，明理地说：“以死来鄙薄自己，出卖自己，否定自己的信仰……但世界上最大的刑罚，最大的罪过，跟这个罪过相比，所有的痛苦，所有的欺骗，还不等于小孩子的悲伤?”海子明确宣示：“我将永远珍惜生命——保护她，强化她，使她放出美丽光华。”

如果更换一种系统完型方式，你就会发现海子是在平行地倾听死亡和生命的证据，他写道：

羊群中
生命和死亡宁静的声音
我在倾听！①

诗人的感觉和诗歌都是宇宙全息的。宇宙万物有生就有死，死生转换，生生不息。世界不是单色（黑）或双色（黑、红），而是多色光谱，是“七色”的。海子诗歌的“七色光谱”歌颂生命，赞美死亡，色彩绚丽，千姿百态。因此，不能简单地说，海子诗歌凸显了死亡及死亡和暴力象征色。不能说这是诗人必然自杀的证据。因为海子认为：

左边的侍女是生命
右边的侍女是死亡②

---

① 西川编：《海子诗全编》，生活·读书·新知上海三联书店1997年版，“月光”。

② 西川编：《海子诗全编》，生活·读书·新知上海三联书店1997年版，“第一编短诗”。

海子自称为“青春的诗人、爱与死的诗人”；他歌颂肉体的美丽，从火热的嘴唇，写到活着的月亮、美酒似的乳房、果园里的双手、帐篷诞生又死亡。

显然，有关海子的死亡意象的证据不能排除他杀；死亡意象不能确定自杀；死亡意象不能确定自杀原因；死亡意象不能确定死亡的方式。

（四）“生机和活力”与诗歌绝命书

1989 年 1 月 13 日，海子写下了被世人认为充满了“积极、昂扬的情感”、“新鲜可爱，充满生机和活力”的“明丽的画，空灵的心”①的诗歌——《面朝大海，春暖花开》②：

从明天起，做一个幸福的人
喂马，劈柴，周游世界
从明天起，关心粮食和蔬菜
我有一所房子，面朝大海，春暖花开

从明天起，和每一个亲人通信
告诉他们我的幸福
那幸福的闪电告诉我的
我将告诉每一个人

给每一条河每一座山取一个温暖的名字

① 《面朝大海，春暖花开》（教参）诵读提示：这首诗以朴素明朗而又隽永清新的语言，唱出了一个诗人的真诚善良。诗人想象的尘世，一切都那么新鲜可爱，充满生机和活力。要注意读出诗中积极、昂扬的情感。徐林正：“海子：诗与死”：明丽的画，空灵的心——读海子诗《面朝大海，春暖花开》中：这首诗共三章。第一章虚构了一幅自由独立、远离尘世喧嚣的生活图景，一股清新潮润的气息扑面而来。第二、三章表达了诗人对亲情友情的珍惜，一股温暖甜美的气息扑面而来。载浙江在线，http：//www.zjonline.com.cn.

② 西川编：《海子诗全编》，生活·读书·新知上海三联书店 1997 年版，“面朝大海，春暖花开”。

陌生人，我也为你祝福
愿你有一个灿烂的前程
愿你有情人终成眷属
愿你在尘世获得幸福
我只愿面朝大海，春暖花开

《面朝大海，春暖花开》既是海子的生死观，也是海子遗书之外的死亡绝命书的绝好证据。

许多人都以为《面朝大海，春暖花开》是一个世俗享乐主义的喜庆作品。这首诗被选入高中课本的第一课，激发了并不十分富裕且又身处平淡无奇环境中的陌生中学教师的浪漫主义情怀，打开了未涉世青年的心扉。各行各业的青少年，甚至中年朋友也满世界地叨叨："从明天起，做一个幸福的人。喂马，劈柴，周游世界。从明天起，关心粮食和蔬菜。我有一所房子，面朝大海，春暖花开。"那么，是否可以以此为证，将海子定义为一个乐观浪漫的"享乐主义"诗人呢？

可是，更换一种完型方式凝视这首诗，你会发现《面朝大海，春暖花开》竟然是海子的诗歌绝命书。海子在诗中明确地告诉人们他的幸福不是在"尘世"，不是在今天，而是在明天。那一座"面朝大海，春暖花开"的"房子"，是他所想象的肉体在明天的最后归属——坟墓；而他的精神则"周游世界"去了。

这个在尘世间并不从事"喂马，劈柴"这样的世俗事务，不"关心粮食和蔬菜"，也没有多少幸福的人，终于"从明天起"，可以"做一个幸福的人"——"我只愿面朝大海，春暖花开"；并且毫不自私地"从明天起，和每一个亲人通信"，毫无保留地"告诉每一个人"关于他所得到的那仅有的、唯一的"幸福的闪电"——死亡之光。

可以作为佐证的，是中国传统文化中对于死亡的乐观态度。中国乡土社会在办理一个正常死亡人的丧事时，会像办理娶媳妇喜事一样，通称其为"红白喜事"。当那"幸福的闪电"撕裂海子"空空如也”的皮囊时，他大“喜”了。他预知了那“幸福”，也预告了那“幸福”。

最后，海子将逝，其诗尤善。他要“给每一条河每一座山取一个温暖的名字”；他要为陌生人祝福，愿他们“有一个灿烂的前程”，愿他们“有情人终成眷属”，愿他们“在尘世获得幸福”。那不仅仅是因为海子的善良，更因为他在“尘世”前程灰暗，有“情人”不成“眷属”，也不曾“在尘世获得幸福”。大慈大悲，大悲大慈。

海子安息吧！那些与海子异路的“陌生人”，他们在尘世中获得的“幸福”是如此的奢侈，以至于他们不想再有任何其他奢望去体验那“幸福的闪电”。他们不愿享受那“大喜”的幸福。他们千方百计地要逃避的，就是那“大喜”的日子。阴阳两界，评价各异：

活着长寿是福，
死亡永恒是福。

死者的福，
活人的罪。
死者解脱，
活人流泪。

活着不幸，
渴望“幸福闪电”。
“幸福闪电”如愿，
生不如死。

好死不如赖活，
赖活不如好死。

各说各话，
各有各福。

——玄武子

五、海子死亡原因的可能性空间

海子死亡被认为是一个客观确定性事件。海子的死亡，经其生前工作单位保卫部门和教研室专人到事发现场——山海关龙家营火车站附近确认，可能性空间近乎等于事实。可是，由于海子案件特有的神秘色彩，其死亡原因的可能性空间却近乎无限大。证明空间及其证据更加显得不确定。

侥幸证据学家
幸运研究学人
证据万花筒里
见你欲看
得你所期
推你假设
证你已明
心物同构
心物同型
心物一体
体悟自知
心知肚明

——玄武子

系统证据学原理提示我们，人们的认知能力是受其完型能力影响的。人们想看见什么，事实可能就提供什么。人们想得出什么结论，证据可能就支持什么样的结论。

海子死亡问题的可能性空间

海子死亡问题的可能性空间							
自杀	——殉道 ——殉情 ——性格 ——身体疾病 ——精神分裂 ——行为艺术 ——荣誉问题 ——文坛登龙术 ——生活与艺术冲突 ——其他社会因素 ——练功走火入魔 ……	他杀	——魔杀 ——敌杀 ——情杀 ——财杀 ——规杀 ……	天杀	——神杀 ——命杀 ……	其他	…… ……

1. 关于海子案件的性质——自杀？他杀？（略）。
2. 关于海子的自杀情节——方式、时间、地点（略）。
3. 自杀原因分歧及其证据（略）。
4. 死后情景预知（略）。
5. 复活设计（略）。
6. “加速生命与死亡”的游戏工程（略）。

六、死亡安排

是谁这么告诉过你
答应我
忍住你的痛苦
不发一言
穿过整座城市
远远地走来
去看看他去看看海子

他可能更加痛苦
他在写一首孤独而绝望的诗歌
死亡的诗歌①

海子的“天才”不仅仅表现在他的诗歌，更表现为他为自己的死亡作了如此周密精细、深刻广泛的安排。不仅如此，海子的“天才”更表现在他小小年纪，竟然对死亡具有如此深刻的认识和理解。他绝不是一个“糊涂鬼”。不仅如此，以“死”为背景，他对“生”也理解深刻，认识明白。真可谓参透生死，生不糊涂，死亦明白。

还不仅如此，他甚至视死亡为游戏，且将游戏玩得如此慷慨惨烈，如此神秘莫测，如此诡诈万端，如此视死如归，如此不可理喻，以至于如果你不能从他的诗歌中读出他的死亡安排，就不知道什么叫作“鬼斧神工”。

海子以前的优秀诗人都是长于咏唱“生”的歌手，这一点海子做到了。海子还是一个善于咏叹“死”的鬼才，这一点大多数诗人都没有做到。海子诗歌中的“生”里伏藏着“死”，而“死”中都孕育着“生”。

他通过语言建模，采用诗歌虚拟现实的方法，设计了多种备选的“死亡”方案，进行了优化决策，最后言行一致，知行统一。这是一个“生死”系统工程的典型案例。他的“生死决策”经受了20年的社会考评，达到了最优设计、最优实施、最优绩效的系统工程指标。海子“歌唱然后死亡”，②做到了“理、情、行、诗”的完美统一：生中伏死，死中育生，生死相耦，往复循环。

尽管目前关于海子自杀原因的主要假说是“走火入魔”或“精神分裂”，据说还有医方的“精神分裂”鉴定结论，但是，凝视海

---

① 西川编：《海子诗全编》，生活·读书·新知上海三联书店1997年版，“太阳和野花”。

② “岩石不准求食和繁殖，只准死亡的焚烧岩石！回答我！岩石吼叫岩石歌唱，歌唱然后死亡”，载西川编：《海子诗全编》，生活·读书·新知上海三联书店1997年版，“巨石”。

子的诗歌和行为，一个处心积虑的“死亡安排”的证据背景就会显现，它包括死亡评价、死亡方式、死亡时空选择、葬地安排、后事托付、复活设计、制造假象、挑战世人等方面的证据完型。

海子将游戏玩成了真的，将真的也当成了游戏。他在游戏中写诗，在诗歌中设计游戏；在生活中玩游戏，在游戏中玩生活：

> 我有三次受难：流浪、爱情、生存。我有三种幸福：诗歌、王位、太阳。①

海子关于死亡的安排并不是那么恐怖、沉重和乏味。他是在游戏中设计并实施了他的死亡安排。诗性语言给了死亡恐怖以审美所必需的“距离”。

海子诗歌的“美”和艺术魅力，在一定程度上来自于他的“生命和死亡游戏”和写诗时不时流露出的游戏般的轻松、顽皮、机智、出言不惭和玩世不恭。

“尽管归结为美并不给予游戏更多的说明，游戏却依然不免点染明显的美的成分。欢乐和优雅在一开始就与游戏的更原始形式相关。在游戏中人体的美在运动中达到极致，在更高的发展形式中则浸润着韵律与和谐，这是就人的审美知觉而言更可贵的礼物。大量相关的证据都表明美与游戏的联系。”②

中国人大都知道诗歌的抒情功能、言志功能、文学功能，但是，似乎不解诗歌的游戏功能。而诗歌游戏却是海子的拿手好戏。他真的玩得炉火纯青，死去活来。不愧为“中国百年诗歌第一人”。其鼻祖是屈原和梵高。

人们不甘心于海子案件的“游戏”结论是不难理解的：因为我们的搜索不能穷尽可能性空间，证明只是在有限的范围；尤其是既

---

① 西川编：《海子诗全编》，生活·读书·新知上海三联书店1997年版，“夜色”。

② J. HUIZINGA. HOMO LUDENS，*Preve Enter Bepaling Van Het Spelelement Der Cutuur*，First Published in German in Switzerland，1944；［荷兰］约翰·赫伊津哈：《游戏的人 HOMO LUDENS》，中国美术学院出版社1996年版，第8页。

不能有效排除“游戏的可能性”，又不能有说服力地证明其他任何一种可能性。

最为有趣且使游戏中“复活的海子”乐得捧腹掉泪、拍手跺脚的是：海子给出了剧本，2001 年《人民文学》诗歌评奖委员会就扮演了颁奖者的角色。谁能有如此的定力，能不给用“生命和死亡”写成的鸿篇巨制诗歌发奖呢？于是，颁奖实证了海子预言之一：“尸体头戴王冠。”如果说意义，那么，是他们共同完成了这个游戏。海子设计了游戏，并将整个社会都拖进了游戏的行列：他获得了 2001 年《人民文学》诗歌奖，被评为“改革开放 30 年年度人物”。新闻界的热潮、海子迷的疯狂、高中生捧着的课本、亲朋好友的痛惜和泪水、情人或负心人的无限追悔、30 年来连年的忌日悼念狂潮、追随他的后续诗人死亡人群、山海关铁路警察、中国政法大学领导及有关单位哲学系、保卫科以及精神病医院的忙碌人、传记作者等，都根据海子的诗歌脚本涌进了角色。也正因为是游戏，所以人们也无法对海子的行为进行价值判断，除了加入游戏行列，别无选择。因为：

“游戏超越了智慧与愚蠢的对立，同样超出了真与假、善与恶。尽管它是一非物质的活动，但它没有道德功能，优缺点的评估再次也不适用。”①

可是，由于科技对“特异功能”的否定性评价和不确定性态度，海子的胜利总是不稳固的。

七、证据理论的难题与困境

法官家族也终于进入了
沉默，进入了欢乐的曙光

---

① J. HUIZINGA. HOMO LUDENS, *Preve Enter Bepaling Van Het Spelelement Der Cutuur*, First Published in German in Switzerland, 1944；［荷兰］约翰·赫伊津哈：《游戏的人 HOMO LUDENS》，中国美术学院出版社 1996 年版，第 8 页。

还有黑暗之神也放着光芒[①]

我国刑事诉讼证据经典确定性理论认为："案件客观事实是可以认定的。""从根本上看，任何案件的事实，通过正确地收集、分析证据，是可以查清的。"[②]由于其判断的全称性，从形式逻辑上陷入了"歌德尔定理悖论"的困境。[③]从辩证逻辑上陷入了认识有限性与宇宙—时空无限性的困境。由于人类的系统生灭性以及个体认识和类总体认识的双重有限性，以及法律的时效性和社会政策性等方面的限制，结论恰巧似应相反：从根本上看，有些案件的事实，通过收集、分析证据，也是不可能查清的。

海子死亡案件也许为这种证据破案的不确定性认知提供了一个支持性证据。

（一）证据系统的完整性和证据证明力问题

海子诗歌中的"死亡安排"证据线索，似乎可以帮助我们排除种种"他杀"的假说。不仅如此，通过对各种证据材料进行系统化处理，似乎还可以排除海子因受突然事件的刺激而精神错乱，最终自杀的推断。结论充分证明海子死亡是一种基于某种原因而精心策划的"自杀安排"。

可是，这一结论立即会遭到证据学家科恩关于培根式概率（Baconian probability）的两个基本问题的诘问：[④]

1. 就在回答我们提出的相关性问题时产生的某些假设而言，我们有多少非抵消性的支持证据？

2. 有多少相关性问题，我们知道但是仍然没有证据对此作出

---

① 西川编：《海子诗全编》，生活·读书·新知上海三联书店1997年版，"原始史诗片断02"。

② 法学教材编辑部《刑事诉讼法教程》编写组：《刑事诉讼法教程》，群众出版社1982年版，第154页。

③ 如果一个形式系统是完全的，那么，它是矛盾的；如果一个形式系统是无矛盾的，那么，它是不完全的。

④ ［美］David A. Schum著，王进喜译："关于证据科学的思考"，载《证据科学》2009年第1期。

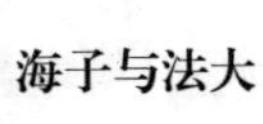

回答？

科恩可能批评性地警示：“仅仅立足于你的现有证据提供的回答，你错在了比你认为的更长更细的推论枝杈上了。在你的分析中，你现在认识到还有多少相关性问题没有得到回答？”在科恩看来，证据的完整性是与证据的证明力联系在一起的主要因素。

可是，海子的死亡案件中缺少的恰恰就是“证据的完整性”，因此，就“破案”或“解谜”来说，无法将“已知事实和行为与案件或待证明事项之间关系”有效地“系统化”。不管我们在某些假说论证方面具有多么充足的证据，由于它们无法回答关于相关性的一系列其他问题，因此，那些证据仍然是缺乏证明力的。海子案件谜区问题似乎可以这样表述：无法有效“证伪”，也无法充分“证明”。

（二）无法回答的相关性问题：关于书证——“海子遗书”

关于海子死亡原因的首当其冲且至为关键的问题就是如何对待5份书证——“海子遗书”①。

因为通过这5份遗书，海子明确控诉他的死亡将属于非正常死亡——他杀而非自杀；且明确指控了谁是凶手，并要求追究凶手的刑事责任。每份遗书涉及的诉讼及证据问题如下：

书证1（写给不确定人）：涉及他杀、故意犯罪、持续作案、旁证、追究刑事责任，且十分清醒。

不是遗书的遗书

今晚，我十分清醒地意识到：是袁藏和白鸽这两个道教巫徒使我耳朵里充满了幻听，大部分声音都是他俩的声音，他们大概在上个星期四那天就使我突然昏迷，弄开我的心眼，我的所谓“心眼通”和“天耳通”就是他们造成的。还是有关朋友

---

① 北大诗人海子遗书，载 http：//www. teachercn. com/zxyw/teacher/gzdyc/12865112 1328381. Html. 以下遗书引文中的人名和地名等，编者进行了“化名”和××处理。——编者注

告诉我，我也是这样感到的，他们想使我精神分裂或自杀。今天晚上，他们对我幻听的折磨达到顶点。我的任何突然死亡或精神分裂或自杀，都是他们一手造成的。一定要追究这两个人的刑事责任。

海子　89. 3. 24

书证2（写给不确定人）：涉及言语威胁、与海子有关的其他人员精神分裂或死亡、现在神智十分清醒。

另外，我还提醒人们注意，今天晚上他们对我的幻听折磨以及他们对我的言语威胁表明，和我有关的其他人员的精神分裂或任何死亡都肯定与他们有关。我幻听到的心声中的大部分阴暗内容都是他们灌输的。

现在我的神智十分清醒。

海子　89. 3. 24 夜 5 点

书证3（写给亲人）：涉及可能被害结果、加害人及其单位、报仇、报仇方式。

爸爸、妈妈、弟弟：

如若我精神分裂或自杀或突然死亡，一定要找××学院袁藏报仇，但首先必须学好气功。

海子　89. 3. 25

书证4（写给朋友）：涉及被害而死、凶手指控、受到逼迫、后事安排。

一禾兄：①

我是被害而死，凶手是邪恶奸险的道教败类袁藏，他把我逼到了精神边缘的边缘。我只有一死，诗稿在昌平的一木箱子中，如可能请帮助整理一些，《十月》第 2 期的稿费可还一平

① 骆一禾：诗人、《十月》杂志编辑。

兄，欠他的钱永远不能还清了，遗憾。

海子　89.3.25

书证5（写给校领导）：涉及自己短期所谓“不正常行为”的原因、故意犯罪、加害人及其责任追究、加害人所在单位和当时位置、造成其他有关人员的一切精神伤害或死亡的凶手指控。

校领导：

从上个星期四以来，我的所有行为都是因暴徒袁藏残暴地揭开我的心眼或耳神通引起的。然后，他和白鸽又对我进行了一个多星期的听、幻觉折磨，直到现在仍然愈演愈烈地进行。他们的预期目的，就是造成我的精神分裂、突然死亡或自杀，这一切后果，都必须由袁藏或白鸽负责。袁藏：××学院；白鸽：现在WH。其他有关人员的一切精神伤害或死亡都必须也由袁藏和白鸽负责。

海子　89.3.25

最终，海子死亡变成了事实，而结论却与海子所控相反：“自杀”和“精神分裂”。

根据以上5份书证，如海子遗书所控，海子当时正在被“暴徒”、“道教巫徒”或“道教败类”用“气功”或“特异功能”控制，并且这种控制将会导致他的“突然死亡或精神分裂或自杀”，那么，他的“任何突然死亡或精神分裂或自杀”，都应属于他杀或被害。

虽然具体准确的时间、地点不确定，但是，遗书所控杀人方式是确定的——“气功”或“特异功能”杀人。

根据海子遗书，如果他不是直接被害“突然死亡”，那么，他的“精神分裂或自杀”当属于“受强迫自杀”——他杀的另类方式。研究认为：“受强迫自杀就是自己本无自杀的意念，由于受他人逼迫、威胁而自杀，如不自杀将受到更难忍受的痛苦，或将受到肉刑、体罚等更加痛苦的折磨、摧残，甚至死亡，历史上有的统治者曾采用强迫自杀的方式来惩罚被统治者。”①

据当时参加过海子精神病鉴定的××大学刑事侦查教研室教师秦晓②说，当时认为海子遗书是其在精神分裂状态下所写的理由主要是：一是遗书内容用词怪异：什么“道教巫徒”、“道教败类”，什么“弄开心眼”，什么“心眼通”和“天耳通”；二是逻辑混乱：一定要报仇，但报仇首先必须学好气功等。据海子生前所在单位同事反映，海子在案件发生前有一些反常表现：如说自己心空了、肝烂了、肺没了等，旁证了患有精神分裂。上述怪异用词和逻辑混乱的语言以及单位同事的旁证，令鉴定人员确信海子为精神分裂，且最终导致其自杀。

从方法层面上，演绎性推理假设是推理者了解系统知识的总体（大前提），且确信其推理对象知识是其所知的知识系统中的组分（小前提），因此，关于对象的性质、结构、功能及其相关环境等方面的信息（结论）可从系统知识中推出。海子案件结论表明，推论者的知识系统（或其运用的知识系统）与海子的知识系统存在着巨大的差距。我们称这种差距为系统知识差距。系统知识差距可能导致推论的严重误差。

如果上述传闻证据为真，那么，从理由一可以看出，鉴定人员与海子的知识背景存在差异；从理由二可以了解，鉴定人员的推理思路具有简单的单向性思维倾向。

如果我们考虑到海子的宗教、哲学、气功和特异功能的知识背景，就会发现所谓怪异词汇并不怪异，如：“道教”、“心眼通”和“天耳通”等，不过是这些学科领域中的最普通的一般常用词汇。如果我们换位思考，就应看出海子不仅不是“精神病”，而且逻辑清晰、思路缜密、叙事合情合理。

系统分析思路提示，海子的5份遗书具有极强的内在逻辑性，

---

① 钟继荣：《揭开自杀之谜》，中国检察出版社2000年版，第40页。

② 化名。

并不具有“精神病”的杂乱无章、云山雾罩的“碎片化”倾向。因此，要排除海子死亡的他杀可能，不能简单地将其归结为精神分裂，而需要在宗教、哲学和艺术尝试之外，回答至少6个与海子遗书相关的问题：

1. 世界上是否存在特异功能或气功？

2. 特异功能或气功是否具有损伤或致人死亡的可能？

3. 袁藏和白鸽等人是否具有特异功能？

4. 袁藏和白鸽等人是否达到了致人损伤或死亡的功力？

5. 袁藏或白鸽等人是否具有损伤或杀害海子的动机？

6. 袁藏和白鸽是否实施了杀害海子的行为？

在这5个问题中，第1、2、3、4、6个问题，现代科学无法给予确定性回答；第5个问题可以部分回答，但是至今不存在任何肯定性证据。

（三）关于气功或特异功能问题

1. 世界是否存在气功或特异功能。关于气功或特异功能，主流社会舆论多以哲学推论或科学实证试验为支撑，以“魔术”或“骗术”为结论。但所谓特异功能或气功，“这种现象在较大范围内被人们观察到”并进行研究。民间研究的气功和特异能力现象主要有五类：①特异感知。指不用通常的感觉器官，能感知到常人感知不到的事物或信息。②特异致动。指不通过任何形式的实际接触而对环境或物质对象施加物理作用，而使其发生空间位置的转移，或时间延展。③特异治疗。指不依靠任何常规的医疗手段，仅凭实治者发放自身人体能量，大多在不接触病人身体的情况下，对病人进行治疗。这类功能在民间一般称为“气功治病”。④隐身功能。据说，具备这种功能的人可以使自身隐形，并能穿墙越壁，进入封闭的空间，这种所谓高级的特异功能几乎未见；见者皆被认为是“作伪”。⑤催眠。可以通过对被催眠人输入语言和动作指令，甚至视觉刺激，使其催眠，或被催眠人在“催眠状态”下做任何催眠者要求的难以置信的事情。国家电视台经常播放有关这种功能的现场表演。

上述特异功能被认为“是人类潜伏的一种能力之一，特殊情况下会被激发出来”。这类特异功能或气功都属于无损坏或者非恶意功能。这种无损坏或非恶意人体潜能经常被用于特异功能表演。不相信的人往往认为它们是魔术，或用“托儿”，或骗术。

相信和承认特异功能的人们在观看特异功能表演或接受特异功能治疗的时候，一般都不曾思考，特异功能是否有负的效用，或者可能造成负面的效果。令人吃惊的是，海子书证将这个问题尖锐地提了出来，并摆在了世人的面前。

2. 是否具有恶意和破坏性特异功能或气功？海子书证将这个问题尖锐地提了出来，并摆在了世人的面前。

在非文艺性现实领域，恶意破坏性特异功能或气功在军事间谍系统偶有报道或传闻。至于“意念杀人”，在研究所接触的资料范围内，除了海子的控诉之外，至今尚无例证。

据英国《每日邮报》、《每日快报》2009 年 10 月 23 日的报道，美国政府解密档案显示虽然美军曾研究过“意念杀人”，但美军只实施过“意念杀羊”的实验：①

1. 美国军方获知，苏联曾在秘密发展他们自己的“通灵者武器”计划。

2. 为应对苏联的挑战，20 世纪七八十年代，美军曾组织特异功能部队，研究穿墙术、隐形术、千里遥感术。五角大楼希望“通灵大兵”们能通过遥感能力潜入苏联的军方电脑，删除硬盘上的重要数据，让苏联武器系统陷入瘫痪。同时，他们还要求美军“通灵者”能通过遥感能力使苏联核弹的雷管和导航系统全部失灵。

3. 意念杀羊。据报道，美军曾研究过通过“意念杀人”的完美刺客。在实验中，一名所谓“通灵士兵”果然用意念杀死了一只山羊。但据说意念杀羊者同时也会受到极大的伤害。

---

① 参见：“美国解密档案显示军方曾秘密组建特异功能部队”，载华龙网、重庆晚报，2009 年 10 月 26 日。

对于特异功能现象，现代科学尚难给予解释。在国际上，对特异功能现象进行研究的学科属超心理学（parapsychology）或psi（希腊字母φ）研究；在中国，属人体科学（Somatic Science）。

研究者认为，特异功能是人类潜能的体现，现在科学尚难给予有说服力的解释。其主要原因是：

1. 气功和特异功能现象超出了现代自然科学的知识范围。“物理学危机说”（兰州大学物理系王水）认为，特异功能现象导致了物理学危机。一些特异功能现象，例如特异功能者从外面进入完全封闭的房间；控制他人的思维及行动；神不知鬼不觉地将物体由一处移至另一处等，使得现代自然科学和已有物理学手段和规律都显得无能为力。

2. 关于特异功能的各种假说无法有效地通过科学实证进行检验，如：“电磁辐射说”假说认为，许多人体特异功能者在发功时能使检测电磁波仪器指针显示或摆动，因此坚持关于特异功能的电磁辐射理论。可是，相关否定实验将探头或其他接受部件去掉，检测仪器的指针仍然显示或摆动，结论否定了这一假说。再如：关于特异功能的“物质异态说”的基础是特异功能者用意念使物体穿越实物屏障，例如，用高速摄影机可以记录特异功能者可用意念使封在玻璃瓶中的药片一点一点地穿越玻璃瓶。有些科学家认为药片在穿越瓶子时是处在异态之中，或者是由于广义普朗克常数在起作用，这时药片中的分子健力减弱或者不存在，或药片出现宏观量子波。但反对意见认为，这种解释是用未知解释未知，人们既不知道这种异态为何物，也不知道它的分子健力为什么消失了，以及照片上的药片为什么在这时仍然还是一个完整的形象。

3. 特异功能现象的“非任意重复可检验性”。关于这一特性的“条件干扰说”认为，特异功能是在特异状态下实现的（例如发功者要进入松静状态或以一念代万念，逻辑思维中断），特异态受功能者当时情绪和环境对实验效果的影响显著。尤其在进行严格实验时的外部环境干扰，使受试者心理紧张、情绪波动，会严重影响受试者进入特异态，或使其根本不能进入特异态，因而影响特异功能演示的可重复性。因此，考察和实验的条件越严格，特异功能的可重复性就越低，演示成功的可能性就越小。研究特别指出，有非常多的特异功能者都不愿意在魔术师面前表演自己的特异功能。“瓦解波包假说”认为其原因是可能有一种至今仍不清楚的特殊意念波包，会瓦解药片的“量子波”。

人体特异功能现象及人体科学研究在中国曾引发激烈争论，至今仍无定论。中国官方自1986年起由伍绍祖牵头成立了“人体科学工作组”，对这一争议领域进行了监管和引导。其20年之后的工作方针仍然是：①加强管理；②加强科研。而科研包括三个层次：①实验研究层次；②理论研究层次；③应用研究层次。①

4. 袁藏和白鸽等人是否具有特异功能？海子书证提出的问题主要包括两大方面：一是5封遗书是否为海子在精神病状态下所写？二是袁藏和白鸽等人是否具有特异功能？其功力程度如何？杀人动机为何？

可是，人们在否认特异功能的知识背景下，对第一方面作出了肯定性结论，而对第二方面根本没有研究或没有深入研究。

证据表明，袁藏和白鸽在海子案件之前已具有特异功能并在研究特异功能。

（四）能否完全排除敌杀、规杀、情杀、财杀（略）

（五）无法证明的相关性问题：关于神杀

被后现代哲学家海德格尔誉为“诗人的诗人”的荷尔德林，曾通过诗歌宣示诗是“最清白无邪的事业”，同时又是最危险的活动。诗人通过诗歌的道说，截获诸神的暗示，以便把这些暗示进一步暗示给诗人的民众。

海子诗歌提供了证据：海子说，“众神的黄昏，杀戮中，最后的寂静”；“这些我全都听见了”；海子承认，“我，预先替世界做出呼吸”。

---

① 伍绍祖：“在1996年人体科学工作会议上的讲话”，1996年1月20日。

海德格尔认为，诗人必须承受“坦塔罗斯的痛苦”[1]，“诗人遭受到神的闪现”，“当以裸赤的头颅，迎承神的狂暴雷霆”。海子是否也同样“作为神灵的传达者，他必定早早离去”呢？[2]

海子的诗歌同样以证据支持这些看法：“唯一的遭遇是一首诗，一首诗是一个被谋杀的生日。”

即便是天赐的命运，海子也想到了，他说，“我想到天才的命运”，但是，“我的朋友，我的亲人，来路已逝去路以断”；“痛苦的天才们……死者的鞋子，仍在行走。如车轮，如命运”。

海子案件关注者的类似看法，提供了辅助性支持证据：

1. 海子的切口或者说致命一击在于“黑夜从麦田升起”，这看似平常的诗句，道出的正是天地的玄妙，这个玄妙也许只有上帝才可以知晓，而若被一个凡人洞明了，那凡人只有死了。[3]

2. 骆一禾和海子的死是同样的原因，都因为他们知晓了那么一点不应该知道的玄妙。因此，天地不容，上帝动怒，怒而毁之，或由自毙，或由病毙，并且，他们的死绝非偶然，而是一种必然，是他们洞察了上帝的秘密而必须付出的代价。这是血淋淋的代价啊！[4]

3. 海子所写的最后一篇诗学文章就是《我所热爱的诗人——荷尔德林》。荷尔德林最终发了疯，而海子则以自杀结束了自己的生

---

① 坦塔罗斯的痛苦是指希腊神话中主神宙斯之子，因泄露天机而被罚永世站在水中，水深及下巴，上有果树，想喝水时水即退，想吃果子时果树即升高。“坦塔罗斯的痛苦”意即指对某物可望而不可即的痛苦。参见［德］海德格尔：《荷尔德林诗的阐释》，孙周兴译，商务印书馆2004年版，第47页。

② 荷尔德林在《恩培多克勒斯之死》中的一个诗句有，“……作为神灵的传达者，他必定早早离去”；其他相关诗句有，“而我们诗人，当以裸赤的头颅，迎承神的狂暴雷霆，用自己的手去抓住天父的光芒，抓住天父本身，把民众庇护在歌中，让他们享获天国的赠礼”；“……大胆的精灵，宛若鹰隼穿越狂风暴雨，预言着他未来诸神的消息……”。参见［德］海德格尔：《荷尔德林诗的阐释》，孙周兴译，商务印书馆2004年版，第48~51页。

③ 国内诗界的说法，载 http：//www. lanews. com. cn/col314/col328/article. html？id = 843514；张爱萍：“寻找骆一禾来源”，载临安新闻网，http：//www. lanews. com. cn/col314/col328/article. html？id = 843514，2008年10月14日。

④ 国内诗界的说法，载 http：//www. lanews. com. cn/col314/col328/article. html？id = 843514；张爱萍：“寻找骆一禾来源”，载临安新闻网，http：//www. lanews. com. cn/col314/col328/article. html？id = 843514，2008年10月14日。

命；不知道这里面有没有一种命运的暗合？这不能不说是海子写作本身的一个悲剧。①

（六）无法回答的相关性问题：关于命杀与命兴

你不用算命
命早就在算你②

中国传统命相学和西方星象学不约而同地揭示，一个人的生辰八字或其出生星座符号中就携带着其一生所有重要转折点的信息，其中包括其寿限甚至其死亡的时间和方式的信息。

海子的死亡时间、地点和方式的神秘主义因素，究竟是偶然巧合还是他的宿命呢？

海子死亡时间、地点和方式的神秘主义因素

海子死亡时间	海子死亡地点	死亡方式单位结论
公历：1989年3月26日17点30分 农历：1989年2月19日 干支：己巳年丁卯月乙酉日癸酉时 公历符号：白羊星座 阴历符号：龙年	山海关至龙家营之间	精神分裂卧轨自杀
海子出生时间	姓名笔名和出生符号	5份遗书诉说
公历：1964年4月1日 农历：1964年2月19日 干支：甲辰年丁卯月庚辰日 公历符号：白羊星座 阴历符号：龙年	海子，本名查海生 出生阴历符号：龙年	被特异功能人控制造成精神伤害或死亡

① 西川："死亡后记"，载崔卫平编：《不死的海子》，中国文联出版社1999年版，第137页。

② 西川编：《海子诗全编》，生活·读书·新知上海三联书店1997年版，"海滩上为女士算命"。

海子案件的神秘主义因素包括：

1. 忌日及生日。海子死亡忌日就是他的生日。注意这里忌日与生日采用的都是农历“二月十九”[①]。

2. 龙归龙地。姓查名“海生”、笔名“海子”、属相大“龙”的25周岁的青年诗人，于阴历符号“龙年”的时间段，在其“农历生日”的那一天，死亡地点恰巧在“山海关”至“龙家营”之间[②]。

3. 出生于公历白羊星座人的自杀倾向：“是否生于这个星座的人都有一种铤而走险的倾向?”其支持证据是：“早在1984年，海子就写过一首献给梵高的诗，名为《阿尔的太阳》。诗中写道，‘瘦哥哥梵高，梵高啊，从地下强劲喷出的火山一样不计后果的，是丝杉和麦田，还有你自己，喷出多余的活命时间’，这其中具有‘神秘的联系’。”[③]

补充支持证据则是关于出生于白羊座的人的性格—行为特点的描述，例如：以下描述在海子的性格—行为特征中惟妙惟肖：[④]

---

① 有一种巧合论在基本年龄数据上是不准确的：“海子，原名查海生，安徽查湾人。1964年3月出生。1979年以15岁之龄考入北大法律系，后分配至中国政法大学任教。我们把他的生死之年计算一下就会发现，他活了26岁。而他生于1964年3月，死的日子恰是3月26日，如此鲜明的两个‘26’，难道仅仅是一种巧合吗?”载浙江在线，http://www.zjonline.com.cn.此外，2014年4月5日清明节晚，我与海子的家人（母亲、弟弟、姨姐和姨姐夫，以及两位老乡）会见，向海子母亲核实海子的出生日期为1964年3月24日（阴历2月11日）12时30分左右。

② 海子死亡原因涉嫌人员在海子自杀后，在从保卫科出来的路上碰到玄武子，玄武子也表达过类似看法：“海子，名海生，死于山海关。据说海子到过山海关三次，第一次他对同行人说，‘好像到过这个地方’；第二次对同屋人说，‘上次来也住的这个房间，这一张床’；第三次他就死在那里了。”

③ 西川：“死亡后记”，载西川编：《海子诗全编》，生活·读书·新知上海三联出版社1997年版，第924页。

④ 根据新浪星座，2009年10月2日查询整理。

白羊座的人的性格—行为特点与海子性格—行为特征类似性描述

春天出生的生辰星位或太阳在白羊座的人的特点
白羊座是黄道和春天的第一个星座。春回大地，万物的生机都表现在白羊座人的身上。春天的气息赋予你崭新的生命力，你生机勃勃，激情盎然。你需要毫不吝惜地去燃烧自己激情的能量。……白羊座的人的优点是当机立断，付之行动和速战速决。……不足之处是，你说话做事不太审慎，很少注意留有余地，缺乏冷静的头脑和周密的思索。 白羊座的你喜欢无拘无束和自行其是，而不愿意步他人之后尘。……在困难和危险的关头，你能充分表现出自己的品格和勇气，得到人们的敬佩和赞扬。白羊座的你做事从不吝惜气力，宁可付出巨大的代价，也要力争前茅。……白羊座的人富有首创精神，但容易给人以“独裁者”的印象，……白羊座人的举动常常带有启动性和影响性，能吸引别人进入你所希望的轨道，并使你们发挥出更大的作用。 白羊座的你的关键词是活力。……白羊座的人具有开拓者的胸怀。斗争、探索和征服对于你来说，要比金钱更有诱惑力。……铤而走险的欲望常常缠绕着白羊座的人，你可能成功，但又常常会遇到很大的挫折。你的未来与变幻莫测的激情休戚相关。 总而言之，白羊座的你：喜欢冒险的白羊座人说：“我是”。表达爱情的方式：直言不讳。害怕：不被人注意。追求：冒险的机会。弱点：不能忍受批评。有利条件：毅力。不利条件：好斗心理。吉祥物：凤凰。吉祥金属：铁。吉祥宝石：红宝石。吉祥日：星期二。喜欢的颜色：鲜红色。喜欢的场所：热闹繁华之处；危险或劳动强度大的地方。
白羊座的男性
白羊座的男性可视为“超人”，你总是被一种渴望得到敬佩和标新立异的狂热所驱使，喜欢表现出压倒一切的精神。你不相信任何失败，总是激情满怀，知难而进。你喜欢长驱直入，速战速决和胜利在望。 你的生活节奏紧迫，行动近乎狂热。 白羊座的人的爱情生活常常是波浪起伏的。你用激情去赢得女性，如果你所倾慕的人有所回避，或者求爱遇到了阻力，更会激发你不惜任何代价去征服她的决心。

续表

白羊座不同时段内出生的人的基本性格
出生日期：3 月 21 日 ~31 日性格特征： 做事易走极端、爱激动、好斗和缺乏纪律观念。总喜欢把生活这弦绷得紧紧的。内心的激动常常自发地表现在行动上，很少顾及后果。是个不满足于平淡无味生活，渴望出人头地和奋发拼搏的人。
动力来源：活动。

关于上表的支持证据：白羊座的著名人士海子至为喜欢的“瘦哥哥”——梵高（荷兰画家），其他人：左拉（法国作家）、安徒生（丹麦童话作家）、戈雅（西班牙画家）、马龙白兰度（美国戏剧和电影演员）、高尔基（苏联作家）、本生（德国化学家），都具有上述描述的类似性格。

作为上表的反对证据则是：尽管他们出生在白羊座，并且也像海子一样，并没有听从关于白羊座人的择业和理想居住国忠告，可是他们人并没有自杀：

> 你的最好出路是创办人、运动员、军人、工业家、广告商、机械师或者从事林业及其他方面的体力劳动。
>
> 理想旅居国：英国、德国、土耳其、巴勒斯坦、日本、委内瑞拉和以色列。

4. 海子的生死兴誉竟然为星辰学提供了一个较为准确预测的证明实例：关于西方星辰学的深入研究认为，世间存在的一切振动或不振动实体都有其形成、发展和消亡的生命轨道。每个人的生辰天宫图就是其出生时的天象。天宫图的建立并没有任何神秘因素，而是依赖于科学的天文星历表。建立天宫图的两种方法是：确定出生时的行星动态和计算生辰星位和中天（天宫图的地面坐标）。将天宫图与人的命运联系起来并用于人事预测，尤其是人去世以后名声“再起”与行星关系的预测，使星辰学具有了神秘色彩。

不同星座出生的人 1988 年～2001 年人生动态趋向表①

星座	和谐年	不和谐年
白羊座 第一个 100 ……	……2000，2001	1988，1989……

更为令人惊异的是，海子的生死兴誉竟然为星辰学提供了一个较为准确预测的证明实例：

海子死于白羊星座的不和谐年（1989 年）；而死后 12 年的海子竟然于白羊星座的和谐年（2001 年）获得了 2001 年人民文学诗歌奖。

即便采信关于海子“命杀”假设的证据，也不能有效排除海子“自杀安排”和“他杀”的假说，因为“命”或“天”需要假“人”或“物”来实现自己的“权威”。

可是，海子似乎比我们更加迷惑不解地问道：“而他，他是谁?”海子执拗地钻起了牛角尖：“我们活到今日总有一定的缘故。”“我们在落日之下化为灰烬总有一定的缘故。”“每个人都有一条命。”可是“我要问”:“是谁活在我的命上？是谁活在我的星辰上，我的故乡？是谁活在我的周围、附近和我的身上？这是些什么人或什么样的东西?”

似乎有点使人毛骨悚然，海子锲而不舍地追问：“谁仿佛一根骷髅在我内心发出微笑？谁把我们生殖在星星之杯内？我们是谁杯中的雪水、杯子内的水或流火？每个人都有一条命却都是谁的命?”

海子的问题和思想也许来自于他临死前随身所带的书籍之一——《圣经》：“凡事都有定期，天下万物都有定时。生有时，死有时……”②

① 参考 Izabeth Teissier · Lastrologie, *Science du Xxie Siecie*, Editionno, 1988；［法］伊丽莎白·泰西埃：《大预测》，白巨译，作家出版社 1996 年版，第 377 页。

② 中国基督教协会印发：《新旧约全书》，1989 年版，第 621 页。

（七）为何设“谜中之谜”

所谓“谜中之谜”是指由海子死亡原因的自杀或他杀假说所衍生的一系列不确定性问题。包括：如果海子不是被他杀，为何自设“他杀之谜”？遗书冲突及其第6份遗书真伪之谜？如果海子为被控他杀者杀，被控他杀者为何制造假象？如果海子不是为被控他杀者杀，被控他杀者为何不解谜？

1. 自杀者为何设他杀之谜？如果海子是由于目前无法准确认定的原因之一而自杀的，那他为什么要留下多份正式向单位、朋友和家人控告被他人所杀的遗书？这是精神分裂的混乱行为，还是仅为开个玩笑制造的恶作剧？或为其他目的而扰乱视听？或请求具有特异功能的“被控凶手”——袁藏和白鸽，为洗清自己，而揭露海子死亡的真正原因？

2. 遗书“5∶1”的矛盾问题。为什么海子的最后遗言——前5份遗书与第6份“遗书”相矛盾？

3. 第6份遗书的真伪？其是否真为海子所写？如果它是海子自己所写，那么海子写该份遗书的原因是担心自己的恶作剧对各方（被委托提起刑事诉讼者、被委托复仇者、被控“凶手”）造成太大压力或伤害？或者是其精神由不清醒转为清醒或由“清醒”[①]转为不清醒？正式遗书与非正式遗言，何者为海子清醒时所作？非正式司法鉴定的“精神分裂”是否具有合法性和准确性？6份遗书，尤其是第6份遗书是否经过笔迹鉴定？6份遗书之间是否进行过对比分析？

所谓第6封遗书实际上是一张字条，据说上面写有如下字样：

> 我叫查海生，我是中国政法大学哲学教研室的教师，我自杀和任何人没有关系，我以前的遗书全不算数，我的诗稿仍请

---

① “今晚，我十分清醒地意识到：……”（海子1989年3月24日）；“另外，我还提醒人们注意，……现在我的神智十分清醒。”（海子1989年3月24日夜5点）；北大诗人海子遗书，载 http://www.teachercn.com/zxyw/teacher/gzdyc/128651121328381.Html，2008年11月17日。

交给《十月》的骆一禾。

海子　89.3.26[①]

这第6份遗书被认为："正是为了拒绝他人对自己死因做世俗角度的猜测。因此，这无疑是他形而上之死的最有力的证据。"[②]可是，这份"最有力的证据"在证据学上是存有较大疑问的：

1. 在何处发现的这份遗书？关于这个问题，前文提到过两种矛盾的说法：一种是派出所警察从海子口袋中搜出来的；另一种是在地上压了一个纸条。

2. 这张纸条是如何产生的？通常的看法为：这是海子自己书写的最后遗言。可是，四舟的证言却提出了一个新的可能途径：这张纸条是否是他人在海子死后塞进遗体口袋中的？甚至可能是运用特异功能的方法塞进去的。[③]

3. 这份遗书的内容信息是否被扩充？据当时亲见这份纸条并亲自从龙家营火车站警方处取回该纸条的郑豹反复回忆，[④]纸条中只有如下内容：

> 我叫查海生，我是中国政法大学哲学教研室的教师，我自杀和任何人没有关系。

纸条中并没有以下内容：

> 我以前的遗书全不算数，我的诗稿仍请交给《十月》的骆一禾。

由于第6份遗书的来源、制造者和内容方面的证据冲突，于是

---

① 燎原：《海子评传》，时代文艺出版社2006年版，第13页。

② 燎原：《海子评传》，时代文艺出版社2006年版，第13页。

③ 四舟为化名。2009年1月5日10时20分左右，据四舟口述：海子出事后，袁藏给我看过海子的几首诗。说海子留有遗书，说死与他有关。袁藏让我给他测一测是怎么回事。我说没事，能过去。后来发现海子的口袋中有一张纸条，说是："我的死和任何人无关。"袁藏说是不是我帮他的忙，往海子的口袋里塞了一张纸条。我说没有。

④ 2008年12月30日10:30～11:00、2010年2月9日8:40左右再访郑豹。

形成了“第6份遗书之谜”。“第6份遗书之谜”之解将是关于案件性质属于自杀或他杀判断的关键支持证据之一。

问题的复杂性在于：

1. 第6份遗书是否为海子自己的真实意思表达和是否是海子自己书写的无法鉴定。假设现在能找到那张原始的纸条进行笔迹鉴定并确定其真为海子生前亲写，可是，仍存在海子被特异功能控制重写遗书的可能，以及其他人通过“特异伪造”且通过“特异方法”放入海子口袋的可能。在当代司法鉴定机构不具有“特异功能鉴定”能力的条件下，仍无法排除“特异功能作案”的可能。

2. 海子失踪后的去向和行为无法查明。如果确认在1989年3月26日下午5时30分发现了海子的尸体，那么，在此前至少1天多的“失踪”时间中，海子的去向及其行为尚无任何证据予以证明。在这不长的漫长时间中，关于与案件相关的任何行为都可能发生。如何缩小其可能性空间？

如果假设海子死于他杀，情况将更为复杂：

1. 被控“杀他者”为何制造假象？[①]仅为逃匿责任？还是为了掩盖罪行？

2. 如果他杀非被控“他杀者”所为，那么，被控“杀他者”是否没有理解海子提出的利用其“特异功能”破案的暗示请求？或者被控“杀他者”为了保全自己而“装聋作哑”？或者被控“杀他者”根本就没有“特异功能”？

关于被控“他杀者”的缄默，海子似乎也预见到了：“我向他斥问他对我的迫害，他缄默。”

提着灯　飞翔在岩石上　我与他在河中会面
我向他斥问他对我的迫害

---

① “关于查海生（海子）——致有关部门”，1989年3月26日；北大诗人海子遗书，载http：//www.teachercn.com/zxyw/teacher/gzdyc/128651121328381.Html，2008年11月17日。

他缄默[①]

（八）关于“连环之谜”

坐在烛台上
我是一只花圈
想着另一只花圈
不知道何时献上
不知道怎样安放[②]

所谓“连环之谜”是指海子死亡是否波及他人死亡和群体死亡问题所具有的不确定性，即海子身后，中国先锋诗圈中后续群体性死亡是否与海子的死亡相关的问题。

海子身后，先锋诗圈中后续群体性死亡是否与海子的死亡相关？在海子死后的5年左右，中国先锋诗人圈中出现了连续自杀、他杀案或病故情况。据有关统计竟有14人之多。[③]这些死亡是否与海子的死亡相关？这一问题仍是不确定的。

有3例死亡不容置疑地与海子直接相关：骆一禾之逝；一位浙江青年诗人的自杀，其自杀前曾在海子坟前祭奠；海子生前诗界的最后见证人苇岸之逝。但是，其相关度有多少则不清楚。

海子遗书中提到的最终事务托付人骆一禾，竟然在海子去世后的第49天突然脑出血病倒，“海子去世70天后，一禾亦作别人世，匆匆上路，终不治身亡”[④]。

值得关注的一个证据学问题是：骆一禾的绝笔写于1989年5月

① 西川编：《海子诗全编》，生活·读书·新知上海三联书店1997年版，“原始力”。

② 西川编：《海子诗全编》，生活·读书·新知上海三联书店1997年版，“爱情诗集”。

③ 西川：“死亡后记”，载西川编：《海子诗全编》，生活·读书·新知上海三联出版社1997年版，第930页。

④ 西川：“编后记”，载西川编：《海子诗全编》，生活·读书·新知上海三联出版社1997年版。另说，5月14日骆一禾在京城广场上猝然昏迷，18天之后，他尾随海子而去，参见朱大可：“先知之门——海子与骆一禾论纲”，载崔卫平编：《不死的海子》，中国文联出版社1999年版，第137页。

13 日，即骆一禾一病不起的前一天，题目是：《海子生涯（1964 ~ 1989）》。此前，他写过《我考虑真正的诗史（〈土地〉代序）》（1989 年 4 月 26 日海子祭月之日）、《关于海子的书信两则》（1989 年 4 月 28 日、1989 年 5 月 11 日凌晨）。从世俗意义上讲，骆一禾死于对海子逝世的悲痛和对海子的牵挂，这是不证自明的。

可是，诗界的否定性意见将骆一禾之死看作对海子之死的“神秘的响应”，“重申了海子在绝唱中的神性言说，使之获得向世界敞开的契机”。它被看作是一次“革命性的病故”，“是要以死对另一种死亡作出决然的阐释”①。

研究表明，自杀有以下几种分类：单纯自杀、复杂自杀、被骗自杀、被强迫自杀、被教唆自杀、相约自杀、犯罪性自杀、病理性自杀（扩大性自杀、间接性自杀）、他助自杀。所谓相约自杀是指行为人事先共同商定自杀（没有一方强迫、欺骗和唆使另一方的情况，双方是自愿的）并共同采取一定方法，共同结束生命的行为。②

如果选择“相约自杀”的假说，那么海子之后的后续死亡就是一个精心策划的大规模自杀计划的重要组成部分。

如果此说可以站住脚，那么，海子确实是大手笔。他的诗歌中留有“大手笔”的证据：

海子精明地解释了“我为什么要让你们一个一个上路，一个一个的去干，去行动，而不能集体行动”的原因是为了避免“互相残杀”：“青草杀死了青草”。

他老成地嘱咐：“这事情必定成就在一个人身上。你们不可集体行动。你们必须分开。你们必须一个人一个人地干。这样才会有希望。”他指挥若定：“派一个人先死，另一位完成埋葬的义务。”海子最后干练地作了布置：“从今日起三兄弟已不复存在。”“你们要分开，你们都是孤独的，要珍惜自己的孤独。”

---

① 朱大可：“先知之门———海子与骆一禾论纲”，载崔卫平编：《不死的海子》，中国文联出版社 1999 年版，第 141 页。

② 钟继荣：《揭开自杀之谜》，中国检察出版社 2000 年版，第 42 页。

假如海子诗歌中的“三兄弟”是实写，那么朦胧诗界至少存在“三剑客”。如果其中一个是“海子”，那么，另一位可能是海子遗书中提到的最终事物托付人骆一禾，而第三位则可能是西川。他“珍惜自己的孤独”，通过十数年整理《海子诗歌全编》和骆一禾的祭文，建造了两位诗友之墓，非常出色地“完成了埋葬的义务”，且在他们的墓上树立起了高大的丰碑。

作为否定性证据，海子在另一首诗中提到的“三人”，则可能将“三人”解读为虚写：

1985 年，我和他和太阳
三人遇见并参加了宇宙的诞生。[①]

如果不存在相约自杀，那么，还存在另一种可能性，即：是否别人并没有读懂海子的“歌唱”，而唯有被称为“为诗歌而存在耳朵”[②]的骆一禾以其独有的“钟子奇”之耳，“倾听”并“正确”解读了当代“俞伯牙”海子的晦涩歌词和非常律动的音韵，而从容就义呢？也许骆一禾破译了海子诗歌中关于“前仆后继”的死亡计划，而以死相许。

当然，最易被人们接受的可能性，就是骆一禾因病身亡。其他相关伴随现象纯属偶然性。

尤其值得注意的是，海子和其所控“凶手”都曾经提到过还有相关人员要死亡，而且也属于他杀：

1. 海子在针对不同对象的两封遗书中两次明确提到，“和我有关的其他人员的精神分裂或任何死亡都肯定与他们有关”；“其他有关人员的一切精神伤害或死亡都必须也由袁藏和白鸽负责”。

2. 袁藏在回答保卫科询问以后，路遇玄武子时也表示：“还有

① 西川编：《海子诗全编》，生活·读书·新知上海三联书店 1997 年版，“太阳·弥赛亚”。

② 陈东东：“丧失了歌唱和倾听——悼海子、骆一禾”，载崔卫平编：《不死的海子》，中国文联出版社 1999 年版，第 37 页。

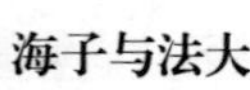

相关人员要死，不过不能告诉任何人，否则他们又说是我杀的。”

上述死亡案件是否属于他杀？袁藏和白鸽是否真的也是这些后续死亡的凶手？如果不是，控告他们为凶手的目的何在？到底是为了掩盖其真实死因，还是“逼”袁藏和白鸽为洗清自己而用其特异功能破案？为什么“道教巫徒”或“道教败类”只是力图洗清自己，却并不急于破案？是其特异功能为假，还是其另有隐情苦衷？为什么“被害者”和“凶手”都预言存在“相关后续死亡”呢？

有一种假说是关于海子诗歌的“奇异吸引子效应”。

海子的诗才是惊人的，甚至有点邪乎，让人着魔。他的两个诗友，一个被称作“耳朵”，听完了他的“歌唱”，再也没有诗歌可听，就直接找他去了；另一个可称为“手”，编辑完他的诗歌，就再也写不出诗歌了，每天手捧他的诗歌，反复翻看、编辑、出版。

那些充满激情，渴望异性，渴望爱情的大地、麦地、玫瑰、枫叶、母马、白羊、骆驼、狮子……都觉得海子的诗是献给她们的，她们欠了海子的情，海子是为她们而死的。虽然她们之中没有人有勇气以死相报，但大有在祭奠海子的途中昏死过去的。昏死者在那一刹那，圆了自己的梦，还了海子的情。

一些非“三剑客”圈内的诗人，读了海子的奇异诗歌，听了“耳朵”（骆一禾）的“知音”故事后，深感无地自容，无路可走，无颜为“人”，便跟随海子走上了“绝人之路”。

关于这一“奇异吸引子效应”假说是否应验，海子似也做过预言：

死亡比诞生
更为简单
我们人类一共三个人
我们彼此杀害
在最后的地上
倒着四具尸首

使诸神面面相觑[①]

一个接着一个关于死亡的残酷统计，证实了海子的预言：

死亡是一簇迎着你生长的血红高粱，还在生长。[②]

相关统计资料将20世纪最后10年中国诗歌界的死亡现象称作“凋零：世纪末的景观”，并引用了哈姆雷特形而上的哲思：“存在或者毁灭，这是一个问题。”80年代末到90年代和20世纪最后10年是一个美丽而又混乱的年代。在诗歌界，死亡成为一场劫难。1989年3月26日，年仅25岁的海子在山海关卧轨自杀，决绝地选择了死亡。接下来的是其好友，27岁的骆一禾突发脑溢血身亡。2年后，1991年9月24日，24岁的戈麦（储福军）留下一纸遗书和诗稿，自沉于北京西郊的万泉河。其间还有蝌蚪（陈洋）、方向、胡宽等诗人一个个回应式的走向死亡。还有后来不忍病痛折磨跳楼自杀的老诗人昌耀和徐迟。1993年10月8日，在新西兰的激流岛上，“童话诗人”顾城挟着梦幻的破灭，用斧头砍杀妻子谢烨后投缳自尽，年仅37岁。自屈原始，到王国维止，在中国诗歌史乃至中国文学史上，没有哪个年代诗人们梦魇似的如此热衷于死亡。20世纪后10年，诗人之死留给我们一个沉重的话题，至今想起仍令人隐隐作痛。[③]

海子之死既是冲击波，又是催化剂。它将“生”和“死”两种稳态之间的选择问题在刹那间推到了稳态转换的远离平衡点上。在这个敏感点上，微扰决定生死。

况且海子以死相逼：每个人都必须思考自己活下去的理由。他将生死抉择这个也许要花费整整一生还参不透、了不断的问题，提

---

① 西川编：《海子诗全编》，生活·读书·新知上海三联书店1997年版，“神秘的合唱队”。

② 西川编：《海子诗全编》，生活·读书·新知上海三联书店1997年版，“头”。

③ “诗人之死——海子与顾城的比较”，载 http：//www.ddwenxue.com/html/hyjd/xdhs/20080901/1837.html，2008年11月17日。

升为一个当机立断的问题。它将人的漫漫长生路上的无数诱人机会和选择简化为两种："苟且偷生"和"绝望中抗争"。真是伸头一刀，缩头还是一刀。

残忍呀，海子！
中国群体死亡的"教父"！
伟大呀，海子！
身先士卒，一马当先，
一将功成万骨枯。

——玄武子

(九) 海子几何图形之谜（略）

(十) 无法回答的问题：橘子之谜（略）

(十一) 神秘年份和日期之谜（略）

八、案件的不可证性

我的眼睛
黑玻璃，白玻璃
证明不了什么
秋天一定在努力地忘记着
嘴唇吹灭很少的云朵
一位少年去摘苹果树上的灯①

海子死亡的证据学谜区打破了经典证据学关于"凡案件皆可破"的自信，并显示了某些案件的不可证性。

所谓不可证性是指已知事实和行为与案件或待证明事项之间是否具有相关性，既无法证明，也无法证伪，或者其相关度无法确定，以至于案件或待证明事项的可能性空间无法缩小的尴尬状态。

国内外相关研究涉及证据系统内组分层次的不可证性问题。不

① 西川编：《海子诗全编》，生活·读书·新知上海三联书店1997年版，"秋天"。

可证性也可能因认知主体和认知环境组成的更高层次的系统性问题而导致。

（一）认知的不可证明性

这是由认知模式造成的不确定性。其中，“证据系统完型谜区”是指由于认知主体不同的认知完型模式造成的案件认知冲突：根据一种认知完型对案件的证明，根据另一种认知完型却是对案件的证伪，且无法通过消除其中一种而形成确定性认知，从而造成的谜区。“证据系统完型谜区”是认知不可证性的一种类型。它可能是由于认知主体的个体环境所决定的（经济地位、政治立场、人文背景、教育背景、利害关系等），也可能是由于人类的限制造成的不确定性——不是由于人的个体认知差异性造成的，而是由人类的先天认知器官决定的认知局限性所造成的。

（二）无限关联的不可证明性

与案件相连的事实具有无限关联性。由于人认识能力的有限性，只能采取系统边界有限化的办法进行处理，从而造成案件的不可证明性。

（三）科技限制的不可证明性

科技阶段性水平的限制造成了既不可能证明，也不可能证伪的现状。

（四）法定限制的不可证明性

法定证据排除规则造成的案件不可证明性。

（五）伦理约束的不可证明性

伦理限制造成的不可证明性。

（六）干扰影响的不可证明性

其他社会系统（政治、宗教、经济、军事、安全、习俗、黑恶社会势力）的干扰，使得证明无法深入进行。

（七）时过境迁的不可证明性

有关案件的某些关键证据，由于认识或技术问题，没有及时提取，从而造成不可弥补的时过境迁的不可证明性。

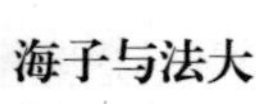

（八）“科学的宗教迷失”的不可证明性

由于现代证据学建立在科学基础上，并对科学无比依赖，在涉及宗教情感或神秘体验的证明时，科学与宗教的“同源—同构—同功”性质所造成的“科学迷失”，将会导致证据学的无奈。

宇宙、世界及事物的复杂性在于，它总是比人们认识到的更复杂一点儿。证据学的复杂性则在于，往往是人们自信为“证明”了的案件或事件，却在以后被毫不留情地“证伪”，并最终显现为“不可证性”。我们多么希望“海子死亡问题”不要成为证据学复杂性问题的一个典型的支持性证据啊！

可是，宇宙、世界、事物及其问题，虽然以人的认知为“存在”，却不以人的意志为转移。

九、海子祛神化困境

如果说20世纪末至21世纪初，中国大地上泛起一股神化海子的思潮的话，那么，破案、揭秘、解谜海子的首要任务就是祛神化。

对于宗教、神秘现象和特异现象，我们不能简单地以“信”或者“不信”来了结。对于世界上的一切现象，如果不对其进行研究，就简单地说“信”或者“不信”，这都是迷信。因为不管你“信”或者“不信”，都是迷迷糊糊地“信”或迷迷糊糊地“不信”。对于宗教、神秘现象和特异现象的认识和回答就更是这样。这种简单化的方法也是宗教迷信、神秘现象迷信和特异现象迷信泛滥的主要原因之一。

可是，当我们认真地进行这项祛神化的研究工作时，就会发现自己陷入了海子祛神化的困境。所谓海子祛神化困境是指在研究与海子死亡相关的神秘现象时，面临的一般方法论或法学证据学方法论的困境。

（一）科学的宗教迷失

尽管在宗教史和科学史中都不乏宗教与科学冲突的案例，可一旦转向终极和宇观的视野，科学家就会面临“宗教的迷失”。宗教像一个魅力超凡的奇异吸引子，不仅诗歌浪子们对它一见钟情，就是近代和当代最伟大的科学奇雄也禁不住它的诱惑。这里的支持性证据就是：

万有引力的发现者和现代科学的奠基人牛顿，终究跪拜于上帝的神秘膝下。

相对论的发明人和当代科学奇男爱因斯坦，尽管如此坦率地承认：宇宙宗教感情是科学研究的最强有力的动机，他还是毫不脸红地为自己辩解："你很难在造诣较深的科学家中间找到一个没有自己的宗教感情的人。"①

这也许是因为科学与宗教的"同源—同构—同功"的关系。科学家和教皇中常有"同性恋"者。花里胡哨的神秘现象和特异现象，对于科学家们更是具有抵抗不住的诱惑。因为科学家们永远有一颗童心。

发现科学方法致命弱点的哲人是唯物辩证法的创始人恩格斯。他指出，"从自然科学到神秘主义的最可靠的途径"就是"最肤浅的经验论"。可是，"连某些最清醒的经验主义者也陷入了最荒唐的迷信中，陷入现代唯灵论中去了"②。恩格斯在《神灵世界中的自然科学》一文中，列举了一些有"生理缺陷"的科学家，其中包括：

伊萨克·牛顿。他在晚年花了25年时间埋头于注释约翰启示录。

弗兰西斯·培根。他渴望自己的新的经验归纳法被用来延长人的寿命，返老还童，改变身体的形态和容貌，进行躯体置换，创造新的人种，从而使人获得腾空飞行和引起暴风雨的本领。

阿尔弗勒德·拉塞尔·华莱士。这位和达尔文同时提出"物种通过自然选择发生变异"理论的功勋卓著的英国动物学家兼植物学

---

① 许良英、赵中立、张宣三编译：《爱因斯坦文集（第一卷）》，商务印书馆1983年版，第282、283页。

② 上文中的恩格斯的论述皆引自恩格斯：《自然辩证法》，于光远等译，人民出版社1984年版，第52～63页。

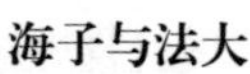

家，竟变成了从美国输入的招魂术和请神术的不可救药的牺牲品。

威廉·克鲁克斯。这位化学元素铊的发现者和辐射计的发明者，在研究唯灵论不久，就完全被唯灵论所俘获。

策尔纳。他多年埋头研究空间的“第四维”，发现神灵可以轻而易举地完成第四维的一切奇迹。

马克思（1818年~1883年）和恩格斯（1820年~1895年）显然没有见过爱因斯坦（1879年~1955年）和他的理论。恩格斯写作《神灵世界中的自然科学》（1878年）时，爱因斯坦还没有出生。因此，他们没有提到爱因斯坦。可是，爱因斯坦读过包括《神灵世界中的自然科学》一文在内的恩格斯《自然辩证法》的手稿，并对这部书稿是否应该付印发表了完全否定的评价：“不论从当代物理学的观点来看，还是从物理学史的方面来看，这部手稿的内容都没有特殊的趣味。”“要是这部手稿出自并非作为一个历史人物而引人注意的作者，那么我就不会建议把它付印。”①

（二）辩证法的操作性问题

恩格斯认为：“要迅速了结顽固的请神者的顽固要求，只有用理论的考察，不能用经验的试验。”恩格斯所说的“理论”就是指“辩证法”。辩证法作为世界普遍联系的学说无疑为我们指出了“此岸”和“彼岸”的抽象联系。可是，如何具体地建立起这种联系，即在祛神化工作中如何建立起具体的“证明”或“证伪”关系，缺少可操作性的方法，尤其是缺少可操作性的技术。

（三）社会学困惑

马克思从人本主义立场出发，怀着深厚的人道主义感情，对宗教的社会环境和积极功能方面作出了动人心魄、催人泪下的论述：②

> 宗教里的苦难既是现实苦难的表现，又是对这种现实的苦

---

① 许良英、赵中立、张宣三编译：《爱因斯坦文集（第一卷）》，商务印书馆1983年版，第202页。

② 马克思：“法哲学批判导言”，载《马克思恩格斯选集（第一卷）》，人民出版社1972年版。

难的抗议。宗教是被压迫生灵的叹息，是无情世界的感情，正像他是没有精神的制度的精神一样。宗教是人民的鸦片。

马克思的精辟论述不仅揭示了宗教产生的历史必然性，而且隐喻或明示了祛神化的途径：

宗教是没有获得自己或是丧失了自己的人的自我意识和自我感觉。

反宗教的批判的根据就是：人创造了宗教，而不是宗教创造了人。就是说，宗教是那些还没有获得自己或是再度丧失了自己的人的自我意识和自我感觉。

产生宗教即颠倒世界观的国家社会本身就是颠倒了的世界。

但人并不是抽象地栖息在世界以外的东西。人就是人的世界，就是国家社会。国家社会产生了宗教即颠倒了的世界观，因为它们本身就是颠倒了的世界。

宗教是这个世界借以安慰和辩护的普遍根据。

宗教是这个世界的总的理论，是它的包罗万象的纲领、它的通俗逻辑、它的唯灵论的荣誉问题、它的热情、它的道德上的核准、它的庄严补充、它借以安慰和辩护的普遍根据。

反宗教就是反对以宗教为精神慰藉的那个世界。

宗教把人的本质变成了幻想的现实性，因为人的本质没有真实的现实性。因此，反宗教的斗争间接地反对以宗教为精神慰藉的那个世界的斗争。

废除幻想幸福的宗教就是要求实现现实的幸福。

废除作为人民幻想的幸福的宗教，也就是要求实现人民的现实的幸福。要求抛弃关于自己处境的幻想，也就是要求抛弃那需要幻想的环境。因此对宗教的批判就是对苦难世界——宗教是它的灵光圈——的批判的胚胎。

摘去锁链上的虚幻花朵，摘取真实的花朵。

宗教批判摘去了装饰在锁链上的那些虚幻的花朵，但并不是要人们依旧带上这些没有任何乐趣、任何慰藉的锁链，而是扔掉它们，伸手摘取真实的花朵。

围绕着自身和现实的太阳旋转。

宗教批判使人摆脱幻想，使人能够作为摆脱了幻想、具有理性的人来思想，来行动，来建立自己的现实性；使人能够围绕着自身和现实的太阳旋转。宗教只是幻想的太阳，当人们还没有开始围绕着自身旋转以前，宗教总围绕着人而旋转。

对天国的批判变成对尘世的批判。

因此，在彼岸世界的真理消逝以后，历史的任务就是确立此岸世界的真理。人的自我异化的神圣形象被揭穿以后，揭露非神圣化形象中的自我异化，就成了为历史服务的哲学的迫切任务。于是，对天国的批判就变成对尘世的批判，对宗教的批判就变成对法的批判，对神学的批判就变成对政治的批判。

批判是肉搏的批判。

针对这个对象的批判是肉搏的批判……为了激起人们的勇气，必须使人民对自己大吃一惊。

马克思关于宗教的社会环境和积极功能以及祛神化途径的论述，对海子祛神化研究是否具有方法论的意义？是否具有法学方法论的意义？是否具有证据学方法论的意义？

难道海子真的只是如其身后的“立碑人”所说，“他肯定受到了崇拜太阳的古埃及人、波斯人、阿兹特克人的鼓舞，并且也受到了‘死于太阳并进入太阳’的美国诗人哈里·克罗斯比的震撼”①？

---

① 西川：“死亡后记”，载西川编：《海子诗全编》，上海三联出版社 1997 年版，第 924 页。

海子，作为北京大学法律系的高材生，中国政法大学哲学教研室的教师，其生前，在进行“太阳是我的名字，太阳是我的一生”的写作时，他读过载于《马克思恩格斯选集》开篇的《法哲学批判导言》吗？他注意到马克思关于“宗教”、“太阳”和“肉搏”的论述了吗？

对问题的实证性回答需要证据。

人—神情结的不解之缘，不仅存在于海子的诗界，而且在爱因斯坦的科学界、理性的法界、人王的权界、睿智的哲学界、功利的社会界，难道不都无一例外地存在吗？

宗教是社会国家的影子。人如何祛神？如何颠倒乾坤？

神化海子的诗界最早察觉到海子的神化。这里显示出社会系统的自反馈运动定律的作用：

海子逝世后的第二年春（1990年2月17日），他的“立碑人”宣称：“诗人海子的死将成为我们这个时代的神话之一。”[①]5年之后（1994年5月31日），“立碑人”回测检验：“现在5年过去了，海子的确成了一个神话。”[②]

海子逝世后的第三年（1992年），他的“复活人”之一写下了《海子神话》：“在当今诗坛上，海子作为一个巨大的神话而存在，这是一个人所共知的事实。有人将这称之为‘现代造神运动’。”[③]海子逝世后的第10年（1999年），“复活人”编辑出版了《不死的海子》[④]一书。

中国诗界的海子潮在造神和祛神的双向互动形成的张力中，滚滚向前。不造神，就不能聚集人气儿。不祛神，就无法实现尘世目

① 西川：“怀念”，载崔卫平编：《不死的海子》，中国文联出版社1999年版，第21页。

② 西川：“死亡后记”，载崔卫平编：《不死的海子》，中国文联出版社1999年版，第26页。

③ 崔卫平：“海子神话”，载崔卫平编：《不死的海子》，中国文联出版社1999年版，第99页。

④ 崔卫平编：《不死的海子》，中国文联出版社1999年版。

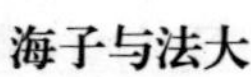

标。造神者最早意识到了其中的“系统合向性”奥秘，以及单因素单变量追求的严重性：

珍惜生命才能真正地较量。阴郁的气氛是相当不利的。

> 我要说，所有活着的人都应该珍惜自己的生命，这样我们才能和时代生活中的种种黑暗、无聊、愚蠢、邪恶真正地较量一番。一种阴郁的气氛只能培养狭隘的头脑，这对于写作是相当不利的。①

纪念海子就像纪念自己的负伤和思念黎明一样。

> 纪念海子就像纪念自己的负伤和思念黎明一样。这复活的海子是一个伤口。它集中了我们这些和他一样的人全部的死亡与疼痛，全部的呜咽和悲伤，全部的混乱、内焚和危机。人们纪念他，就像纪念自己的负伤和思念一样，多么像一个伤口的黎明。

惨惨诗界，怜怜诗人。需要海子！造神祛神！灵显马克思，真音彻霄云：

人就是人的世界，
就是国家社会。
国家社会产生了宗教即颠倒了的世界观，
因为它们本身就是颠倒了的世界。

关于海子死亡问题与证据学谜区的初步探索，也许只能用埃米尔·迪尔凯姆 80 年前在《自杀论》一书序言中的一段话来告一段落：

> 一门科学的进步，其标志是他所研究的问题不再是原封不动。有人说，如果发现了迄今为止尚不知道的规律，或者至少

① 西川：“死亡后记”，载崔卫平编：《不死的海子》，中国文联出版社 1999 年版，第 35 页。

是新的事实改变了提出问题的方法，尽管还没有提供可以被看作是最后的解决办法，这门科学就算是进步了。①

关于诗人之死谜语的猜测，也许只能用更为古老的印度《薄伽梵歌》中的一节诗歌作答：

汝知行业起于大梵兮，
大梵出于彼无变恒真。
大梵遍无不入兮，
故常在于牺牲。②

海子自己曾引用过《浮士德》第二卷所写空虚中的母亲之国一节诗，似可作为解谜的隐喻：

我真不愿泄露崇高的秘密——
女神庄严地君临寂静之间，
周围没有空间，也没有时间，
谈论她们，也会惹起麻烦，
她们叫母亲！
……
无路！无人去过，
无法可去；这条路无人求过，
无法可求。你准备去走一遭？
无锁可开，也无门闩可移开，
你将被一片寂寥四面包围。

可是海子却说："但是我……我为什么看见了朝霞？为什么看见了真实的朝霞？"③

① ［法］埃米尔·迪尔凯姆：《自杀论》，冯韵文译，商务印书馆2007年版。

② Sri Aurobindo. Essys on the Grra；《薄伽梵歌》第三章第十五节。转引自［印度］室利·阿罗频多：《薄伽梵歌论》，徐梵澄译，商务印书馆2003年版，第507页。

③ 西川编：《海子诗全编》，生活·读书·新知上海三联书店1997年版，"朝霞"。

海子与法学

熊继宁

女怕嫁错郎，男怕入错行。

——俗谚

海子是一个法学本科专业的大学毕业生，曾经受过系统的法律专业训练，写过法学论文，并进行过法学与系统科学结合的探索。这一点几乎不被人所知，也许被遗忘或被忽视了，也许被淹没了。

人们都知道海子是一个诗人，以为他是一个文学出身的青年。可是，知道海子的法学专业背景的人，不会忽视这一点。但是，他们会问道：海子是法学专业出身，又被分配到中国最高政法学府——中国政法大学，可是，他为什么放弃了法学专业，而选择改行从事文学？

关于该问题的可能猜测有：海子高考志愿选择错误？或是其大学期间法学成绩不佳？或是其工作期间缺少法学研究能力？

本文将从海子与法学的结缘，进行一些初步的探索。

一、海子是否高考报考志愿选择错误

关于海子在中小学时的学习状况，由于缺少实证调查和资料，不便多言。海子的高考成绩的实际记录显示：海子的高考成绩是数强文弱。

（一）海子高考成绩分析——数强文弱

1979 年，海子在安徽省老家高考时的“报考类别”为“文史”

类。根据《安徽省1979年高等学校招生报考登记表》，海子的文科类考试成绩都在良好线上（语文76，历史74.75，地理76）。然而令持“海子从小就是‘文学天才’”之说的人们不无遗憾的是：海子的文史类成绩没有一门超过80分，没有达到“优秀”水平。而公共科目的考试成绩均为“及格”或及格以下水平：政治63.5分，外语只有16分。

海子高考成绩统计表①

统考成绩	政治	语文	数学	物理	化学	历史	地理	总分	外语 笔试
	63.5	76	88			74.75	76	378.25	16

海子的小学、中学时期处在“文化大革命”及其刚刚结束的时期，外语低分是可以理解的。那时，长期封闭的中国，在城市尚且既缺少外语师资，又没有学习外语的氛围，更何况在安徽偏远的农村小镇，学生大多是外语盲。1977年及1978年高考成绩不计外语分数。海子高考时的1979年，外语成绩只按实际考试分数的10%记入总分。海子的高考总成绩为378.25，而外语加分应当只占1.6分。由于海子的外语基础较差，进入大学学习期间，这一状况长期或者说一直没有得到改善。

可是，令人惊奇的是，海子的数学考试成绩竟然获得88分。在当时77、78级，数学水平能够算出“通分（1/2+1/3）”的考生就可以被高校录取。而在79级招生考试时，国家为了相对压缩招生数额，提高考题难度超过教学大纲30%。在这种情况下，海子竟然考了一个88分的数学成绩。这一成绩不仅令人刮目相看，而确实是创造了一个奇迹。

分析海子的高考成绩，发现他的数学成绩“优秀”强于文科类成绩“良好”的水平。虽然现在严格说来，数学既不属于文科，也不属于理科。但是，20世纪八九十年代，一般人的认识是把数学当

① 参考海子《安徽省1979年高等学校招生报考登记表》。

作理科类最重要的一门课程。学生学习及高考报名意向的文理分科都是按文（文史哲）/理（数理化）成绩的强弱为基准的。当时，流行的说法是“学好数理化，走遍天下都不怕”。海子的高考成绩显示，它的长项更加偏重于理科类所依赖的数学。但是，由于我们这里并不知道海子中学时代的“物理”和“化学”的学习情况，不足以更加深入地分析海子是否应该选择“理科类”的学习和高考方向。虽然海子没有选择“走遍天下都不怕”的“理科”方向，而是选择了“文科”方向，但这一选择也不至于没有饭吃，甚至业余创出了一个“诗歌”的辉煌。可是，在现实世界中，他毕竟感到不尽如人意。

而在当时，或者说直到今天，中国大学文史类专业课程安排中排斥“数学”和“理化”的状况，令海子的数学成绩优势并没有发挥作用。

（二）海子高考报名志愿聚类排序——法－文－经

将当年海子的高考志愿方向聚类为F、W、Z、J、S五个方向：F（法律系法律学、法律、法律系法学）；W（中国语言文学、新闻学、中国文学、语言文学）、Z（哲学）、J（经济系、水运财务会计、财政银行、基建财务、统计学、计划统计）；S（对数学依赖较强的经济学科目，如统计学、计划统计）。

海子高考报名志愿方向聚类表

<table>
<tr><td rowspan="5">报考志愿第一栏</td><td>全国重点高等学校</td><td>系科（专业）</td><td>聚类</td><td rowspan="5">报考志愿第二栏</td><td>一般高等学校</td><td>系科（专业）</td><td>聚类</td></tr>
<tr><td rowspan="2">北京大学</td><td>法律系法律学</td><td>F法</td><td rowspan="2">上海海运学院</td><td rowspan="2">水运财务会计</td><td rowspan="2">J经</td></tr>
<tr><td>中国语言文学系文学</td><td>W文</td></tr>
<tr><td rowspan="2">复旦大学</td><td>新闻学</td><td>W文</td><td rowspan="2">华东政法学院</td><td>法律</td><td>F法</td></tr>
<tr><td>中国文学</td><td>W文</td><td></td><td></td></tr>
</table>

续表

<table>
<tr><td rowspan="6">报考志愿第一栏</td><td rowspan="2">中国人民大学</td><td>哲学</td><td>Z 哲</td><td rowspan="6">报考志愿第二栏</td><td rowspan="2">安徽大学</td><td>法律系法学</td><td>F 法</td></tr>
<tr><td>统计学</td><td>J/S
经/数</td><td></td><td></td></tr>
<tr><td rowspan="2">南开大学</td><td>哲学</td><td>Z 哲</td><td rowspan="2">安徽财贸学院</td><td>计划统计</td><td>J/S
经/数</td></tr>
<tr><td>语言文学</td><td>W 文</td><td>财政银行</td><td>J 经</td></tr>
<tr><td rowspan="2">中山大学</td><td>经济系</td><td>J 经</td><td rowspan="2">辽宁财经学院</td><td>财政银行</td><td>J 经</td></tr>
<tr><td>中文系</td><td>W 文</td><td>基建财务</td><td>J 经</td></tr>
</table>

1. 海子报考高等院校志愿方向聚类填写总频率排序为经 1 文 2 法 3。将海子报考“全国重点高等学校”（报考志愿第一栏）和“一般高等学校”（报考志愿第二栏）的填写频率统一排序分析，可以看出海子的高考志愿方向选择频率排序为 J（1）、W（2）、F（3）、S（4）、Z（4），其频率分别为：J（7）、W（5）、F（3）、S（2）、Z（2）。对法律相关专业的填写频率居第 3 位（填写频率为 3），而对经济类相关专业的填写频率为第 1 位（填写频率为 7），对文学类相关专业的填写为第 2 位（填写频率为 5）。

海子高考报名志愿方向聚类填写总频率排序表

报考志愿总数专业聚类	报考志愿填写频率	报考志愿频率排序
J（经）	7	1
W（文）	5	2
F（法）	3	3
S（与数学相关）	2	4
Z（哲）	2	4

2. 海子报考“全国重点高等学校”志愿方向聚类填写频率排序

文1经2法3。将海子报考“全国重点高等学校”（报考志愿第一栏）排序分析，可以看出海子的高考志愿方向选择频率排序为W（1）、J（2）、Z（2）、F（3）、S（3），其频率分别为：W（5）、J（2）、Z（2）、F（1）、S（1）。对法律相关专业的填写频率居第3位（填写频率为1），而对文学类相关专业的填写频率为第1位（填写频率为5），经济类相关专业的填写频率为第2位（填写频率为2）。

海子报考“全国重点高等学校”志愿方向聚类频率排序表

报考第一志愿专业聚类	报考第一志愿填写频率	报考第一志愿频率排序
W（文）	5	1
J（经）	2	2
Z（哲）	2	2
F（法）	1	3
S（与数学相关）	1	3

3. 海子报考“一般高等学校”志愿方向聚类填写频率排序经1法2文0。将海子报考“一般高等学校”（报考志愿第二栏）志愿聚类填写频率统一排序分析，可以看出海子的高考志愿方向选择频率排序为J（1）、F（2）、S（3）、W（0）、Z（0），其频率分别为：J（5）、F（2）、S（1）、W（0）、Z（0）。对法律相关专业的填写频率居第2位（填写频率为2），而对经济类相关专业的填写频率为第1位（填写频率为5），对文学类相关专业的填写频率为0位（填写频率为0）。

海子报考“一般高等学校”志愿方向聚类填写频率排序表

报考第二志愿专业聚类	报考第二志愿填写频率	报考第二志愿频率排序
J（经）	5	1
F（法）	2	2

续表

报考第二志愿专业聚类	报考第二志愿填写频率	报考第二志愿频率排序
S（与数学相关）	1	3
W（文）	0	0
Z（哲）	0	0

根据上述分析可以看出，无论从报考高等院校志愿方向聚类填写总频率排序，还是从报考“全国重点高等学校”或“一般高等学校”志愿方向聚类的填写频率排序来看，报考“法律”专业相关方向都不是海子的第一选择，而其第一位的选择是“经济”类或“文学”类。可是，这又能说明什么呢?

海子报考“全国重点高等学校”（报考志愿第一栏）的第一专业（系科）是“法律”（法律系法律学）！幸运的是，海子的这第一类志愿的第一选择，竟然也被第一录取了。他别无选择！

但是，海子内心潜意识深处的强烈文学冲动一直激励着他，而经济选择冲动则一直困扰着他。也许，当年幼稚的海子并不明确知道他想要什么。文学才是他的“命中注定”。“经济”则是他的终身约束。而“法律”专业则轻易地、义无反顾地接受了他。它们加在一起要了他的“命”。

那么，海子的学习能力或天赋是否足于肩负“文史类”—“法学专业”的学习科目的重担呢?

二、海子的法学专业学习成绩不好吗

从学习的角度，海子选对专业方向了吗?他是否能学得下去，并且能够学得好吗?根据他的学习成绩记录分析，答案是肯定的。

（一）海子法学专业及其相关课程学习成绩“良好”

海子在大学学习期间（1979 年 9 月 ~ 1983 年 9 月），共学修课程 35 门次。其中在必修课中，约 1/4 强获“优”，1/2 强获“良”，1/5 弱获“及格”，也有一次不及格补考。总体来看，成绩属于“良

好”生的范围。

北京大学

学 生 成 绩 表

姓名：查海生

系别：法律学系

专业：法律学

学习期限：自1979年9月至1983年9月

海子北京大学学生成绩表封面示意图

1. 海子的获“优”成绩比例为约1/4强。在海子必修的考试课程中，他获得过“优”的课程有8门，分别为：国家与法的理论、汉语、外国国家与法历史、政治经济学、宪法、刑法、民事诉讼法、国际私法。

海子获“优”成绩课程统计表

序号	1979～1983学年 课程名称	第一学期 考试成绩	第二学期 考试成绩	获优频序
1	国家与法的理论 （1979～1980学年）		优	1
2	汉语 （1979～1980学年）	优		2
3	外国国家与法历史 （1979～1980学年）		优	3

续表

序号	1979～1983 学年 课程名称	第一学期 考试成绩	第二学期 考试成绩	获优频序
4	政治经济学 （1980～1981 学年）		优	4
5	宪法 （1980～1981 学年）	优		5
6	刑法 （1981～1982 学年）		优	6
7	民事诉讼法 （1981～1982 学年）		优	7
8	国际私法 （1982～1983 学年）	优		8
总计获“优”频率		8		

2. 海子的获“良”成绩比例约为1/2强。在海子必修的考试课程中，获得过“良”的课程有13门，分别为：中共党史、哲学、国家与法的理论、英国语、逻辑学、中国法律制度史、体育、婚姻家庭法、中国政治法律思想史、民法、刑事诉讼法、西方政治法律思想史、经济法；获“良”频次为15。

海子获“良”成绩课程统计表

序号	1979～1983 学年 课程名称	第一学期 考试成绩	第二学期 考试成绩	获良频序
1	中共党史 （1979～1980 学年）	良	良	1～2
2	哲学 （1979～1980 学年）	良	良	3～4

续表

序号	1979～1983 学年 课程名称	第一学期 考试成绩	第二学期 考试成绩	获良频序
3	国家与法的理论 （1979～1980 学年）	良		5
4	英国语 （1979～1980 学年）		良	6
5	逻辑学 （1979～1980 学年）	良		7
6	中国法律制度史 （1980～1981 学年）	良		8
7	体育 （1980～1981 学年）		良	9
8	婚姻家庭法 （1980～1981 学年）		良	10
9	中国政治法律思想史 （1980～1981 学年）		良	11
10	民法 （1981～1982 学年）	良		12
11	刑事诉讼法 （1981～1982 学年）		良	13
12	西方政治法律思想史 （1981～1982 学年）		良	14
13	经济法 （1982～1983 学年）	81		15
总计获“良”频次		15		

3. 海子的获“及格”成绩比例约为 1/5 弱。在海子必修的考试

考试课程中，他获得过“及格”的课程有3门，分别为：英国语、体育、国际法；获“及格”频次为5。

海子获“及格”统计课程表

序号	1979～1983学年 课程名称	第一学期 考试成绩	第二学期 考试成绩	及格频序
1	英国语 （1979～1980学年）	及格		1
2	体育 （1979～1980学年）	及格	及格	2～3
3	体育 （1980～1981学年）	及格		4
4	国际法 （1981～1982学年）	60		5
总计获“及格”频次		5		

4. 海子的获“不及格”成绩比例约为3%。在海子必修的考试课程中，他获得过“不及格”的课程1门，为英语，成绩为47分，经补考成绩达到77分。约占总考试次数（29）比例的3%。

海子获“不及格”课程统计表

序号	1979～1983学年 课程名称	第一学期 考试成绩	第二学期 考试成绩	及格频序
1	英国语 （1980～1981学年）		47 补考77	1
总计获“不及格”频率		1		

5. 海子选修课程成绩全部“合格”。在海子选修的课程中，他获得过“合格”的课程有5门，分别为：比较宪法、刑事侦查、形势与任务、法医学、行政法；其中获得“合格”频次为6。

海子获“合格”课程统计表

序号	1979 ~1983 学年 课程名称	第一学期 考试成绩	第二学期 考试成绩	合格频序
1	比较宪法 （1980 ~1981 学年）		合格	1
2	刑事侦查 （1981 ~1982 学年）	合格		2
3	形势与任务 （1981 ~1982 学年）	合格		3
4	法医学 （1981 ~1982 学年）		合格	4
5	形势与任务 （1981 ~1982 学年）	合格		5
6	行政法 （1982 ~1983 学年）		合格	6
总计获“合格”频次		6		

6. 海子在大学学习期间学习成绩总体“良好”。海子在大学学习期间（1979 年 9 月 ~1983 年 9 月），共学修课程 35 门次，其中包括：必修课程考试 29 次，获“优”8 次，占总考试次数（29）比例 28%；获“良”15 次，占总考试次数（29）比例 52%；获“及格”5 次，占总考试次数（29）比例 17%；获“不及格”1 次，占总考试次数（29）比例 3%。总体来看，海子在大学学习成绩的考试课程为“优/良”成绩比例合计为 80%。其中获“良”比例大于获“优”比例：52% >28%；或者说，获“优”比例不足1/3或1/4弱；获“良”比例超过半数以上：52%。

海子在大学学习期间（1979 年 9 月 ~1983 年 9 月），共选修课程 6 门次，获“合格”6 次，占总考查次数（6）的比例为 100%。

海子的大学学习成绩的最弱项为“英国语”和“体育”。经过 2

年4学期的学习，海子最后一学期的“英国语”成绩为“不及格”：1979～1980学年（一年级）第一学期成绩为“及格”，第二学期成绩为“良”；1980～1981学年（二年级）第一学期成绩为考查“合格”，第二学期成绩为“47”不及格，经补考成绩达到“77”。

经过2年4学期的学习，海子的“体育”获得3次“及格”，1次“良”：1979～1980学年（一年级）第一学期成绩为“及格”，第二学期成绩为“及格”；1980～1981学年（二年级）第一学期成绩为“及格”，第二学期成绩为“良”。由于海子在体育课的最后一年获得“良”的成绩，可以看到他的身体素质还是有所提高。

海子在北京大学就读期间的“学生成绩表”汇总统计表

姓名：查海生　　系别：法律学系　　专业：法律学

学习期限：自1979年9月至1983年9月

序号	1979～1983学年课程名称	第一学期	第二学期	优频序	良频序	及格频序	合格频序	不及格补考频序
		考试/考核成绩	考试/考核成绩					
1	中共党史（1979～1980学年）	良	良		1～2			
2	哲学（1979～1980学年）	良	良		3～4			
3	国家与法的理论（1979～1980学年）	良	优	1	5			
4	英国语（1979～1980学年）	及格	良		6	1		
5	汉语（1979～1980学年）	优		2				
6	逻辑学（1979～1980学年）	良			7			

续表

序号	1979～1983 学年 课程名称	第一学期	第二学期	优频序	良频序	及格频序	合格频序	不及格补考频序
		考试/考核成绩	考试/考核成绩					
7	外国国家与法历史 （1979～1980 学年）		优	3				
8	体育 （1979～1980 学年）	及格	及格			2～3		
9	政治经济学 （1980～1981 学年）		优	4				
10	中国法律制度史 （1980～1981 学年）	良			8			
11	宪法 （1980～1981 学年）	优		5				
12	英国语 （1980～1981 学年）		47 补考 77					1
13	体育 （1980～1981 学年）	及格	良		9	4		
14	比较宪法 （1980～1981 学年）		合格				1	
15	婚姻家庭法 （1980～1981 学年）		良		10			
16	中国政治法律思想史 （1980～1981 学年）		良		11			
17	刑事侦查 （1981～1982 学年）	合格					2	
18	民法 （1981～1982 学年）	良			12			

续表

序号	1979～1983 学年 课程名称	第一学期	第二学期	优频序	良频序	及格频序	合格频序	不及格补考频序
		考试/考核成绩	考试/考核成绩					
19	国际法 （1981～1982 学年）	60				5		
20	形势与任务 （1981～1982 学年）	合格					3	
21	刑事诉讼法 （1981～1982 学年）		良		13			
22	西方政治法律思想史 （1981～1982 学年）		良		14			
23	刑法 （1981～1982 学年）		优	6				
24	法医学 （1981～1982 学年）		合格				4	
25	民事诉讼法 （1981～1982 学年）		优	7				
26	经济法 （1982～1983 学年）	81			15			
27	国际私法 （1982～1983 学年）	优		8				
28	形式与任务 （1982～1983 学年）	合格					5	
29	行政法 （1982～1983 学年）		合格				6	
成绩总计频次				8	15	5	6	1
占总考试（29）/考查次数（6）比例				28%	52%	17%	100%	3%

总体来看，海子在大学期间学习成绩“良好”，有1/4强的成绩还获得了“优秀”。他的学习能力足于承担起大学法律专业学习的重任。

值得一提的是，虽然他的外语成绩较弱不足于影响他自己选择的发展方向，但是，他不那么健康的身体状况，则会制约他走上工作岗位后日以继夜的工作。

（二）海子的实习表现和实习报告令人满意吗

根据当时中国大学的惯例，本科生的社会实习是必须的科目，一般安排在四年级的上半学期。北京大学法律系79级2班的查海生（海子）的实习起止时间是1982年8月15日～11月11日，实习单位是“河北省石家庄市新华区人民法院”。他还有两位实习单位指导教师：一位是实习单位指导教师姚志祥（石家庄新华区法院审判员）；一位是实习指导教师邹世杰（北京大学法律系讲师）。关于海子的实习情况及其评价，由于没有见到海子实习单位和二位指导老师的评语，无从说起。但是，根据其个人的《实习报告》和北京大学《高等学校毕业生登记表》中的“个人鉴定”和“班组评语”，可以看到他的实习表现和实习报告是令人满意的。

1. 海子实习报告有感而发内容丰富。所谓的实习报告，实际就是完成实习任务后的一份“实习小结”。海子的《实习小结》于1982年11月1日完成，全文1632字。由于使用的是150字一页的稿纸，共写了11页半。捏起来厚厚的一叠，内容也是相当丰富，其中包括业务理论、司法人员素质和实习建议三个部分。

（1）业务理论。经过两个多月的基层法院民庭实习，海子在审判员同志的指导下参加了一些民事案件的办理，体会主要是在“业务实践”和“业务理论”两个方面。大多数本科生实习中的收获总结可能都在“业务实践”方面，可是海子是一个具有理论思考素质的学生，他的主要收获不是“实践”而是“理论”。

实 习 报 告

北京大学法律系七九级二班

查海生

实习单位指导教师

姚志祥（石家庄新华区法院审判员）

实习指导教师

邹世杰（北京大学法律系讲师）

实习单位：河北省石家庄市新华区人民法院

实习起止时间：八二年八月十五日至十一月十一日

海子实习报告封面示意图

第一，业务实践感性认识和初步练习。通过对法院的实际工作、程序与步骤以及实践技能（如记录、调查、询问、调解、联系等）方面的实践，海子的感受是轻描淡写："有了一些感性认识和初步的练习。"但是，他仍然用增加文采的方式加强了一下语气："这对我酷爱在书本和理论之间兜圈子的书生气是一次强有力的冲击。"

第二，以案为例阐述业务理论收获。新婚姻法颁布施行后，当时的离婚率上升。在民庭实习的海子就自己"接触的案子"阐述对"离婚问题"和"办理离婚案件的步骤及过程"的体会："解决离婚案件的业务步骤是从询问调查到调解到判决，而在调解中则从调和到调离。"

海子区别了在办案实践中"询问调查"、"调和"、"调离"和"判离"的重点：

第一，询问调查应当着重把握起诉与辩诉的争议实质。所谓争议实质就是"原告到底是因为什么提出离婚"："夫妻双方的感情不和”、“父母搅和等家庭纠纷”、“第三者插足”。另外需要了解：“婚姻家庭的基本情况、现状”、“双方的要求及态度”等。

第二，调和应着重于道理、观念和词句上的启发。海子认为离婚原因涉及两个方面：①“与婚姻基础等有关”；②“与当事人所持的婚姻观念、家庭观念有关”。因此，在调和过程中要“着重启迪并诉诸当事人的这些观念”。要完成这一任务，还要“结合单位做大量细致的工作”。

第三，调离和判离的主要问题是夫妻财产分割及孩子抚养。调离过程中和判离过程中财产分割的重要性和困难之处在于当事人双方会在这个问题上纠缠不休，尤其是被告。因此，海子提出了财产分割应掌握的原则：划清离婚前后财产的原则；照顾妇女和儿童利益的原则（对孩子的抚养及抚养费问题要着重考虑；抚养费的多少及规格需要深入研究）；力求确切、有证据的原则（夫妻双方财产这种“家务事”很不容易弄清，因此要做到尽量证实分清，不可轻信）；公平合理与综合权衡结合的原则（要照顾双方要求，同时也要考虑各自的实际情形，给予孩子抚养费的同时要考虑到各方的经济能力）。

此外，海子还参与办理了“房产案”、“赔偿案”、“赡养案”等，对其应掌握的原则如：根据证据确认产权、分析具体情况解决具体问题，以及对赔偿案、赡养案的“点滴认识”等，海子没有“一一细述”。但由此也可以看出海子实习中涉及的民事案件的范围。

（2）司法人员素质。海子在这唯一的一次接触司法系统实际状况的实习中颇有感触，他写道：“亲身体验促使了一些感触的萌生。”海子认为：“作为一名司法工作人员需要知识、技能与作风等方面的配合。”这体现在：①工作作风上端正态度，树立为人民办好案的信念与正直无畏的品质，对当事人的态度应避免职业性冷漠。②司法工作人员不仅要精通各种法律专业知识，而且要适当扩大自己的知识面并有机地运用。海子举例说明：在一件房产案中，原被告因宅基归属不清而争执不下。他们都根据原契和现在大量结果互称对方占了自己的宅基。我们通过走访老住户，调查计量单位并反复丈量现场得出当时契约上使用的是造尺（1 营造尺 =0.320 米），而现在当事人双方使用的是米制（1 尺 =0.333 米）。因而长期纠缠不清。我们这样调查后就比较顺利地解决了。③实践技能也是比较重要的一方面。如调解过程中，审判员应当既把握双方当事人要求，又要有自己的主见，不能围当事人转；此外如有中心有步骤地办案亦是也需要长期锻炼。

（3）实习建议。最后海子提出两点建议。在建议中，考虑了理论教学和实习的安排两个方面，是针对实习过程中所感受到的问题而言的，不是无的放矢：①在理论与实践关系的两方面都需要有主动性，如：在婚姻法课程里适当地讲解离婚司法就是理论的主动性。②让实习同学在各庭之间适当置换，扩大实习中接触面。看来，海子对仅仅局限于民庭和民事案件的处理，有些不太满足。但是，他所提的建议对于改进法学教育的“理论教学”和“实习”两个环节的安排，以及改善二者之间的关系是有益的。海子已经在尝试运用“系统思维”方式分析和解决问题。

2. 个人评价实习任务完成得“较完满”。海子在自己毕业时的“个人鉴定”中从实习中“是否理论联系实际”、“日常工作是否热心”、“学习是否虚心”、“任务完成是否完满”、“实际工作能力是否提高”等方面评价自己的“实习任务完成得较完满”。他写道：“在实习中力争理论联系实际，对待日常事务性工作热心并虚心向审判员学习，实习任务完成得较完满，大大提高了自己的实际工作能力。”

3. 班组评价工作和业务都令人满意。海子毕业时的“班组评语”不仅从司法业务实习的效果，而且从实习中的工作角度对海子进行了评价。这是因为海子在实习中还担任实习小组的“小组长”。这一点是海子在“个人鉴定”中没有提及的。这也许是由于大学时期的海子为人谦虚的态度所致，也许是海子根本就没有把这个实习“小组长”当一个事儿。所谓实习小组长并不是一个学生“官”，实际上就是在同一个法院实习的几位同学的上下联系人。对小组长的一般要求就是能够传达校方和老师的一些通知和要求，自己带头完成任务并热心为同学们服务。海子的小组长工作和自己的模范带头作用都得到了“班组评语”的肯定：“实习工作认真负责，较快地熟悉了司法业务。在任小组长期间热心为同学服务。工作踏实，细心。”

综上所述，海子的包括担任实习小组长在内的实习表现和实习报告都算是令人满意的。

三、海子大学毕业论文及其评价为“优”

如果说海子的大学学习成绩考试记录令关于海子的“天才崇拜”者感觉不那么“尽如人意”的话，那么，作为海子大学学习能力综合体现的大学毕业论文获“优”，则是一件令人释怀的成绩。

（一）关于论文的题目及相关信息

海子的大学毕业论文题目是《简论早期马克思对黑格尔法哲学批判的发展》[①]。值得注意的是，他的论文原稿标题上被用铅笔圈掉了“简论早期”和“的发展”7个字；于是就变成了被编号为“79013”的“北京大学毕业论文”的正式题目：《马克思对黑格尔法哲学的批判》（注意：在“批判”前添加了一个“的”字）。这一题目并非海子本人所填写，而是与该封面页填写的草书字迹和指导教师赵震江的签字相同（参见以下示意图）。

值得关注的是，在当年北大79级选择法理学方向毕业论文题目的15人中，有14人是选择的现实感较强的题目，如：社会主义法制（或法律）与精神文明、经济管理、民主化、权威性、平等原则、守法，以及宪法和法律与党的关系等，只有海子一人选择了上述距离现实较远且理论性和学术性较强的题目。这一选择影响了对他的论文评语（见下文）。

---

① 以下对海子大学毕业论文研究的直接引用和间接引用均出自该论文，篇目和页数略。

79013

北京大学

毕业论文

题　目　马克思对黑格尔法哲学的批判①

学　系　法律系

专　业　法律专业

学生姓名　查海生

指导教师姓名　赵震江

1983 年　月　日

北京大学毕业论文封面示意图

（简论早期）马克思

对黑格尔法哲学批判（的发展）②

（一）马克思早期法律思想在马克思思想发展史上具有很重要的意义，这个阶段是马克思以唯心主义转向唯物主义，以革命民主主义转向共产主义的重要过渡期。研究马克思早期法律思想对于马克思主义法学基础理论研究的深化，对于正待兴起的马克思主义法哲学的创立，对于当前社会主义法律实践都有很重要的意义。

马克思早期法律思想的内容是很丰富的。这里仅简单考察一下早期马克思对黑格尔法哲学的批判，这可以通过一个典型侧面来把握马克思早期法律思想的特征和发展过程。

黑格尔法哲学是黑格尔哲学中最保守的部分，最典型地体现了普鲁士政治社会状态和德国资产阶级的妥协性。马克思对黑格尔法哲学的批判同时也就是对德国现存制度和意识形态最彻底的批判。应该说，马克思一步步挣脱黑……

海子毕业论文第一页示意图

① 本页封面填写的草书字迹和指导教师赵震江的签字相同，非海子所填写。

② 论文标题括号中的字为海子原文，但是被铅笔笔迹画圈，推测是被指导教师删除的文字；文章标题和段落的格式为论文原有格式；论文每页的上边有“北京大学论文用纸”的字样和页码。原文为手写字体。

虽然是一个论文标题的简单改动，但是，它将“牵一发而动全身”，“一动无有不动”。因为标题的变动将影响全文的写作思路和评价思路。如果是海子的论文内容与其标题不符，将其标题改动以符合内容也是论文指导和评阅的应有之义。可是，根据导师的评语看来，学生和导师按各自的思路进行了写作和评价。而对题目的改动显然是非海子本人且在其论文完成之后，而不是在论文写作之前或写作未完成之前。根据迄今为止的本/硕/博论文的指导和评判状况，承担指导学生论文的数量过多，以及规定时间上交、集中评审、统一答辩的工作程序给导师们带来的特定时间内超负荷压力，导致评审或答辩能够在学生答辩时读完论文全文的导师已经是很尽职的导师了。海子的导师毕竟认真读完了海子的论文，尽管他是按照自己的思路进行评价的（见下文）。

（二）关于论文的主要内容

海子的这篇论文全文共7141字，这也许是当时大学本科生毕业论文限制在8000字以内的要求。全文共有六个部分，其目录是：（一）……1；（二）大学时期……3；（三）莱茵报时期……6；（四）《批判》时期……10；（五）《大纲》时期……17；（六）……18。在目录（一）和（六）的后面都没有文字。根据后面论文的实际内容来看，（一）是关于“绪言”的内容，（六）是关于“结论”的内容。但是海子似乎觉得那四个字是多余的，“此时无声胜有声”。也许对于他来说真是这样，可是对于作者来说，就是一个“悬念”或“与众不同”或“别出心裁”了。

1. 绪论阐述了选题的意义和研究对象的分期。论文作者阐述了选题的意义有三个方面：一是对于马克思思想发展史的研究具有很重要的意义。因为这个阶段是马克思思想的“两个转变”（从唯心主义转向唯物主义，从革命民主主义转向共产主义）的重要过渡期。二是对于马克思主义法学基础理论研究和马克思主义法哲学的创立具有重要的意义。三是对于当前社会主义法律实践有很重要的意义。

论文作者认为，选择早期马克思对黑格尔法哲学的批判开展研究，可以通过一个典型侧面来把握马克思早期法律思想的特征和发展过程。因为马克思一步步挣脱黑格尔客观唯心主义的过程在对黑格尔法哲学的批判中得到最鲜明的体现；同时，马克思早期法哲学的思考和批判就是他世界观思考的支点和表现形式。

论文作者按照研究马克思早期思想的一般分期方法，把马克思早期法律思想阶段的下限划到德法年鉴时期，并将马克思对黑格尔法哲学的批判划分为四个阶段：①大学时期；②莱茵报时期；③《黑格尔法哲学批判》（以下简称《批判》）时期；④《黑格尔法哲学批判大纲》（以下简称《大纲》）时期。作者按照自己的分期，即：大学时期、莱茵报时期、《批判》时期、《大纲》时期，分四个阶段进行了论述。

2. 大学时期。论文作者简要地叙述了费希特的哲学、具有社会主义倾向的自由黑格尔主义者甘斯的法哲学、参加青年黑格尔运动等三个方面对青年马克思的影响，同时指出作为重要里程碑的《博士论文》，成为莱茵报时期的政治评论和法哲学批判的基础。

论文作者重点关注了马克思在结束《博士论文》写作之后，将理论批判与政治斗争实践相结合，尤其是马克思对黑格尔法哲学中君主立宪制观点的批判。论文作者清醒地认识到“当时马克思的思想基本上还是唯心的”，“还不可能对……黑格尔法哲学进行全面批判”，同时清晰地描述了马克思思想发展的起点：

（1）当时主要是政治立场上的批判。当时马克思对黑格尔法哲学的批判“不是着眼于重大的理论与立论上的是非问题，而是在政治立场上”：黑格尔站在君主立宪制的立场上，而马克思则反对君主立宪制。他这时的批判主要集中在“揭露黑格尔的君主立宪立场同他的辩证法之间的矛盾，在于批判黑格尔反动保守的政治观点”。马克思对黑格尔法哲学的批判同时也就是“对德国现存制度和意识形态最彻底的批判”。

（2）当时走在时代潮流的最前列。这为马克思后来在《莱茵报》从事的政治评论定下了激进革命民主主义基调。对黑格尔法哲学体系与方法的全面批判则在未来的实践中获得自己的真髓。

3. 莱茵报时期。论文作者叙述了马克思由思想批判向政治批判的转变过程："由批判基督教国家的思想基础，批判黑格尔法哲学的君主立宪论转到对现存的普通政治、社会问题进行评论，批判普鲁士专制制度。"

（1）从关注"理性基础"和"思想自由"问题转向批判"官僚制"和"等级制"。莱茵报时期的早期，马克思受黑格尔理性法影响而较多地关注国家的理性基础和思想自由问题，后期则大多围绕对黑格尔法哲学里的官僚制、等级制等展开批判。在黑格尔法哲学中的理想国家的三个基本要求是：君主的最高权力、官僚机构、等级制度。因此，批判普鲁士专制制度的几个侧面也就是批判黑格尔法哲学的几个主要环节。

（2）获得对国家的唯物主义理解。《关于出版自由和公布等级会议记录的辩论》、《关于林木盗窃法》、《摩塞尔记者的辩护》就反映了这种理解的开始。通过对实际问题的剖析，马克思对黑格尔法哲学的批判变得更具体更有力。

（3）人民主权国家观和理性法思想结合构成独特的过渡期法哲学。黑格尔坚持君主主权论，认为王权是作为被区分出来的各种权力集中于、统一于个人的意志决断的主观性权力；王权是君主立宪制的顶峰和起点，并凌驾于行政权和立法权之上；民主制是"未发展状态"人民的国家形式。而马克思坚持人民主权论，批判了这种向王权公开讨好献媚的君主立宪理论，认为真正的国家制度是民主制。

（4）联系普鲁士等级代表机关批判君主主权论。黑格尔以需要的差别来论证普鲁士等级代表等级制度存在的必然性。马克思则巧妙地运用"精神的动物世界"的提法象征不可能调和的各等级对立关系。马克思认为等级代表制产生于过去时代的解体过程，是过去强加于现在的结构，这些等级代表机关并不代表"国家"利益（即人民利益），而只代表他们自己等级的利益。马克思要求适应历史的要求建立真正代表人民利益的代表制。

（5）批判普鲁士国家内部体制的“官僚主义理性”。马克思总结出官僚机构的规律，并从实践的角度批判黑格尔法哲学中作为行政权的官僚机构（见 1842 年 2 月的《评普鲁士最近的书报检查令》）。在研究摩塞尔河沿岸区葡萄农的贫困状况时指出：官僚制度的管理原则就是下级服从上级，上级依靠下级，而都不对人民负责；官僚制度的理性就是脱离人民、不顾人民死活的理性。

（6）转变中的“突变”是对“一无所有的等级”的研究和注意。黑格尔法哲学把“一无所有的等级”看作是“市民社会的一种单纯的常态”，将之排斥于“自觉的国家结构”之外。在报道评论省议会关于林木盗窃惩治法草案的辩论中，马克思首次深入研究了“一无所有的等级”，把它看作是市民社会和政治国家的重要组成部分，从而在社会结构和国家结构内部寻找矛盾的根源，重新强调了对人民代表制的要求。这是马克思革命民主主义法哲学的“突变”①。

莱茵报时期的政治评论实践使马克思认识到国家并不是理性的体现，光靠宗教批判和政治批判也不可能改造国家，只有改造社会才能改造国家。海子指出：“这既是法哲学中实质性进展，也是整个社会科学方法论的重大突破。”

4.《批判》时期。《批判》是马克思批判黑格尔法哲学的第三阶段。论文作者描述：“这时，马克思对黑格尔法哲学的批判超出了德国的范围，就像上一个阶段超出理论范围，下一个阶段《导言》将超出法哲学范围一样。”

为了描述马克思在这一阶段的思想超越，论文作者从方法论批判的层面论述了四个方面的内容：

（1）明确地运用唯物主义立场观点来分析批判黑格尔的法哲学。

① 注意这是海子第一次使用系统科学中的“突变”一词，但是，在该文中“突变”一词还不具有研究方法论的意义。

（2）对黑格尔法哲学的批判不同于费尔巴哈对黑格尔的批判。在批判的对象和途径上都存在着差别。马克思强调指出费尔巴哈："过多地强调自然，而过少地注重政治。"他不满足于像费尔巴哈那样仅仅指出黑格尔体系的内在矛盾，而是研究了具体历史发展和社会关系，从而使对黑格尔法哲学的批判性分析变成对资本主义社会和国家的批判，为下一个阶段超出哲学的范围准备了条件。

（3）着重批判了黑格尔客观唯心主义方法论表现的"逻辑的泛神论的神秘主义"，即：理念成了独立的主体，由之产生出原则和具体现实；不是去寻找具体事物的逻辑（即规律），而是把法哲学变成"逻辑学的一章"和"对逻辑学的补充"；含糊的"中介论"。

（4）指出当时世界观的不成熟和不完善。因为马克思的手中持有两种相近但不完全相同的批判工具：一是受费尔巴哈著作影响的"直观唯物主义"的逻辑批判工具（这是一代人都曾受过的影响）；这种工具有力但不彻底，不能直接导向历史唯物主义。二是《莱茵报》斗争培养的唯物主义思考方式，并通过进一步研究使其更加完整更富有历史感；但由于马克思当时尚未深入研究经济关系，因而这种批判工具也就不完全成熟。

从马克思批判的政治内容方面，论文作者也进行了四个方面的分析：

（1）着重解决政治国家和市民社会的关系。从费尔巴哈的宗教人本学批判过渡到对社会关系的完整认识：政治国家与市民社会的对立；政治国家与公共利益的虚假统一；国家对人本质的宗教性（它既不同于世俗的分裂的人世，又不同于抽象的人的本质）。这里的认识是一级过渡的阶梯，一方面可以看出《批判》受费尔巴哈人本学宗教批判的影响，另一方面又可看出向"人类解放问题"思考的进展。马克思对国家和社会的分析由普鲁士转向整个资产阶级制度，而且他的锋芒指向由一般问题转向具体问题。

（2）对官僚制等级的理论批判。马克思早先把官僚机构斥为国家的特权行会的认识，上升到理论批判的高度，指出：普鲁士官僚机构把个人利益冒充为国家（人民）利益，并侵犯真正的人民利益；官僚制是政治异化的主要原因；针对黑格尔赋予等级制现代市民社会和政治国家之间中介的功能，马克思一针见血地指出各等级捍卫的不是普遍的利益，而是他们的权利。

（3）人民主权论和君主主权论的彻底对立。从批判黑格尔神秘地将君主与“肉体的出生”联系在一起这条引线出发，马克思阐述了人的社会性。这是马克思对人的认识的新进展，超过了只注重人的自然属性而忽视社会性的费尔巴哈。马克思把君主主权论和人民主权论彻底对立起来，认为主权概念不能容忍自身的双重存在：“不是君主的主权，就是人民的主权——问题就在这里。”

（4）把彻底民主制与人类解放问题紧密地联系。马克思主张一种彻底的民主制，并将自由、人民主权和人类解放与这种民主制联系起来，并论述了市民社会、政治国家和人的本质这三个层次间复杂的关系。在未来的民主制那里：“政治国家和人民统一（类似于古代）；政治国家和市民社会统一（类似于中世纪）；人的自由成为政治国家原则（类似于现代）。”政治解放并未涉及市民社会，如1793年法国宪法也是以私有财产为基础的。人类解放是社会从“犹太”（即金钱）中解放的。人类解放要“推翻那些使人成为受屈辱、被奴役、被遗弃和被蔑视的一切关系”。作者评价认为：“尽管马克思提出的理想社会状态还比较抽象，也未指出实现的途径，但已相当接近于共产主义理想。”

5.《导言》时期。《导言》是马克思对黑格尔法哲学批判的最后阶段，也是他最终转变到共产主义的标志。对于这一阶段，论文作者也许是受到文章字数的要求，表述得较为简洁，篇幅也较为紧凑，着重描述了三个方面：

（1）巴黎共产主义运动和无产阶级斗争的启迪。《导言》深受巴黎共产主义运动和无产阶级斗争的启迪，因此《导言》不同于处于同一水平的《批判》和《论犹太人问题》。

（2）“武器的批判”代替了“批判的武器”。马克思在这里诉诸

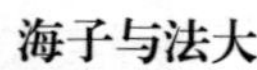

无产阶级这个人类最伟大的力量，用“武器的批判”代替了“批判的武器”。

（3）一种科学体系代替了批判体系。抽象的法哲学批判不见了，代之而起的是一种科学世界观的萌芽状态。在这之后，马克思找到了实现人类解放的力量。他将研究经济关系，批判资产阶级经济学和黑格尔逻辑学体系，迈向和恩格斯共同制定科学社会主义体系的道路，也为马克思主义法学开辟了方向。

6. 结论。与论文标题“简论早期马克思对黑格尔法哲学批判的发展”相呼应，论文作者指出，青年马克思对黑格尔法哲学的批判是马克思早期思想发展的重要阶段，从逻辑进程上分为四个时期，并在关于“结论”（编者使用）的论述中，分别描述了各个时期的“发展”特征：

大学期间，马克思主要是对作为基督教国家普鲁士思想基础的黑格尔法哲学的批判，对象是黑格尔保守的政治立场和君主立宪制理论；

《莱茵报》时期，马克思在对现实的普鲁士专制制度进行政治评论中贯穿了对黑格尔法哲学的批判性理解，而且这种理解在不断更新不断完善；

《批判》时期，马克思全面清算了黑格尔法哲学的国家学说，并结合唯物主义理解进行了方法论的批判；

《导言》时期，马克思已把对黑格尔法哲学的批判引申到共产主义世界观和科学社会主义体系的研究上，从而超出了法哲学批判本身的范畴，结束了黑格尔法哲学批判这个历史时期。

在论文的结束语中，论文作者用了两个“有助于”又一次强调这一研究的理论和实践意义，指出理解这场批判的内容和方法：①有助于我们对马克思主义法学基础理论和法哲学的研究；②有助于我们对形形色色唯心主义法律思想的批判。

（三）毕业论文成绩及其评语

在那篇“北京大学毕业论文”封面和其中“北京大学成绩表毕

业论文”的题目中，被不同于海子的笔迹①填写了不同于海子原文题目的《马克思对黑格尔法哲学的批判》的论文题目；在“成绩评语”栏目中填写的内容可以被区分为：对论文选题的评价、作者的研究工作状况、论文的优点及作者研究能力评价、论文的不足之处等方面的内容。

<table>
<tr><td rowspan="2">毕业论文</td><td>题目：
马克思对黑格尔法哲学的批判</td><td>成绩：
优</td></tr>
<tr><td colspan="2">成绩评语：
论文的选题，理论性、学术性较强。研究这一课题，需要有比较系统的马克思主义理论知识和一定的历史知识。通过论文可以看出，作者阅读了马克思创始人早期的一些著作和其他一些文献，掌握了一定的资料，对经典作家的原著有较好的理解。论文的理论阐述，层次比较清楚，史料运用基本上准确，观点是正确的，较好地贯彻了历史唯物主义原理，反映了作者具有较强的理论探索精神和一定的研究能力。
不足之处：一般过程的历史叙述较多，缺乏更为深入的理论探索和详细阐述；有的言词不够通俗、明确。
教师签字：赵震江　　1983 年 6 月 10 日</td></tr>
</table>

海子毕业论文成绩评语示意图

1. 对论文选题的评价：指导教师认为论文的选题属于“理论性、学术性较强”的选题。海子的论文选题并不是一个纯粹的法学论文题目，而是一篇关于马克思主义发展史的论文题目，或者说马克思对黑格尔法哲学的批判在马克思共产主义思想形成中地位和作用的论文题目。因此，研究这一课题，需要有两方面的知识背景：“比较系统的马克思主义理论知识”和“一定的历史知识”。

2. 关于论文作者工作的评价：指导教师从“文献阅读”、“资料掌握”和“原著理解”等三个方面进行了评价，认为通过论文可以看出作者：“阅读了马克思创始人早期的一些著作和其他一些文献”；

① 该成绩表的字迹不同于海子论文和“论文评定指导教师意见”单页上赵震江的笔迹，可能是学术秘书填写。

“掌握了一定的资料”；“对经典作家的原著有较好的理解”。

3. 论文的优点及作者研究能力评价：指导教师认为作者具有“较强的理论探索精神”和“一定的研究能力”。而支撑这一结论的论据包括理论阐述是否清晰、史料运用是否准确、观点是否正确三个方面，这体现在：“论文的理论阐述，层次比较清楚”；“史料运用基本上准确”；“观点是正确的，较好地贯彻了历史唯物主义原理”。

4. 论文的不足之处评价：指导教师认为论文的不足之处包括三个方面：“一般过程的历史叙述较多”、“缺乏更为深入的理论探索和详细阐述”、“有的言词不够通俗、明确”。[①] 除了关于言词表述方面的评价之外，这里也反映了作为法理学研究方向的导师对论文的理解：这篇论文应该是一篇“法理学”研究方向的论文，而不应该是一篇“法律思想史”或者“马克思主义思想史”研究方向的论文。因此，导师圈掉了论文原题目中“简论早期”和“的发展”7个字，并将其题目改正为：“马克思对黑格尔法哲学的批判”（推测）。

尽管如此，导师还是在论文的“成绩”栏中给出了“优”的评分。海子大学法律专业的学习画上了一个完美的句号。

海子不能允许自己不完美。在大学学习生活是这样，在生命的各个时期，甚至在生命的最后结束时期也是这样。

（四）海子的毕业鉴定是“优良”

根据海子的《高等学校毕业生登记表》，其中“自我鉴定”、“班组鉴定”都达到“优良”水平。“学校组织鉴定”同意班组鉴定意见。

1. 海子的“自我鉴定”达到优良水平。对于自我鉴定的填写，虽然没有硬性规定，但是按照惯例，一般包括优点和缺点两个方面。一般来说，都是优点大于缺点，否则填写人就被自我否定了。海子

---

① 这里可能是指：①海子用了“把王权抬于行政权和立法权之上”，来描述马克思所批判的黑格尔“公开讨好献媚”君主立宪理论；②海子在论文中提到马克思“突然又回到对303节的批判”，而未加说明和注解。见本书海子法学论文部分。——编者注

撰写的“自我鉴定”也是这种格式。

高等学校毕业生登记表

学　校　北京大学

系　科　法律学系

专　业　法律学

姓　名　查海生

填表时间　一九八三年七月六日

中华人民共和国教育部制定

海子的高校毕业登记表示意图

(1) 优点包括：政治表现、人际关系、学习和科研能力三个方面。海子重点评价了自己的政治表现以及学习和科研能力的优点。

第一，在政治表现方面，海子从政治态度、政治行为和政治理论等三方面进行了自我评价。在政治态度方面：“热爱社会主义祖国，热爱党”，“坚持四项基本原则，拥护三中全会以来的政策”；在政治行为方面：“积极向党组织靠拢”，“遵守校纪”；在政治理论方面：“认真学习马克思主义理论和党的方针政策”，“注意时事政治学习”，“系统研究了马克思主义，能运用马列主义方法论分析问题、解决问题”。

第二，在人际关系方面，海子从为人、待人、与集体的关系等三个方面进行了自我评价。在为人方面：“老实朴素”；在待人方面：“诚恳、正直”，“团结同学，注意与其他同学进行思想交流，科学讨论”；在与集体关系方面：“关心集体”。

第三，在学习和科研能力方面，海子从学习的目的和态度、学习方法、科研能力、学习成绩、理论联系实际五个方面进行了自我评价。在学习的目的和态度方面：“学习上能够刻苦认真，态度端正，目的明确”，“虚心向审判员学习”；在学习方法方面：“学习上注重方法和总体性，注重理论基础与知识结构，注重科研能力和思考方法的培养”，“能突破学科界限阅读、思考”，“关心新思潮和方法论上的重大突破”；在学习成绩方面：“成绩较好”，“实习任务完成得较完满”，“写出了有一定水平的毕业论文”；在科研能力方面：“业余锻炼自己写作能力”，“独立思考能力不断提高”，“在思考、写作能力方面有很大提高”，“积极参加校‘五四’科学讨论会，提交数篇论文”；在理论联系实际方面：“在实习中力争理论联系实际”，“大大提高了自己实际工作能力”。

（2）缺点集中在体育方面。海子自我评价：“课外能坚持体育锻炼，但不经常。”最后，海子表明态度：“今后一定要改正缺点，全面发展。”

自我鉴定：

热爱社会主义祖国，热爱党。通过认真学习马克思主义理论和党的方针政策，积极向党组织靠拢。坚持四项基本原则，拥护三中全会以来的政策，系统研究了马克思主义，能运用马列主义方法论分析问题、解决问题。注意时事政治学习，遵守校纪，积极参加校“五四”科学讨论会，提交数篇论文，业余锻炼自己写作能力。学习上能够刻苦认真，态度端正，目的明确。学习上注重方法和总体性，注重理论基础与知识结构，注重科研能力和思考方法的培养。成绩较好。能突破学科界限阅读、思考。独立思考能力不断提高。关心新思潮和方法论上的重大突破。在实习中力争理论联系实际，对待日常事务性工作热心并虚心向审判员学习，实习任务完成得较完满，大大提高了自己实际工作能力。在指导导师热心帮助下，写出了有一定水平的毕业论文。在思考、写作能力方面有很大提高。课外能坚持体育锻炼，但不经常。今后一定要改正缺点，全面发展。

本人签名：查海生

1983 年 7 月 6 日

海子毕业的自我鉴定表示意图

2. 海子的班组鉴定同样达到优良水平。这份由班组长夏华和韩沐新于 1983 年 7 月 9 日签名的“班组鉴定”的内容，同样也区分为优点和缺点两个部分。

（1）优点评价也包括政治表现、人际关系、学习和科研能力等方面，但是增加了“工作”和“诗歌”两个评价项目，并且文字表述也比较简洁。

第一，政治表现包括政治态度和政治行为两个方面。政治态度：“能坚持四项基本原则，拥护党的方针政策，认真学习马列主义理论，关心时事政治”；政治行为：“积极向党组织靠拢”。班组评价中忽略了海子最为得意的“政治理论”项：“系统研究了马克思主义，能运用马列主义方法论分析问题、解决问题”。其原因大概是由于基层组织主要关注的是评价政治表现中的“政治态度”和“政治行为”两个方面。

第二，人格评价包括为人、生活作风和劳动态度三方面。这一人格评价项在海子自我评价中是没有的，而基层组织评价却注意到海子的为人“朴实、正直”、生活“艰苦朴素”、劳动“积极，吃苦耐劳”的良好品格。

第三，学习和科研能力评价包括学习态度、科研能力、学习成绩等三个方面。但是，在学习方面没有提及海子自我评定的“学习目的明确”，而只是关注了他的“学习刻苦”的态度；学习方法方面关注了“注重学习方法的训练”；在科研能力方面肯定了海子“对各种问题有独立见解，积极参加历年的学术讨论会，有一定分析问题、解决问题的能力”；学习成绩方面评价其“成绩优良”，实习中“较快地熟悉了司法业务”。值得注意的是，基层组织注意到海子自己没有具体表述的“在学好专业课的同时，广泛涉猎哲学、民族学、文学等各门学科”，而没有提海子自我评价中的“理论联系实际”这一项。参考后面文字中的“缺点”评价，这一缺漏不是无意造成的。因为它要与后面以希望名义提出的缺点：“望今后更积极地参加社会实践活动”的评语相关照。

第四，工作评价包括工作态度、责任感和服务精神。这个方面由于海子不是党团学干部，他自己也没有把那个“实习小组长”当一回事儿，所以在自我鉴定中压根儿就没有提及。可是，基层组织

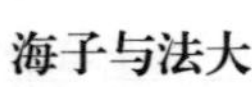

却没有忽略，评价他在任小组长期间工作态度“踏实，细心”；责任感方面“认真负责”，为同学服务“热心”。

第五，诗歌评价这一项目是海子自我鉴定中未提及的。可是，基层组织竟然注意到海子“在新诗创作上有一定成就”。这个评价是超前的，它将随着岁月的推移而日显其意义。

班组鉴定	该同学入学以来，能坚持四项基本原则，拥护党的方针政策，认真学习马列主义理论，关心时事政治，积极向党组织靠拢。学习刻苦，成绩优良，在学好专业课的同时，广泛涉猎哲学、民族学、文学等各门学科，在新诗创作上有一定成就。注重学习方法的训练，对各种问题有独立见解，积极参加历年的学术讨论会，有一定分析问题解决问题的能力。实习工作热真负责，较快地熟悉了司法业务。在任小组长期间热心为同学服务。工作踏实，细心。为人朴实、正直，生活艰苦朴素。劳动积极，吃苦耐劳。 望今后更积极地参加社会实践活动，积极参加体育锻炼。 班组长签名　夏　华　韩沐新 1983年7月9日

海子毕业时的班组鉴定表示意图

（2）缺点增加了参加社会实践活动不够“积极”。那个时期的基层组织对缺点的描述大都是以“希望”的形式提出的，以便当事人容易接受。基层组织提到了两条“希望”：首先是希望海子：“今后更积极地参加社会实践活动”。这方面的缺点，在海子的自我评价中是没有的。但是，这里所提到的需要“今后更积极地参加”的“社会实践活动”是指什么，外人却看不明白。这种含蓄地指出的“缺点”，也许只有当事人明白和相关人清楚。当然，相对于每个人的人生每一步都需要“鉴定”的人事制度来说，这种方式也许是一种极具慈悲心的保护办法。在这种通过“鉴定”进行全面社会控制的制度下，每一次鉴定时，人人都要相互指出对方的缺点，以便为组织评价建立基础。但是“聪明人”所提的对方或他人的“缺点”大都是一些无关痛痒的。因为谁也不想过分“刻薄”地与人过不去，也不想招致别人过分“刻薄”地与己过不去。尤其是在关于“政治”方面的鉴定时，大家更是以“坚持”和“拥护”的所谓“正面”评价进行相互包装。因此，这种群体性以自我保护为目的而相互保护的鉴定心理状态，使得鉴定制度设计的初衷终究流为“形式”，因为“法不责众”。班组鉴定中的另一条缺点是海子自我评价中所具有的，组织也希望他“积极参加体育锻炼”。这一缺点的社会意义无关痛痒，对于海子个人倒是一个有益的建议。

对比海子的“自我鉴定”和“班组鉴定”，其整体评价都达到“优良”水平。但是，二者还是有所差别。这不仅显示出从形式上来说，那个年代的毕业鉴定也算是“认真”的，而且表明参与鉴定的基层组织负责人对海子个人方面的情况还是比较了解的：他们没有埋没海子的种种“优点”，也没有忽视海子的一些“缺点”，只是他们与海子本人的关注点有所不同。

3. 学校组织鉴定同意班组意见。“学校组织鉴定”栏中是由“中国共产党北京大学法律系总支部委员会”于1983年7月18日加盖公章的。虽然鉴定只有“同意班组意见”5个字，但是，这足以让海子带着北京大学学校组织的“优良”评价毕业了。

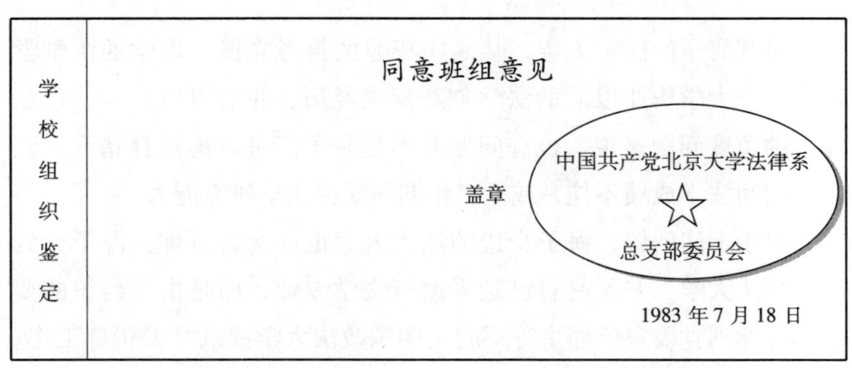

学校组织鉴定	同意班组意见 盖章　中国共产党北京大学法律系 ☆ 总支部委员会 1983年7月18日

从学习能力的角度，海子以“优良”的学习成绩和“优良”毕业鉴定，回答了关于他本大学专业选择方向、学习能力和环境适应能力等多方面的种种疑问。

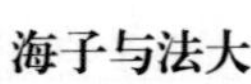

（五）海子毕业后是否具有法学研究创新能力

海子毕业之后进入中国政法大学，虽然被分配到党委宣传部主管下的《中国政法大学校讯》编辑部工作，但是，他不仅没有放弃法学专业，而且受到“系统法学崛起”的影响，积极投入了“系统法学”开拓性创新研究的行列，并利用自己占据的“宣传”岗位，推动系统法学研究的发展（参照前文《海子与系统法学》）。

海子进行系统法学研究的创新探索的代表作就是1984年5月22日提交中国政法大学“首次法制系统科学理论讨论会”的那篇论文：《从突变理论看国家产生形式和法的作用》（详见本书第三部分“海子的法学和系统法学论文”部分）。

如果说海子的大学毕业论文的“不足之处”在于：“一般过程的历史叙述较多，缺乏更为深入的理论探索和详细阐述”（指导教师评语）的话，那么在这一次创新探索中，海子则不仅进行了理论和研究方法的创新，而且对“国家产生形式和法的作用”的理论进行了开拓性的探索和更为深入的详细阐述，展现了其良好的学术创新研究能力。

四、问题的另外提法

纵观海子的法学人生，从高中毕业的报考志愿、大学的法学学习成绩、大学毕业以后的法学创新探索经历，我们可以看到，仅从能力的角度问题来说，也许问题并不是海子高考志愿选择错误，其大学期间法学成绩不佳，或是工作期间缺少法学研究能力。

对于上述问题，海子身边的法大人，也许会告诉你：海子分到中国政法大学，并不是自己选择改行文学专业，而是由于组织的要求被分配到党委宣传部主管下的《中国政法大学校讯》编辑部工作。在那里，他从事新闻报道，并发表过一些诗歌和散文方面的作品。这一次转业，并非海子的自主选择，而是组织的选择。即便这样，他也没有放弃系统法学的研究和探索。

但是，在《中国政法大学校讯》编辑部工作期间，海子则进行了一次自愿性选择“跳槽”——调往中国政法大学政治系哲学教研室，从事哲学（系统科学/美学）方面的教学。因此，在海子毕业之后，第一次是由于组织决定了他从法学向非法学的“转业”。可是，第二次转业，似乎是海子自己放弃了选择“法学”的专业方向。但是，海子所选择的这一方向不仅不是与法学无关，而恰巧是为进一步将系统法学探索推向深入而加强理论和方法论基础的需要；当然也不能排除为诗歌创新扩大美学知识基础的需要。

海子的第二次，也是最后一次职业选择，也许仍然不尽如人意。可是，从理论上讲，他还可以再次选择。在那个社会变革的动荡年代，“跳槽”是一种普遍现象。人们接二连三地跳槽，似乎易如反掌。可是，海子没有再“跳槽”，而是由那里走向了海边——惨烈地拒绝了所有关于人间事务的任何选择。

因此，问题的答案是：海子并没有放弃法学，而是转向法学与系统科学的交叉领域；海子也没有改行从事文学，而诗歌仍然是他的业余爱好，是其感觉和心声的日记。但是，海子没有来得及将法学创新的探索推进得更加深入。一个“突变”，使他放弃了一切：放弃了法学，也放弃了诗歌。

人们的诗意想象是海子似乎面朝着大海，奔向了太阳。可是，造成海子最后选择的“突变”，毕竟是一个25年来经久不衰的谜语。

第三部分

海子遗文[①]

悲情壮烈追日去，
文稿百万遗世人。
莫道人走茶水凉，
天下不无恋诗情。

——玄武子

① 该部分资料由编者负责收集、查询、复印、打字输入；如有其他信息源的资料持有者，可进行校核和补充。

海子在《中国政法大学校讯》的发文

寄语新同学[①]

朋友，当你远道而来，兴奋而又疲惫地解下背包，目睹新旧相间的楼群、过分拥挤的校园、晴天灰雨天泥的道路，你可能会有一番感慨。把眼前的现实与想象中的图景相比，你可能会从心底隐约流露出或多或少的失望情绪。的确，目前我们正处于暂时的困难时期。在这个不大的校园里，住着好几个单位。这是十年动乱留下的后遗症。中央和上级领导非常关心我校的建设，外单位搬出我校只是时间问题。同学们，中央对我们寄予很大的期望，在有关文件中提出要把我校“办成我国政法教育的中心”。这就向我们提出了更高的要求，对我们来说，任务也就更为艰巨了。这个中心绝不是自封的，而是要靠我们用顽强的努力去争取，用心血和汗水去建设。《中国政法大学校讯》也需用汗水去建设。困难不是一件坏事，它可以培养我们艰苦创业的精神。让我们在战胜困难的过程中与新校风、新校园一块儿成长吧！

年轻的朋友，实现理想，要立足于现实，要认清自己的使命，找到奋斗支点。理想只有与这种使命感和奋斗精神结合在一起才有分量，与其把现实看成是对理想的矫正，不如把她看成是理想的基

① 海子：“寄语新同学”，载《中国政法大学校讯》1983年9月12日。

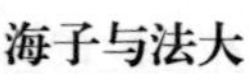

础，将它升华成一种有待腾飞的力量。

我们应当感到自豪，因为我们能够领略创业的艰辛和幸福，对于物质的东西我们并不鄙薄，但重要的是人的因素、人的精神。未来的校园美景固然值得向往和骄傲，但更加孜孜以求的是优良的学风、良好的学术空气，是社会主义精神文明的新气象。朋友，相信自己，承担起历史的责任吧！

我校法制系统科学研究会成立[①]

本报讯　本世纪系统科学和系统理论（系统论、信息论和控制论）的产生不仅为自然科学，而且也为社会科学提供了一般方法论。同时，我国社会主义现代化建设也需要运用先进的方法论，发展变革原有的社会科学理论。在我国，自然科学和社会科学渗透合流的现象方兴未艾。为了使我国法学研究迎头赶上科学发展步伐，在校党委领导关怀下，在北京市科协、中国科学院系统所和清华大学等单位的大力协助和支持下，1984 年 4 月 7 日我校法制系统科学研究会于校庆一周年之前成立。

研究会是以研究生、本科生为基础并有教师参加的群众性学术团体。它将以马克思主义为指导，将系统科学理论作为一般方法论应用于法学领域，填补空白，促进法学研究的深入和我国法制建设的发展完善。研究会采取文理结合、师生结合的新型组织形式。它聘请系统理论专家、法学家和公检法部门的同志担任顾问和指导教师，将组织系统理论的系列讲座，定期举办交流会，编辑有关论文汇编。它将推荐优秀论文参加北京市科协举办的系统科学交流年会。目前，它致力于普及一般系统理论知识和其他自然科学的最新成果，促进法律院校师生结构的改变，以适应形势的要求。在条件成熟时，

---

① 海子：“我校法制系统科学研究会成立”，载《中国政法大学校讯》1984 年 4 月 26 日。

将组织系统科学专家和法学家联合攻关。

“第三次浪潮”不是一个科学概念[①]

最近，我校组织部分干部教师观看了电视录像片《第三次浪潮》。它是根据美国未来学家阿尔温·托夫勒的同名畅销书拍摄而成的。此书1983年在我国翻译出版，国内发行。托夫勒1950年毕业于纽约大学，1970年出版的《未来震荡》和1980年出版的《第三次浪潮》两次震动西方思想界，并在国际上产生影响。

在这本书中，托夫勒提出了一个中心概念“第三次浪潮”。他把迄今为止的人类文明史划分为三次大的变革浪潮，即以农业革命为主要标志的第一次浪潮，以工业革命为主要标志的第二次浪潮，以及以信息革命为主要标志的第三次浪潮。应该指出，“第三次浪潮”不是一个科学的概念。把“第三次浪潮”作为一个划分历史阶段的概念，是违背历史唯物主义关于社会发展规律的正确解释的，是不科学的。

即使这样，《第三次浪潮》这本书仍然有一定参考价值。它在一定程度上反映了现代科学技术发展的新趋势。托夫勒认为，当前以电子技术为中心的电子、生物、新能源和新材料等重大技术大发展和广泛使用，必将影响人类生活，波及社会的各个层次和世界的每个角落。这些动向，值得我们重视。1983年初，托夫勒在访问我国时建议，中国在进行现代化建设中要充分考虑到当前时代的特点，大力发展以信息工业为重点的新型产业。他在同年出版的新书《预测和前提》中提出，中国和其他第三世界国家实现现代化，不必走西方工业化的老路，而是尽可能及早地发展先进的工业技术，否则将永远落后于西方。这些建议也是善意的和中肯的。我们既要立足

---

① 海子：“‘第三次浪潮’不是一个科学概念”，载《中国政法大学校讯》1984年4月26日。

于当前，努力把目前的各项工作做好，又应高瞻远瞩，展望世界经济、科技发展的新趋势，想一想，我们应借鉴些什么，注意些什么，从而把我国现代化建设事业搞得更快更好。

我校法制系统科学研究会邀请金观涛座谈[①]

10 月 16 日下午，我校法制系统科学研究会邀请了《走向未来》丛书副主编金观涛等四位同志来我校座谈。金观涛论述了将社会科学转变成“逻辑构造”型科学的迫切性和可行性。参加座谈会的同志畅所欲言，座谈会气氛十分活跃。座谈会在教学楼 220 教室进行。

① 海子:“我校法制系统科学研究会邀请金观涛座谈”，载《中国政法大学校讯》1984 年 10 月 24 日。

海子遗诗

人　墙[①]

在华山二仙桥，100 多名青年军人冒着生命危险，在崖边排成一道人墙，保护游人。

1

一边是深渊，一边是人群
铁链已经脱落
死神已经临近
临近

一个年轻的声音就在这时响起来
伸出我们的双臂
危崖边
顿时升起一片灿烂的红星星
亮闪闪

群山呼应
呼应着

① 海子："人墙"，载《中国政法大学校讯》1984 年 3 月 15 日。

伸出我们的双臂

2

中国激动了

3

今天，我不是无端地
想起了蜿蜒的万里长城。而你
是草绿色的
是年轻的
二十岁的人墙
打动了许许多多二十岁的心

今天，你们的一位同龄人
不是无端地流出了
热泪
不是无端地想起了“五四”的人流
和巴黎公社墙
一面信仰的墙
支撑在中国的一座名山上
成为脊梁

鸟的村庄[①]

聚居的村庄

---

① 《鸟的村庄》、《民歌》、《白蛇传》三首诗歌是否为海子所作，似有存疑。本文集将其收录，是为了不使海子诗歌有所遗漏，也是为了今后进一步探究方便。希望今后专家和知情者进一步考证。载《诗神》1987年第9期。

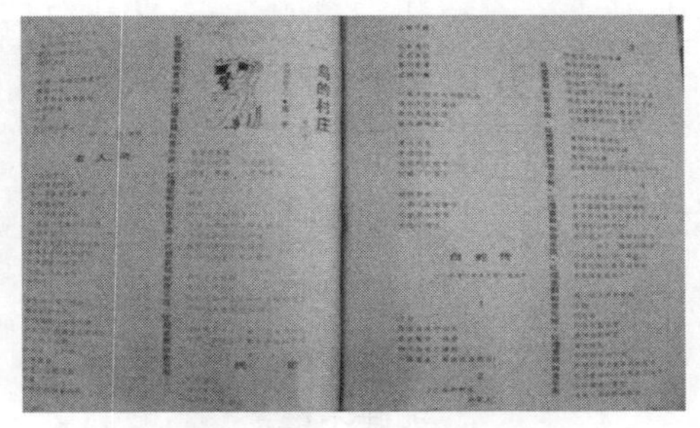
鸟的村庄

怜爱的村庄　鸟的村庄
村庄、粮食、小牛和五谷
村庄
村庄
有一位鸟的母亲
母亲在幸福的山梁上梳头
一个无知的念头产生
遥想众姨母年轻时光
住在鸟窠深处秀丽村庄

而今家乡寂静
清澈绝无痕迹
鸟的嘴唇听见各色小鸟纷纷筑巢
缤纷的众姊妹魂归四方

寂静的家乡，一颗不由自主的心
母亲，你听见于草仓中姐妹嘤嘤

民　歌

民歌漫过
闺女的身子
窑洞里一只漂动的水葫芦瓢
沉睡不醒

民歌漫过
我的家园
果实累累
沉睡不醒

一根又粗又大的糙木头
我在天空下说话
我的足迹延伸
被鸟粪掩盖

夏天天热
爱情恐惧
高原的民歌中
打破了许多头

树林和我
又黑又深地等你
从左肩到右肩
长出了树皮

白蛇传

——怀念75年丢失的一卷旧书

1

小白
你住在水中山谷
自办嫁妆，骑着
四只红色小蜡烛
一路走来，鲜血流淌的马！

2

“湖泊涌上我的村庄
小白和小青倚坐我的床上”

3

你饱含愁怨的水滴
绚丽的水滴
来到人的村庄
田地里　财宝坐满
财宝脱下了四季不变的衣裳
那是水中美丽的白蛇和青蛇
她们深情款款，顺水而下
为报恩来到你家屋顶下

莫明的深情的蛇
你饱含愁怨的水滴
惆怅的水滴
你来到播种稻谷的宋代村庄

4

并不是我渴望人间烟火
并不是渴望田园和感伤
并不是我渴望人类贫穷的家乡
渴望稻谷和思想
我只是为了　莫明的深情
为了　感恩并报恩
才从水底山谷一路走上
领着比我还美丽的妹妹
来到你家屋顶下

做一位人类的新娘
新娘
你感觉
你坐在篮子里
胳膊抱满鲜花
烛光摇曳
你投向我的怀抱
你把你身上美丽的蛇脱下
把你美丽的头轻轻放在水下
你仿佛满心喜悦
来做人类忧伤的新娘

海子散文

有　时①

有时，你会觉得你的幸福快要溢出来了，变得又纯净又透明。像一只装满了思念、情和水的小木桶，在世界上轻轻摇晃。你的心上再也容不下别的东西，只有那情愫，如一股轻轻的波浪，时时推动你的心门。你像一位先知，一切从你的口中源源流出……你的幸福，你迫切需要别人共享……你觉得体内的血液在喧哗，有时又在合唱。心上的门一开一合，血液像顽皮的红色儿童鱼贯而过。

有时，在你的面前，世界消失了，地平线在后退，你摇晃着啊走过去，一束强光在你的体内爆炸开——一切都开始了新的组合，新的诞生。这诞生是那么突然，是那么幼稚，有时又是那么完美和彻底。你像是掉进了一个峡谷，又像是在云端间飘荡。其实你是很沉重的，即使睡着了，整个人间的地面还扛在你的肩上。你觉得你身上有一个古老的节日苏醒了，你到处寻找烟草和酒精。你愉悦自己，愉悦附在你身上的那延续生命的灵魂。

有时，你抬起头来，看到了一望无际的天空。你开始相信，相信天空，相信天空下的一切。公正的天空下，树上都是美丽对称的叶片，人间都是幸福温暖的缘分。人生匆匆，你也匆匆，只有那风

① 海子："有时"，载《中国政法大学校讯》1985 年 6 月 29 日。

儿吹过来，完全像一种隐隐约约的祝福，从四面八方向你吹起。你扬起手臂，花朵四溢、雨雪纷纷。四个季节同时向你走来。毫无疑问，你是愿意的。你愿意跟另一个人，也跟世上所有的人定一个关于幸福的盟约。

这时，在你的眼里，该来临的已经来临。

高原上①

这时是我和他的第一次见面。他叫高原。我早就倾心相许。多少年了，我终于在这北方的身体上越走越深，直到阳光慢慢把我洗黑。

总是有一种早早回家的感觉……背上刚刚灌满的一壶水，匆匆的，我把自己带回来了，带到安息的祖先、羊群中间，带到亲人们抬头便能看见我的地方，也就是说，带到了你的跟前。大片大片田野逼近我的脊背。气喘吁吁的来了，我，干什么这么急促。而你平稳地接受了我，拥抱了我。

你是黄昏中的村子。孩子们就在这里长大成人……林子那边，有人在挖窑洞。土地始终是黄色的。只有灶台下的火光、高粱米、太阳和血是红的；只有死亡是黑色的和白色的，又被黄土埋住，眼见着这黄土地就要腾空而起………灰尘如雨，人脸如盏。

守住这伟大而赤裸的高原。

……又是一个思念中的夜晚，月亮碎碎地撒在我的头发上，也睡在窗户的窑洞顶上。我在想，所有相爱的或劳动后的人，都平稳地睡了。

就让我一人失眠吧，让我替你们醒着，专心捕捉那从高原深处源源流来的心绪！

---

① 原名为“高原上（外一章）”，载《中国政法大学校讯》1985年9月27日，包括下一篇“果树”，因编辑需要分成独立的两篇。

果 树

去绥德途中，车子坏了。有一位女孩子提着一篮子苹果过来了。过后，她往山上去了。我向她打听果树的方向。她悄无声息地指着对面的梁子。我抬起头来。有几只不能称呼的鸟儿飞过。那几棵苹果树就立在对面巴掌大的缓坡上。我早就对北方的果树、窑洞和红窗花产生过梦中流水般的深情。这些质朴的窑洞呀！小时候看过一本小人书，那故事肯定是发生在北方。在黄色土地上的两个人相爱了，而且一前一后为爱情献出了生命。在一个漆黑的夜里，有一位父亲梦见，有人把这两位恋人的坟移到了一块，栽了果树。后来红花白花相依相偎。我只记得那画中的姑娘十分美丽。这是一位北方的女儿，美丽的性格总是与无边无际的土地连在一起，又和其中的一棵果树产生了生命般的联系……在这次旅行中，在这辆灰尘扑面的旧车上，在北方的山水和人民中（像果树要结果子一样）我产生了许多愿望。而那愿望似乎就要实现。另外，回去后，我要再一次读一读赵树理和柳青早期的作品。我要在北方的温情中扎下根来。

海子在《中国政法大学校讯》发表的文稿目录

海子在《中国政法大学校讯》发表的文稿目录 ①

	篇名	类别	发表时间
1	寄语新同学	杂文	1983 年 9 月 12 日，第 4 版
2	人墙	诗歌	1984 年 3 月 15 日，第 4 版
3	我校法制系统科学研究会成立	新闻	1984 年 4 月 26 日，第 1 版
4	第三次浪潮不是一个科学概念	书评	1984 年 4 月 26 日，第 2 版
5	我校法制系统科学研究会与美国运筹学代表团举行专题讨论会	新闻	1984 年 9 月 1 日，第 3 版
6	《社团活动花絮》之一 关于研究会邀请金观涛等四位同志座谈的报道	新闻	1984 年 10 月 24 日，第 4 版
7	我们的田野（4）刊头设计	刊头设计	1984 年 10 月 24 日，第 4 版
8	有时	散文	1985 年 6 月 29 日，第 4 版
9	高原上（外一章） ［（外一章）的题目为“果树”］	散文	1985 年 9 月 27 日，第 4 版

① 编者统计；如有遗漏，希望研究者进一步补充。

海子的法学和系统法学论文

简论早期马克思对黑格尔法哲学批判的发展

目　录

（简论早期）马克思对黑格尔法哲学批判（的发展）[①]

（一）马克思早期法律思想在马克思思想发展史上具有很重要的意义，这个阶段是马克思以唯心主义转向唯物主义，以革命民主主义转向共产主义的重要过渡期。研究马克思早期法律思想对于马克思主义法学基础理论研究的深化，对于正待兴起的马克思主义法哲

① 论文标题括号中的字为海子原文，但是被铅笔笔迹画圈，推测是被指导教师删除的文字；文章标题和段落的格式为论文原有格式；论文每页上边有“北京大学论文用纸”的字样和页码。全文共19页，19×400字。——编者注

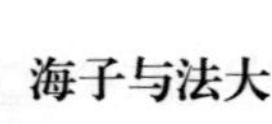

学的创立，对于当前社会主义法律实践都有很重要的意义。

马克思早期法律思想的内容是很丰富的。这里仅简单考察一下早期马克思对黑格尔法哲学的批判，这可以通过一个典型侧面来把握马克思早期法律思想的特征和发展过程。

黑格尔法哲学是黑格尔哲学中最保守的部分，最典型地体现了普鲁士政治社会状态和德国资产阶级的妥协性。马克思对黑格尔法哲学的批判同时也就是对德国现存制度和意识形态最彻底的批判。应该说，马克思一步步挣脱黑格尔客观唯心主义的过程在对黑格尔法哲学的批判中得到最鲜明的体现。同时，马克思早期法哲学的思考和批判就是他世界观思考的支点和表现形式。

按照研究马克思早期思想分期的一般方法论，可以大致把马克思早期法律思想阶段的下限划到德法年鉴时期，马克思在《政治经济学批判·序言》里曾这样说过："为了解决使我苦恼的疑问，我写的第一部著作是对黑格尔法哲学的批判性分析，这部著作的导言曾发表在1844年巴黎出版的《德法年鉴》上，我的研究得出这样一个结果：法的关系正像国家的形式一样，既不能从它们本身来理解，也不能从所谓的人类精神一般发展来理解。"① 这段传记性自述说明他这时已初步形成科学世界观并结束了法哲学批判这个阶段，这时马克思尚未研究政治经济学，未系统制定科学世界观体系。

总的来说，马克思整个早期法律思想不是系统成熟的马克思主义法律观，而是革命民主主义者的马克思走向共产主义这一过程的法律思想呈现。在这些法律思想中，有些有待深化，有些走向淘汰。因而自我批判和对德国正统的黑格尔法哲学的批判是必要的也是可能的。马克思早期思想发展的一些特点和他对黑格尔法哲学的批判是分不开的。我们可大致将马克思对黑格尔法哲学的批判划分为四个阶段：①大学时期；②莱茵报时期；③《黑格尔法哲学批判》（以下简称《批判》时期）；④《黑格尔法哲学批判·大纲》（以下

---

① 《马克思恩格斯全集（第十四卷）》，第718页。

简称《大纲》时期)。下面就具体分述之。

* * * * * * * * * * * * * * * * * *

(二) 大学时期。马克思也不是一开始就掌握了明确的[①]思考方法。在他1837年4月致父亲的信中，他阐述了自己那“现实的东西与应有的东西之间的对立”的法哲学体系，以及这种形式上统一完整构思的破灭。那时他深受费希特影响。后来，具有社会主义倾向的自由黑格尔主义者甘斯的法哲学成了马克思转向黑格尔法哲学的向导之一。他阅读了大量黑格尔及其学生的著作，参加了青年黑格尔运动，这以后，他思想发展的重要里程碑《博士论文》为莱茵报时期的政治评论和法哲学批判打下了基础。当时，普鲁士专制制度严重束缚了德国政治和社会的发展。如果说行动哲学家契希考斯基的《历史哲学引论》(1838) 促进了青年黑格尔派以宗教批判转向政治批判，那么1839年10月《哈雷年鉴》批评普鲁士国家的文章则标志着这种转弯的公开化。

马克思在结束了《博士论文》的写作之后很快把批判和政治斗争实践结合了起来。他与鲍威尔合作，准备写作一部主要论述黑格尔宗教哲学和法哲学的著作。但后来在单行本中则缺少马克思写的几篇文章。马克思要求卢格把它们载入《德国现代哲学和政治评论轶文集》，他准备全面批判基督教国家的整个理论基础和意识形态。马克思对黑格尔法哲学的批判与对宗教艺术、对浪漫主义者、对实证哲学、对历史法学派等的批判构成一个整体。

就在1842年3月5日给卢格的信里，马克思说他预定为《德国年鉴》写的关于黑格尔法哲学批判的文章，还需要誊写清楚和部分地进行修改。[②] 在同年3月20日的信中，他又说批判必须作彻底修改。[③]

在这篇文章里，马克思主要批判了黑格尔法哲学中的君主立宪

① 原文为“地”。——编者注

② 《马克思恩格斯全集(第二十七卷)》，第421页。

③ 《马克思恩格斯全集(第二十七卷)》，第424页。

制观点。他说，这是“在内部的国家制度问题上对黑格尔自然法的批判”。这篇文章的主要内容是同君主立宪制作斗争，同这个彻头彻尾自相矛盾和自我毁灭的混合物作斗争。① 这里，马克思把君主立宪制当作一种混合物来批判。从后来他反对人民主权论和君主主权论调和的论述中我们可以猜测到他的批判内容和方法。但与后来不同的是，在最早对黑格尔法哲学进行批判的这篇文章中，马克思的思想基本上还是唯心的。当时，他对黑格尔法哲学的批判不是着眼于重大的理论与立论上的是非问题，而是在政治立场上，黑格尔站在君主立宪制的立场上，而马克思则反对君主立宪制。

马克思当时还不可能对客观唯心主义的黑格尔法哲学进行全面批判。他这时的批判主要集中在揭露黑格尔的君主立宪立场同他的辩证法之间的矛盾，在于批判黑格尔反动保守的政治观点。他对黑格尔法哲学反动保守倾向的批判不仅与当时的时代潮流相符，而且走在当时时代潮流的最前列。这为他后来在《莱茵报》从事政治评论定下了激进革命民主主义基调，而对黑格尔法哲学体系与方法的全面批判则在未来的实践中获得自己的真髓。

* * * * * * * * * * * * * * * * * * * *

（三）莱茵报时期。马克思很快由批判基督教国家的思想基础，批判黑格尔法哲学的君主立宪论转为对现存的普通政治、社会问题进行评论，批判普鲁士专制制度。他运用大学思考的成果，运用一种受黑格尔理性思想影响的不成熟的革命民主主义哲学抨击普鲁士专制制度。因为黑格尔法哲学是“普鲁士状态”完整的体现，这里也就包含着对黑格尔法哲学的批判性理解。

马克思起初同意其他黑格尔分子对国家的看法，认为国家应是理性的体现，理性国家可以通过批判而不断进步。如果说莱茵报时期的早期马克思深受黑格尔理性法影响较多注意国家的理性基础和思想自由问题；后期则大多围绕对黑格尔法哲学里官僚制、等级制

---

① 《马克思恩格斯全集（第二十七卷）》，第421页。

等的批判展开政治评论。

马克思运用这种不断发展的法哲学批判普鲁士专制制度和黑格尔法哲学，并在这种批判中使自己的思考不断走向成熟。不成熟的法哲学经常碰到难事，也由此引起了批判的逐步深入。马克思这个时期最主要收获就是获得了对国家的唯物主义理解。《关于出版自由和公布等级会议记录的辩论》、《关于林木盗窃法》、《摩塞尔记者的辩护》就反映了这种理解的开始。通过对实际问题的剖析，马克思对黑格尔法哲学的批判更为具体更为有力。实际上他批判的普鲁士专制制度的几个侧面也就是黑格尔法哲学的几个主要环节。在黑格尔的法哲学里，理想国家的三个基本要求是君主的最高权力、官僚机构、等级制度。

1. 在黑格尔看来，"王权，即作为意志决断的主观性权力，它把被区分出来的各种权力集中于统一的个人，因而它就是全体，即君主立宪制的顶峰和起点"①。他还把王权抬②于行政权和立法权之上。马克思批判了这种向王权公开讨好献媚的君主立宪理论，认为真正的国家制度是民主制，驳斥了黑格尔的认为民主制是"未发展状态"人民的国家形式的观点。在马克思革命民主主义的思想里，人民主权的国家观和理性法的法律思想结合在一起，构成他独特的过渡期的法哲学。他想在这种革命民主主义法哲学的思考中为全体人民寻找真理和自由，这样他就必然批判与人民主权论对立的君主主权论。

2. 马克思对黑格尔君主立宪理论中君主主权论的批判是和对普鲁士等级代表机关的批判联系在一起的。他对普鲁士等级代表制的认识是在实践中，在写作对莱茵省等级议会政治态度的系列评论中不断加深的。在具体分析的基础上他开始进行批判。黑格尔以需要的差别来论证这种等级制度存在的必然性。马克思则巧妙地运用

① 《法哲学原理》，第 28 页。

② 原文"抬于"下划有一铅笔黑杠，推测可能是指导教师所作的标记。——编者注

“精神的动物世界”的提法以之象征不可能调和的各等级对立关系。他深刻地认识到，等级代表制产生于过去时代的解体过程，是过去强加于现在的结构。他认为这些等级代表机关并不代表“国家”利益（即人民利益）而只代表他们自己等级的利益。在对之批判的基础上，马克思要求适应历史的要求建立真正代表人民利益的代表制。

3. 马克思在1842年2月的《评普鲁士最近的书报检查令》中就已开始批判普鲁士国家内部体制的“官僚主义理性”。他总结出官僚机构的规律，从实践的角度批判了黑格尔法哲学中作为行政权的官僚机构。在研究摩塞尔河沿岸区葡萄农的贫困状况时指出官僚制度的管理原则就是下级服从上级，上级依靠下级，而都不对人民负责。他指出，官僚制度的理性就是脱离人民、不顾人民死活的理性，葡萄农的贫困也就是由官僚制度的本质决定的。

4. 马克思革命民主主义法哲学在莱茵报时期作为一突变是对“一无所有的等级”的研究和注意。他在报道评论省议会关于林木盗窃惩治法草案的辩论中，首次深入研究了“一无所有的等级”。黑格尔法哲学把它看作是“市民社会的一种单纯的常态”，将之排斥于“自觉的国家结构”之外。马克思则把它看作是市民社会和政治国家的重要组成部分，从而在社会结构和国家结构内部寻找矛盾的根源。这既是法哲学中实质性进展，也是整个社会科学方法论的重大突破。而且，马克思在研究了“一无所有的等级”之后重新强调了对人民代表制的要求。

莱茵报时期的政治评论实践使马克思认识到国家并不是理性的体现，光靠宗教批判和政治批判也不可能改造国家。只有改造社会才能改造国家。马克思已开始注意到政治国家和市民社会的关系，准备着对黑格尔法哲学全面的批判。

* * * * * * * * * * * * * * * * * * *

（四）《批判》时期。《批判》是马克思批判黑格尔法哲学的第三阶段。这时，马克思对黑格尔法哲学的批判超出了德国的范围，就像上一个阶段超出理论范围，下一个阶段《导言》将超出法哲学范围一样。

马克思在《批判》中已明确地运用唯物主义立场观点来分析批判黑格尔的法哲学，但仍存在着某种含糊的因素。这首先当然是由于世界观的不成熟和不完善，其次还因为他手中持有两种相近但不完全相同的批判工具：一是受费尔巴哈著作影响的逻辑批判工具（这是一代人都曾受过的影响）。这种直观唯物主义不能直接导向历史唯物主义，这种工具是有力的但不是彻底的。另一工具是《莱茵报》斗争培养的唯物主义思考方式，通过克罗茨纳赫研究得到历史视野开拓，使这种唯物主义理解更加完整更富有历史感。但因为这时马克思尚未深入研究经济关系，这种工具因而也就不完全，有时马克思还未将这两种工具区分开来，因而加强了含糊的因素。

当然，这里也必须指出，马克思对黑格尔法哲学的批判不同于费尔巴哈对黑格尔的批判。在批判的对象和途径上都存在着差别。他说过："在我看来，费尔巴哈的警句只是在这一点上是不正确的，即他过多地强调自然，而过少地注重政治。"① 在青年黑格尔派中，马克思一直站在政治斗争的前列。《批判》不同于大学时期和莱茵报时期的批判，更不同于1842年卢格的批判（它甚至不能使费尔巴哈满意，费尔巴哈正确地指出过他的缺点）。在这里，马克思要把黑格尔法哲学翻过来，为新的论点打下基础。他不满足于像费尔巴哈那样仅仅指出黑格尔体系的内在矛盾，而是研究了具体历史发展和社会关系，从而使对黑格尔法哲学的批判性分析变成对资本主义社会和国家的批判，为下一个阶段超出哲学的范围准备了条件。

1. 方法论批判。马克思着重批判了黑格尔客观唯心主义方法论上"逻辑的泛神论的神秘主义"：①理念成了独立的主体，由之产生出原则和具体现实；②黑格尔不是去寻找具体事物的逻辑（即规律），而是把法哲学变成"逻辑学的一章"和"对逻辑学的补充"；③含糊的"中介论"。黑格尔认为政治国家和市民社会之间的对立是

① 《马克思恩格斯全集（第二十七卷）》，第443页。

臆造的，要借助于等级制这个中介来消除之。马克思对唯心主义方法论的批判在这篇稿中占了很大比重。

2. 在内容上，《批判》着重解决的是政治国家和市民社会的关系。马克思指出："政治国家没有家庭的天然基础和市民社会的人为基础就不可能存在。它们是国家的……［必要条件］但是在黑格尔那里条件变成被制约的东西，规定其他东西的东西变成了被规定的东西，产生了其他东西的东西变成了它的产品的产品。"[①] 这里的认识是一级过渡的阶梯：从费尔巴哈的宗教人本学批判过渡到对社会关系的完整认识。马克思提示了：①政治国家与市民社会的对立；②政治国家与公共利益的虚假统一，国家对人本质的宗教性（它既不同于世俗的分裂的人世，又不同于抽象的人本质）。这一方面可以看出《批判》受费尔巴哈人本学宗教批判的影响，另一方面又可看出向"人类解放问题"思考的进展。随着对黑格尔法哲学批判的展开，马克思对国家和社会的分析由普鲁士转向整个资产阶级制度，而且他的锋芒指向由一般问题转向具体问题。下面具体简述一下。

3. 官僚制等级的批判。马克思早在关于葡萄农贫困状况的文章中就把官僚机构斥为国家的特权行会，认为它只代表自己的特殊利益，根本不代表普遍利益。这里，他上升到理论批判的高度，批判普鲁士官僚机构把个人利益冒充为国家（人民）利益，并侵犯真正的人民利益，马克思还进一步分析了官僚机构和政治异化的关系，认为官僚制是政治异化的主要原因。

黑格尔把现代市民社会和政治国家之间的中介赋予等级制。马克思针对之分析了普鲁士等级制和中世纪等级制的区别，一针见血地指出各等级捍卫的不是普遍的利益，而是它们的私利。

4. 人民主权和彻底民主制思想。黑格尔对官僚制和等级制的赞美是和他的王权论分不开的，目的是要论证和维护君主立宪制。从批判黑格尔神秘地将君主与"肉体的出生"联系在一起这条引线出

① 《马克思恩格斯全集（第一卷）》，第252页。

发，马克思比较清楚地阐述了人的社会性。这是他对人的认识的新进展，超过了只注重人的自然属性而忽视社会性的费尔巴哈。马克思对君主制深恶痛绝。他曾在致卢格的信中谈到普鲁士专制制度时写道："君主政体的原则总的来说是轻视人，蔑视人，使人不成其为人。"[①] 黑格尔还有意抑贬人民主权论，这充分体现了黑格尔法哲学理论的保守方面。马克思首先把君主主权论和人民主权论彻底对立起来，认为主权概念不能容忍自身的双重存在。"不是君主的主权，就是人民的主权——问题就在这里。"[②]

与对黑格尔君主主权论的批判相联系，马克思坚决反对君主立宪制，主张一种彻底的民主制，并将自由、人民主权和人类解放与这种民主制联系起来。他还论述了市民社会、政治国家和人本质这三个层次间复杂的关系。马克思并没有抽象地谈论这个问题，而是从历史上的几种社会状态来剖析这个问题。他认为在未来的民主制那里："政治国家和人民统一"（类似于古代）；"政治国家和市民社会统一"（类似于中世纪）；"人的自由成为政治国家原则"（类似于现代）都得到更高更彻底的意义上的综合。尽管马克思提出的理想社会状态还比较抽象，也未指出实现的途径，但已相当接近于共产主义理想。而且，马克思把彻底民主制与人类解放问题紧密地联系在一起。

马克思主要是在克罗茨纳赫创作他的《批判》的，这中间曾有中断。在批判到后来时，他突然又回到对<u>303 节的批判</u>[③]。这次更详细更科学，主要原因是马克思在克罗茨纳赫进行了历史与理论研究。他的批判的特点就是不拘泥于批判本身，经常联系着对具体的历史发展和社会关系的分析。这些历史、理论研究的札记不仅与《批判》有直接联系，同时也促进了《论犹太人问题》和《导言》的研究。

---

① 《马克思恩格斯全集（第一卷）》，第411页。

② 同上××页。（原文不清晰）

③ 这里的下划线是铅笔笔迹，推测不是海子所为，不知是否为指导教师的标记。——编者注

在《论犹太人问题》里，马克思通过对这个在当时具有现实意义的问题的研究，充实和引申《批判》的观点。他在这里更深一层地分析了政治国家和市民社会、政治解放和人类解放的关系。前一对关系是马克思《批判》的母题，后者则是这个母题的合理伸延。他指出，政治国家和市民社会的对立体现了人本身的二重性。市民社会是人现实生活的领域，又是私人利益自私自利的领域；而政治国家则只是幻象中的普遍性领域，它是虚幻的、宗教的和寓言的。与之相适应，政治解放并未涉及市民社会，如1793年法国宪法也是以私有财产为基础的。这里，对黑格尔法哲学的批判在对资本主义社会的批判中得到充实和发展。尽管马克思还深受费尔巴哈人本主义的影响，但已明确提出了不同于政治解放的人类解放。他认为人类解放是社会从“犹太”［即金钱］中的解放，这里他又一次诉诸经济关系和经济事实（比莱茵报时期更深入）。马克思认为人类解放要“推翻那些使人成为受屈辱、被奴役、被遗弃和被蔑视的一切关系”[①] 而在《导言》中马克思探讨了人类解放的力量和途径问题。

* * * * * * * * * * * * * * * * * *

（五）《导言》时期。《导言》是马克思对黑格尔法哲学批判的最后阶段，也是他最终转变到共产主义的标志。如果说，《论犹太人问题》大部分是在克罗茨纳赫写的，巴黎生活还未对之产生重大影响的话，那么《导言》则深受巴黎共产主义运动和无产阶级斗争的启迪。因此《导言》不同于处于同一水平面的《批判》和《论犹太人问题》。马克思在这里诉诸无产阶级这个人类最伟大的力量，用“武器的批判代替了批判的武器”。

也只有在这里，抽象的法哲学批判不见了，代之而起的是一种科学世界观的萌芽状态，也就是说，一种科学体系代替了批判体系。法哲学结束了自己的历程和使命。这以后，马克思找到了实现人类解放的力量。他将研究经济关系，批判资产阶级经济学和黑格尔逻

① 《马克思恩格斯全集（第一卷）》，第461页。

辑学体系，迈向和恩格斯共同制定科学社会主义体系的道路，也为马克思主义法学开辟了方向。

* * * * * * * * * * * * * * * * * * * *

（六）总之，马克思早期对黑格尔法哲学的批判，从逻辑进程上是这样四个阶段。大学期间主要是对作为基督教国家普鲁士思想基础的黑格尔法哲学的批判，对象是黑格尔保守的政治立场和君主立宪制理论。莱茵报时期马克思在从事对现实的普鲁士专制制度进行政治评论中贯穿了对黑格尔法哲学的批判性理解，而且这种理解在不断更新不断完善。《批判》时期他全面清算了黑格尔法哲学的国家学说，并结（尾）合[①]唯物主义理解进行了方法论的批判。到《导言》时期马克思已把对黑格尔法哲学的批判引申到共产主义世界观和科学社会主义体系上，从而超出了法哲学批判本身的范畴，结束了黑格尔法哲学批判这个历史时期。

青年马克思对黑格尔法哲学的批判是马克思早期思想发展的重要阶段。理解这场批判的内容和方法，有助于我们对马克思主义法学基础理论和法哲学的研究，有助于我们对形形色色唯心主义法律思想的批判。

① 原文中“尾”未加括号，而“合”是从行下方添加的字，不知是否指导教师所为。——编者注

附 1：北京大学毕业论文封面

79013

北京大学

毕业论文

题　目　马克思对黑格尔法哲学的批判①

学　系　　　　法律系

专　业　　　　法律专业

学生姓名　　　查海生

指导教师姓名　赵震江

1983 年　月　日

① 本页封面填写的草书字迹和指导教师赵震江的签字相同，非海子所填写。

附2：论文评定

论文评定

指导教师意见：[①]

论文的选题，理论性、学术性较强。研究这一课题，需要具有比较系统的马克思主义理论知识和一定的历史知识。(从) 通过论文可以看出，作者阅读了马克思主义创始人早期的一些著作和其他一些文献，掌握了一定的资料，对经典作家的原著有较好的理解。论文的理论阐述层次比较清楚，史料运用基本上准确，观点是正确的，较好地贯彻了历史唯物主义（精神）原理，反映了作者具有较强的理论探索精神和一定的研究能力。

不足之处：一般过程的历史叙述较多，缺乏更为深入的理论探求和详细阐述。有的言词不够通俗、明确。

指导教师（签字） 赵震江

1983年6月10日

优秀

① 本页草书签字可能是指导教师本人所为，也可能是教学秘书的笔迹；括号内的字为原文中的删除字；文中的下划线为铅笔笔迹，推测是指导教师所作的记号，也可能是教学秘书的笔迹。——编者注

从突变理论看国家产生形式和法的作用①

一门科学只有成功地运用数学时，才算达到了真正完善的地步。

——卡尔·马克思（Karl Marx）

科学家们常常用构造数学模型的方法来描述事件。事实上，如果这样一个模型特别成功，那就可以说不但描述了事件，而且也“解释”了事件，爱因斯坦的广义相对论最终归结为一组微分方程。

那些突如其来地发生急剧变化的事件一向不接受数学的分析。现在有一种来自拓扑学的数学方法以7种“基本突变”为例描述了这类现象。

突变理论能为今天还是不“精密”的科学提供一种数学语言。

——埃里克·克里斯托弗·齐曼（Erik Christopher Zeeman）

一、介绍一种理论

“突变理论”（Catastrophe Theory）是最近十年来国外数学界提出的一种新的数学理论。它运用拓扑学（Topology）、奇点理论（Singularity Theory）和结构稳定性（Structure Stability）等数学工具研究自然界各种形态、结构不连续的突变。这个理论由法国数学家、法国 Burer-Sur-Yuette 高级科学研究院的雷内·托姆（RenéThom，1923～）最早提出。1972 年他出版的《结构稳定性和形态发生学》

---

① 《从突变理论看国家产生形式和法的作用》一文，为海子应《关于举办法制系统科学讨论会的通知》（1984 年 4 月 11 日）提交、1984 年 5 月 22 日中国政法大学法制系统科学研究会举行的首次法制系统科学讨论会的论文。2009 年 3 月 23 日袁藏提交本人加注稿。本书删掉非海子论文原稿加注部分和非相关文字，并进行了校改。当年中国政法大学法制系统科学研究会会员或其他相关者手中如保留有当年会议论文打印稿原文，可进一步校核。——编者注

一书，系统地阐述了这个理论，逐渐引起广泛注意。国外学术界大多给以肯定评价，有人将之誉为“微积分以后最重要的发现”。而桑博德（Peter Saunder）在其《突变理论导论》一书中更认为突变理论具有方法论的意义。托姆的那本书广泛涉及热力学、量子场论、生物化学、生态学、形态发生学、天文、水文、地质等众多学科。目前，突变理论广泛应用于物理学、工程技术、生理学和医学等众多方面，引起了很大的关注和兴趣。在中国，已有人将之运用于化学、气象和工程等方面。金观涛等将它用于解释物质的相变，研究化学元素周期表中各种元素氢氧化物的酸碱性等，并根据这种突变理论在哲学上提出了一种新的质变观。

突变理论专家齐曼（Erik Christopher Zeeman）认为，微积分模型解释了光滑的连续变化现象；突变理论则描述了不连续的突然变化现象，如水结成冰或化成气、弹性桥梁受挤压而弯曲、胚胎的变化、人的情绪波动；等等。据这位突变理论专家说：“但这个理论最重要的运用，毕竟还是在生物学和社会科学方面，那里不连续的、发散的情况几乎无所不在，而其他的数学方法至今证明无效。突变理论能为今天还是不精密的科学提供一种数学语言。”（《突变理论》）齐曼自己就带头将这种理论运用于社会科学，如预测战争变化、市场变化，解释心理现象等。

本文试图运用这种理论来分析国家系统得以产生的形式，国家系统在产生过程中的稳定性和法的作用等问题。必须指出，这仅仅是一次尝试。

二、第1个模型——国家产生的两种形式

简单地说，国家系统的产生，受两种相反因素的制约。我们将之称为：

新质因素——包括先进的生产力、生产方式和社会组织形式，周围社会的较高文明程度和阶级斗争等。

旧质因素——与新质因素相反。

根据突变理论——

1. 我们在水平面上画 2 个轴，分别表示新质因素和旧质因素，并将这个水平面称为控制面。

2. 度量社会系统在新质因素和旧质因素的控制下所导致的国家产生过程中的一系列社会状态，垂直于前两轴的，称为状态轴。我们取国家系统产生前的原始状态为最大值，取国家系统产生的社会状态为最小值。

于是，我们得到突变理论 7 个模型中最简单也是最有用的一个模型。

这个模型叫作尖角突变模型（Cusp Catastrophe Model）。这个模型假定，社会系统的状态受控于两个互相冲突的控制因素：新质因素和旧质因素。对于两个控制因素的任何一种组合，从而对控制面上的任何一点，至少有一种相应的状态方式，用控制面相应点上方状态轴的适当高度的一个点在状态面上指示出来。如果对整个控制面上的每一个点都画出其对应的状态点，并连成一片，则形成一个光滑曲面——状态曲面。该曲面有一个整体性倾斜：从旧质因素占优质的高数值区域到新质因素占优势的低数值区域。但这种整体性倾斜不是它的主要特征。突变理论表明：曲面中间一定还有一个光滑的打了褶但没有皱的二重折叠，造成了曲面前部到后部的夹缝，最后出现了三叶会合的奇点 Q’。状态曲面的折叠朝原点方向越来越狭，直至最后消失。确定折叠边缘的线叫折叠曲线，它在控制面上的投影是一条尖角曲线（见下图）。

在这个尖角突变模型中，很显然有两种国家产生的形式：

1. 渐变式演化（非飞跃方式）——经过一系列中间状态到达终点（“A’→C’→B’”）；

2. 突变式演化（飞跃方式）——穿过了中间叶到达终点（A’→B’）。

拿什么来区分这两种国家产生的方式呢？

这就涉及国家产生过程中的稳定性问题。突变理论作为一种方

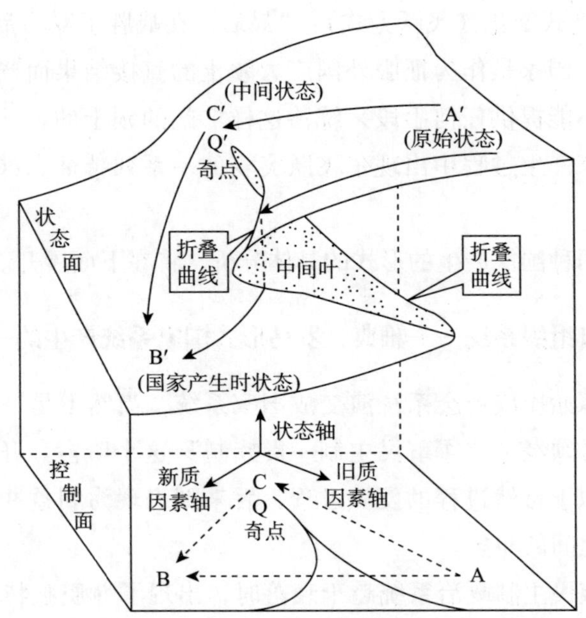

法论，它的核心就是结构稳定性（Structure Stability）。正如金观涛等在《质变方式新探讨》一文中所述，“对我们来说，要确定一个质变是由飞跃方式进行还是渐变方式进行，就不但要研究量变，而且要研究质变发生时事物的稳定性如何”，“数学上的突变理论提示我们，要确定物种之间的演化是渐变还是飞跃，不但要证明各种过渡类型和中间类型是否存在，而且要研究这些过渡类型和中间类型的性状是否稳定。”即稳定与否是测定飞跃式突变与非飞跃式突变的主要标记。另外，也还可以从一些具体的特征来分辨。

从历史上来看，国家产生过程中渐变方式（非飞跃方式）与突变方式（飞跃方式）都是存在的——

1. 渐变式演化（非飞跃方式）：雅典形式、罗马形式的国家系统在产生过程中，社会形态的更替基本上是稳定的，没有出现大动乱，没有经过飞跃式突变。“雅典是最纯粹、最典型的形式：在这里，国家是直接地和主要地从氏族社会内部发展起来的阶级对立中产生的。”（恩格斯语）在罗马形式中，平民（外来人）和贵族之间的斗争也是缓和的，通过平民对氏族贵族的逐渐胜利而建立了国家。

2. 突变式演化（飞跃方式）：“最后，在战胜了罗马帝国的德意志人中间，国家是作为征服外国广大领土的直接结果而产生的，氏族制度是不能提供任何手段来统治这样广阔的领土的。”①在德意志形式的国家产生过程中出现了飞跃突变的一系列特征。这个过程是不稳定的。

对这两种国家产生的形式的具体分析，将在下面展开。

三、自组织系统——雅典、罗马形式国家系统产生的一般进程

一个原始氏族社会系统演变成国家系统，当然不是一朝一夕完成的。它必须经过“军事民主制—贵族制”这个阶段。开始时，它是一个类似于自然进程的发展过程，后来则表现为利益冲突的不同阶级阶层之间的斗争。

在氏族民主制政治系统趋于衰落时，出现了性质独特的“军事民主制”政治系统。在这个过渡状态中，武装的人民在社会事务中起着决定性的作用。在希腊英雄时代（公元前11世纪～公元前9世纪），人民会议是民主管理机构，而代表大会则体现了贵族的势力和影响，巴赛来亚是一种带有军事性质的个人权力。这实质上是一种贵族制的结构。氏族贵族掌握着分化出来的权力。这种权力从民主的源本中分离出来后变成了可继承的，但还没有转化为社会的对立面，没有和阶级利益结合起来，克里斯提尼改革前的雅典和塞尔维尔斯改革前的罗马都处于这个时期。

从这时开始，原始民主制度一步步走向解体，但这个解体不是一个自发的过程。一方面是因为当时生产力发展，贫富分化，出现奴隶和阶级斗争；另一方面是因为航海、战争、殖民和移民。

这两方面是互补的也是互通的（如战争造成奴隶制，移民带来的平民与贵族之争）。它们一起冲击着原先的氏族制度。国家产生后，这两个方面与国家的两个基本特征（财产差别和属地主义）也

---

①《马克思恩格斯选集（第四卷）》，人民出版社1972年版，第165～166页。

是紧密相连的。而且，后一方面对以后的东西方差别起了不小的作用（突变理论认为：初始状态的一点细微差别可能造成终态结构的巨大差异）。

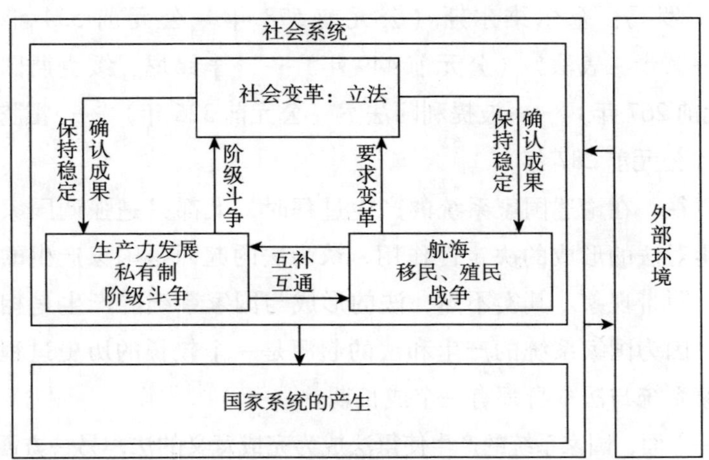

在这个过程中，一个社会系统如果没有受到外来因素强大、持久而致命的冲击（如雅典和罗马），其本身就构成了一个自组织系统。这种自组织系统具有一种自我调整能力，调整自身的结构和内部信息以适应变化，使系统在动态中保持平衡和稳定，使“信息”有效地发挥自己的功能。这种“稳定信息”主要就是正在形成过程中的法（以下简称法），它使社会系统在动态中保持两套稳定的机制。

四、国家系统在产生过程中的稳定性：法的第1机制

水在严格的条件下可经历一系列非水非气的过程转化为气，而在任何国家产生的过程中，都不会是严格地经过一系列纯粹的中间状态。国家产生过程中的稳定性，是相对大动乱而言的，指的是新质因素的增长与旧质因素的减弱基本上同步，基本上相适应。

那么，在雅典、罗马形式中，控制这两种因素在动态中同步的东西，到底是什么呢？

仔细分析起来，雅典、罗马社会处于基本稳定的动态平衡之中，是与当时这两个社会中的另一个重要现象——立法频繁分不开的。

1. 雅典：德拉古立法（公元前621年）⟶梭伦立法（公元前594年）⟶克里斯提尼立法（公元前509年~公元前508年）⟶阿非埃尔特立法（公元前462年）⟶伯里克利“宪法”。

2. 罗马：塞尔维尔斯（公元前578年~公元前534年）改革⟶《十二表法》（公元前449年）⟶李锡尼，绥克斯图法案（公元前267年）⟶波提利阿法案（公元前326年）⟶霍腾西阿法案（公元前287年）。

以往，在论述国家系统的产生过程时，大都只是强调国家系统的产生对法的形成的决定性作用，认为法的起源是国家产生的傀儡现象、附带现象。其实不然，法的形成与国家系统的产生是相互作用的。因为国家系统的产生和法的起源是一个较长的历史过程，因而国家系统与法本身都有一个成长期。

一方面，国家系统的产生使得法成为完成意义的法；另一方面，成长过程中的法对同样处于成长过程中的国家系统的作用，也不能低估。

具体分析起来，法在国家系统的产生过程中起着一种明显的双重功能作用：

1. 法协调着新质因素和旧质因素的更替过程，抑制着社会系统的不稳定状态，维持着社会系统存在的最低限度对秩序的需要。它虽然不调和冲突，却起着缓和冲突的作用，把冲突限制在较小的范围内。如在希腊城邦内，阶级斗争在一定程度上可在法律容许的范围内、在公民大会上、在议事机构和陪审法庭内进行。

2. 另一方面，法又体现了逐渐形成中的统治阶级的意识，把他们取得的斗争成果合法化，具有十足的阶级性，为统治阶级利益而发挥作用。

法的第1机制就是使新质因素的增强和旧质因素的减弱同步化，在立法上适应这个过程。但是，由于这个时期是一个大变革时期，同步是相对的，不稳定是绝对的。这种同步并行的状态总是被打破，即使有法的存在也仍然会出现某种动乱、不稳定的因素。一些矛盾激化，社会系统的状态滑进了尖角区域，为了不使斗争中的各个阶级同归于尽，必须使社会系统本身抑制不稳定因素的恶性膨胀。因此，必须介绍法的第 2 机制。

五、国家系统在产生过程中的稳定性：法的第 2 机制（口袋功能）

数学上突变理论考虑问题的角度，跟以往的一切理论都不同，它不但关心事物在某些条件下的质变方式，而且研究当条件发生变化时事物质变方式如何依条件而变。

能否将那种飞跃式突变，转换为不经过飞跃的突变呢？

回答是肯定的。另外一个较为复杂的突变理论数学模型——蝴蝶型突变模型（Butter-fly Catastrophe Model）可用来解决这个问题。

齐曼等用蝴蝶型突变模型解释了神经厌食症及其治疗过程。在这个治疗过程中，“依赖于提出表示行为中间方式的第 3 叶”，它引进了“第 4 个控制参量”。

“这个参量在分支集合中设置了一个口袋，以便产生行为曲面的中间叶，它位于其他二叶之间，并最终将接近于尖角后面正常区域的稳定状态。”

在构成自组织系统的社会系统出现不稳定因素导致的动乱时，应诉诸法的第 2 套机制——口袋功能。在希腊城邦，当阶级斗争激化时，就有僭主或民事调解官出现，制定新的法律。这里最关键的一点，是应该把法本身也理解成活生生的、不断变化的。在矛盾的冲击中，社会系统仍然构成一个自组织系统，让新的情况有效地反映出来（这种信息交流有时还会通过武力形式），进行新的立法改革，反映新的力量对比，反映新的阶级要求。当社会滑入尖角区域后，这新的法律就开始充当“被引进的第 4 个控制参量”而发挥作用（见下图）。

使社会的不稳定状态落入它的“口袋”中，然后使之滑向稳定的正常区域。

前面列举的立法过程反映了这样一个事实：

——→①法（反映着力量对比）——→②稳定社会——→③不稳定状

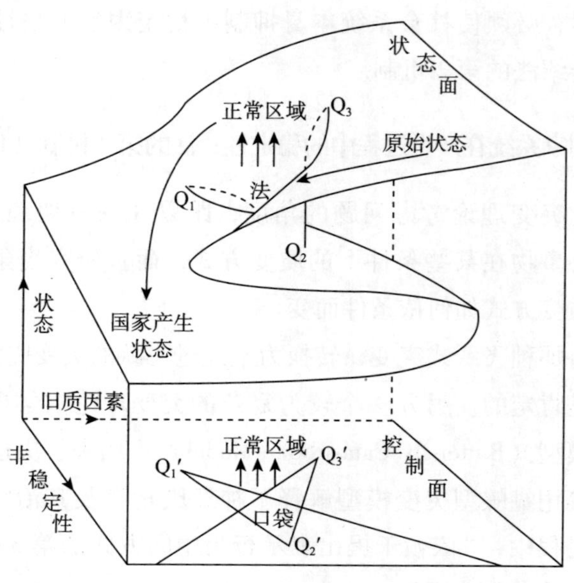

态增多⟶④通过斗争产生新的立法⟶⑤新的稳定⟶……

编号之后是这样的：

⟶①第 1 套机制⟶②⟶③⟶第 2 套机制④⟶第 1 套机制⟶⑤⟶……

这是一种动态的关系，两套机制互相套合，构成自组织系统中的反馈线，产生了系列立法。这既反映了法的作用，又反映了法的形成过程。

自组织系统与机制的关系见下图。

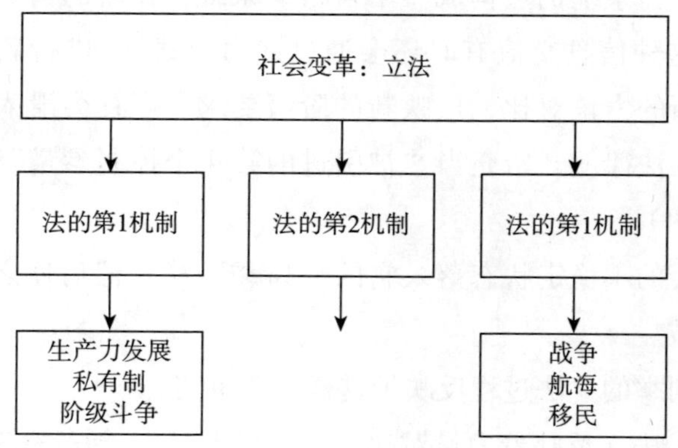

就在这个过程中，一步步实现了新兴的国家政权对原始制度、统治阶级对氏族贵族的胜利。

恩格斯认为梭伦以侵犯财产关系的方式揭开了所有的一系列政治革命，指出梭伦在雅典制度中加入了一个新的因素——私人所有制，从而使氏族制度遭受新的失败。

关于罗马，有人认为塞尔维尔斯改革后，罗马国家就产生了，其实不然。这时罗马的土地占有尚未摆脱公有制的形式，而贵族依然统治平民，国家产生的两大基本特征还没有呈现出来。在罗马国家产生的进程中，平民反对贵族的斗争方式是缓和的，这是通过法的两套稳定机制而不是通过大动乱、大革命来取得胜利的。把平民纳入社会的进程，同时也就是氏族结构崩溃、罗马国家产生的过程。在这个过程中，法本身也不断革新，上升为统治阶级的国家意志，结束了自己的起源。

下表对国家系统的产生过程中法的作用作了简单的估价，但实际上，稳定功能与阶级斗争功能是联系在一起的，密不可分。

法在国家产生时的作用

功能类型	功能说明
稳定功能	协调二因素同步（第 1 机制）
	口袋功能（第 2 机制）
阶级斗争功能	

六、征服带来的突变：德意志形式国家系统产生的过程及特征

分析德意志的国家产生，不能脱离当时西欧罗马世界的状况。8世纪的西欧已摆脱了野蛮状态，是文明世界，但这种文明被毁坏了。当时，没有法律，没有行政管理，旧秩序和旧文明崩溃了，新秩序和新文明尚未建立起来。在这里，“国家是作为征服外界广大领土的

直接后果而产生的”。马克思认为征服方式大概可以分为三种形式①：

1. 征服民族把自己的文明和生产方式强加于被征服民族（如英国人在爱尔兰和在印度的部分地）；

2. 征服民族让被征服民族的旧文明和生产方式维持下去，不加改变，自己只满足于征收赋税（如罗马人和土耳其人）；

3. 由于某种特殊情况，征服民族与被征服民族相互作用，融合后产生一种新型的文明和生产方式。

我们认为：在1、2两种情形中，被征服民族社会或依自身或依征服力量仍可以构成某种微弱的自组织系统，有一定有效的信息交流；而情形3则完全是通过变革、分解、重新融合等长时期的过程，没有比这再混乱和再没有系统的了。真正的融合是以两个文明的自组织系统的彻底破坏为代价的。

诚然，当时的天主教会和残存的罗马法在维持社会秩序方面起着一定的作用，而氏族习惯在蛮族人那里也起着作用。天主教会在罗马帝国灭亡后继续进行一些管理机关的活动。意大利和西班牙的教会，仍然审理宗教案件和有关僧侣的民事案件。天主教会在早期封建国家的建立过程中还起了不容低估的作用，后来的主教们直接参与了全国性法律的制定。

但实际上，这些力量都不能制止不稳定因素的恶性增长。当时国家的产生过程是很不稳定的。据上分析，当时罗马社会的自组织系统被蛮族彻底摧毁了，当时的“公法”因失效而消失了，“私法”乘虚而入填补了空白；公众的任务变成了依附于私人的义务。而且，蛮族本身的氏族社会自组织系统也崩溃了。这是必然的，按经典作家的说法，不可能将罗马社会纳入原先的蛮族氏族结构中。这是一个普遍不安的无法时期，武力互相吞并。这是一次飞跃式突变。

① 也许还有第四种形式：征服者被被征服民族的文明同化，如中国历史上的某些王朝。

一方面，当时新质因素激增（被征服的罗马地区已进入高度发达的文明）；另一方面，旧质因素减弱的速度缓慢——因为氏族血缘结构、人身关系和传统习惯不可能很快地转变过来。

于是，这两种因素的消灭极不协调，更谈不上同步。这时又没有一种立法能发挥协调功能和口袋功能。法的两套机制皆已失效，于是出现了飞跃式突变和它的一些特点。

在第1个模型——尖角突变模型中的飞跃式突变（A ——→B）有五个特征：①双态性；②突变性；③滞后性；④不可接近性；⑤发散性。

它们由于模型本身而彼此有关。下面结合德意志式国家产生过程的特点，谈谈其中的双态性和突变性。

双态性，是指在尖角区域（分支集）内，控制平面上两种因素的每一种组合都可能有两个状态点：一个可能在状态轴上有较大值（原始状态——上叶）；另一个则可能只有较小值（国家产生时状态——下叶）。

这种现象可以用“极端共存”来加以表述，即共存的不同质态之间是不连续的现象。达尔文在太平洋的一些群岛上，发现一些特殊的昆虫，它们要么有极强的翅膀，要么干脆没有翅膀。在国家产生的德意志形式里，这一特征再一次非常鲜明地凸显了。

在法兰克人定居的高卢地区，存在着两种极不相同的土地占有方式：①马尔克土地制度；②大土地占有制度。这一并存局面在进入6世纪后才开始发生变化。

而氏族习惯法和罗马法并存，则成了早期封建制日耳曼法的最基本的特征之一。当时的法律，一方面反映着私有制、阶级出现的事实；另一方面仍保留着许多氏族公社的习惯残余。

国家机关和以前的蛮族氏族统治有机结合，构成了经典意义上封建形式的概念。马克思说：“在日耳曼人的军事制度的影响下，现存关系以及受其制约的实现征服的方式发展了封建所有制。”马克思认为，这种征服是两种文明彻底的大融合。野蛮人给衰老的罗马带

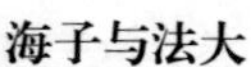

来了革命，注入了新鲜血液，带来了新的生产方式，使罗马世界“返老还童”了（恩格斯语）。这场动乱是值得的。一个古老的文明就像一条古老的河流，需要一种新鲜而强大的水流冲击才能恢复其青春和活力。“凡德意志人给罗马世界注入的一切有生命力的东西，都是野蛮时代的东西。”此后的欧洲社会形态，国家形式都被打上了这“极端共存”留下的烙印。

突变性，是指在这种质变方式中，质变不是通过中间状态，而是通过中断，通过两种质态的非稳定态来实现的。马克思说：“趋于衰落的罗马帝国的最后几个世纪和蛮横对它的征服，使得生产力遭到了极大的破坏：农业衰落了；工业由于缺乏销路而一蹶不振了；商业停顿被迫中断了。”

七、结束语

日耳曼法分散性、判例性的特点，对以后的英吉利法影响不小；而大陆法则深受罗马法影响。

由此看出，国家系统得以产生的不同道路，对以后法系的形成也是有影响的。

附：

《关于举办法制系统科学讨论会的通知》

关于举办法制系统科学讨论会的通知

为了祝贺我校建校一周年，活跃我校学术空气，同时了解我校关于法制系统科学研究的现状和成果，本会拟定5月7日举行首次法制系统科学讨论会，特向本会会员及广大有专长、有兴趣的老师、同志征集稿件。主要事项如下：

1. 来稿应以马克思主义为指导，宣传和介绍国内外系统论、控制论、信息论的现状和成就；讨论和研究有关“三论”的重要理论和实践问题，以及“三论”在我国法制建设中的地位和运用问题等。

2. 来稿要求理论联系实际，观点明确，文字流畅，并有一定的独到见解或认识。

3. 稿件字数不限，但超过五千字以上应附简单的文章提要。稿件中务必注明投稿人的姓名、工作单位、年龄，以便就有关问题进行联系磋商。

4. 来稿请交6号楼419室，最迟期限不得晚于4月25日。

欢迎大家踊跃投稿，协助本会办好这次讨论会。

中国政法大学法制系统科学研究会

1984年4月11日

海子遗书[1]

遗书一：不是遗书的遗书

今晚，我十分清醒地意识到：是袁藏和白鸽这两个道教巫徒使我耳朵里充满了幻听，大部分声音都是他俩的声音，他们大概在上个星期四那天就使我突然昏迷，弄开我的心眼，我的所谓“心眼通”和“天耳通”就是他们造成的。还是有关朋友告诉我，我也是这样感到的，他们想使我精神分裂或自杀。今天晚上，他们对我幻听的折磨达到顶点。我的任何突然死亡或精神分裂或自杀，都是他们一手造成的。一定要追究这两个人的刑事责任。

海子　89. 3. 24

遗书二

另外，我还提醒人们注意，今天晚上他们对我的幻听折磨以及他们对我的言语威胁表明，和我有关的其他人员的精神分裂或任何

① 北大诗人海子遗书，载 http：//www. teachercn. com/zxyw/teacher/gzdyc/128651121328381. Html，2010 年 4 月 28 日。2014 年 8 月 15 日晚，再次与海子弟弟查曙明确认海子遗书原件问题，回答是：遗书被一位至今不知名者拿走，至今未还；曾经寻找过，但无法追回。遗书中的人名袁藏、白鸽均为化名，以及地名中的 ××和 WH 等均为编辑时的省略处理。——编者注

死亡都肯定与他们有关。我幻听到的心声中的大部分阴暗内容都是他们灌输的。

现在我的神智十分清醒。

海子　89. 3. 24

遗书三

爸爸、妈妈、弟弟：

如若我精神分裂或自杀或突然死亡，一定要找××学院袁藏报仇，但首先必须学好气功。

海子　89. 3. 25

遗书四

一禾兄：

我是被害而死，凶手是邪恶奸险的道教败类袁藏，他把我逼到了精神边缘的边缘。我只有一死，诗稿在昌平的一木箱子中，如可能请帮助整理一些，《十月》第2期的稿费可还一平兄，欠他的钱永远不能还清了，遗憾。

海子　89. 3. 25

遗书五

校领导：

从上个星期四以来，我的所有行为都是因暴徒袁藏残暴地揭开我的心眼或耳神通引起的。然后，他和白鸽又对我进行了一个多星期的听、幻觉折磨，直到现在仍然愈演愈烈地进行。他们的预期目的，就是造成我的精神分裂、突然死亡或自杀，这一切后果，都必须由袁藏或白鸽负责。袁藏：××学院；白鸽：现在WH。其他有

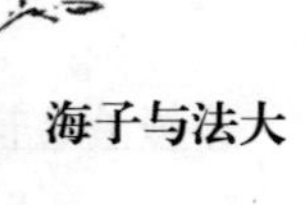

关人员的一切精神伤害或死亡都必须也由袁藏和白鸽负责。

海子　89.3.25

关于遗书六的说明

所谓“遗书六”据直接相关人叙述，是单独放在哲学系办公室一位老师的办公桌抽屉里。因为遗书内容中涉及海子拿走了一种特殊用途的钱，当时出于保护海子名誉的考虑，这一份遗书被压下来了。这也是后来媒体上只能公布五封海子遗书的原因。本文集编辑时，编者曾经询问相关当事人是否能够提供“第六封遗书”的原文，答复仍然是为了避免给海子造成负面影响。①

关于遗书七的说明

所谓“遗书七”是指传说中的海子临死前写了一张纸条，声称自己的死和任何人无关以及其他一些内容。在我们查找中国政法大学保卫处所谓此件的存档时，发现1989年的所有文档都失踪了，因此，无法确定此件的确切内容以及是否由查海生亲笔书写。而关于此件的内容，网络媒体或他人回忆多有矛盾②，故没有采用网上或其他表述中所说内容。

---

① 参考本文集第一部分《海子往事及最后的出走——哲学教研室海子同事座谈回忆纪要》中相关内容。——编者注

② 参见熊继宁：“海子之死的证据学谜区（下）”，载《证据科学》2010年第3期。

第四部分

海子法大—北大—中学档案信息[①]

海子有才啊，
你是否知道？
想上学就上学，
想出名就出名；
学术自如呀，
诗歌感人。

——玄武子

① 该部分资料由编者复印、打字输入；资料查询时得到中国政法大学人事处及档案室的支持和帮助；由于档案查询规定的限制，资料中的有些部分未允许复印录入。——编者注

海子在中国政法大学期间档案资料

教职工履历表（1983 年 9 月）

教 职 工 履 历 表

姓名 查海生

单位 校宣传部

职务

职称

中国政法大学印

1983 年 9 月 20 日填

现　名	查海生	性别	男	出生年月	1964 年 3 月
曾用名	无	家庭出生	贫农	本人成份	学生
现有文化程度	大学	民族	汉	工资级别	
原籍	安徽省				
出生地址	安徽省怀宁县高河公社查湾大队				
身体健康状况	良好				
何时何地何人介绍入团入党何时转正	1979 年 5 月 4 日在高河中学经班团支书吴同胜介绍入团				
何时何地参加革命工作	1983 年 7 月				
参加工作时家庭经济状况	贫困				

干部鉴定表（1984年元月）

干 部 鉴 定 表

单位 中国政法大学校刊

职务 编辑

姓名 查海生

北京市委组织部制

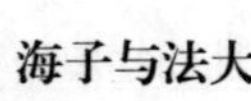

姓名	查海生	性别	男	出生年月	1964. 3 ①
参加工作时间	1983. 7	入党时间	/	文化程度	大学
担任职务	中国政法大学宣传部校刊编辑			级别	见习

<u>个人总结</u>

大学毕业以后，分配到法大宣传部校刊工作，开始时有些思想问题没有解决。参加工作以来，在领导和同志们的帮助下，这五个多月基本解决了思想问题，而且取得了初步的成绩。下面简要谈几点：

1. 能认真学习中央方针政策，学《邓选》，端正工作态度。交给自己的工作能认真去干。

2. 初步熟悉了本职工作。在同志们的帮助下基本掌握编辑工作的要领。

3. 提高实际工作能力。业余时间能认真学习，时间抓得比较紧。

4. 主要不足在于工作不主动，工作作风不严谨。

84 年元月 3 日

<u>组织鉴定</u>

一、工作踏实，细致认真，肯钻研，肯动脑筋，思想上、业务上进步较快。

二、学习抓得紧，知识面较广，对一些问题能有自己独创的见解。

三、作风朴实，同志关系相处得好。

希望今后广泛接触群众，更积极主动地开展工作，注意在实践中加强锻炼，在各方面逐步成熟起来。

鉴定单位盖章或负责人签字

中国共产党
中国政法大学委员会
（党徽图案）
宣传部

一九八四年一月十四日

① 这里海子所填的出生年月为阳历。2014 年 4 月 5 日清明节晚，我与海子家人（母亲、弟弟、姨姐和姨姐夫，以及两位老乡）会见时，与海子母亲核实海子的出生日期为 1964 年 3 月 24 日（阴历 2 月 11 日）12:30 左右。——编者注

续表

本人意见	同意。 签字（盖章）　查海生 1984 年 1 月 14 日
上级审查意见	同意单位鉴定。 签字（盖章）　中国共产党 中国政法大学委员会（党徽图案）组织部 1984 年 1 月 21 日

转正定级审批表（1984 年 6 月）

转正定级审批表
1984 年 6 月 29 日

<table>
<tr><td>姓名</td><td>查海生</td><td>性别</td><td>男</td><td>年龄</td><td>20</td><td>工作单位</td><td colspan="2">校刊</td></tr>
<tr><td>家庭出身</td><td>贫农</td><td>本人成份</td><td colspan="3">学生</td><td>政治面貌</td><td>团员</td><td>文化程度 大学</td></tr>
<tr><td>参加工作时间</td><td>83 年 7 月</td><td>职务或工　种</td><td colspan="3">见习编辑</td><td>现工资级别</td><td>见习</td><td>到本单位时间 83 年 7 月（1 年）</td></tr>
<tr><td>本人简历（包括学历）</td><td colspan="8">64 年出生。
69 年～73 年在小学读书。
74 年～79.8 在高河中学读书。
79.9～83.7 在北京大学法律系读书。
83 年 7 月到中国政法大学工作。</td></tr>
<tr><td>思想工作表现</td><td colspan="8">工作踏实、负责，业务水平提高较快，能很好地完成本职工作，并能抓紧时间学习。希望能更主动地开展工作。</td></tr>
<tr><td>单位意见</td><td colspan="8">按期转正，定编辑 17 级。
方　昕　（印章：中国共产党 中国政法大学委员会（党徽图案）宣传部）
6/7</td></tr>
<tr><td>审批意见</td><td colspan="8">同意从 1984 年 9 月按期转正定为高教 13 级，工资为 56.00 元。
（印章：中国政法大学 ☆ 人事处）
84.10.10</td></tr>
<tr><td>备注</td><td colspan="8"></td></tr>
</table>

1985年工资改革审批表（1985年7月）

1985年国家机关、事业单位工作人员工资改革审批表

<table>
<tr><td>单位</td><td colspan="9">中国政法大学校刊编辑部</td></tr>
<tr><td>姓名</td><td>查海生</td><td>性别</td><td></td><td>文化程度</td><td></td><td>政治面貌</td><td></td><td>出生年月</td><td></td></tr>
<tr><td>行政职务</td><td></td><td>技术职务</td><td></td><td>职称</td><td>高教13</td><td>工种岗位</td><td colspan="3"></td></tr>
<tr><td>参加工作时间</td><td>1983</td><td>工龄间断时间</td><td></td><td>工龄</td><td>2</td><td>教龄、护龄</td><td colspan="3"></td></tr>
<tr><td rowspan="6">改革前工资情况</td><td colspan="2">月标准工资额</td><td>56</td><td rowspan="6">改革后工资情况</td><td colspan="3">职务工资与基础工资</td><td colspan="2">70</td></tr>
<tr><td colspan="2">副食补贴</td><td>5</td><td colspan="3">工龄津贴</td><td colspan="2">1</td></tr>
<tr><td colspan="2">行政节支奖</td><td>5</td><td colspan="3">教龄、护龄津贴</td><td colspan="2"></td></tr>
<tr><td colspan="2">保留工资</td><td></td><td colspan="3">保留工资</td><td colspan="2"></td></tr>
<tr><td colspan="2">附加工资</td><td></td><td colspan="3">附加工资</td><td colspan="2"></td></tr>
<tr><td colspan="2">月工资合计</td><td>66</td><td colspan="3">月工资合计</td><td colspan="2">71</td></tr>
<tr><td>月增资合计</td><td>5</td><td colspan="3">一九八五年七月起月增资</td><td>5</td><td colspan="3">一九八六年　月起月增资</td><td></td></tr>
<tr><td>呈报单位意见</td><td colspan="4"></td><td>审批部门意见</td><td colspan="4">中国政法大学 ☆ 人事处</td></tr>
<tr><td>备注</td><td colspan="9"></td></tr>
</table>

海子在北京大学期间档案资料

北京大学学生登记表（估计1979年9月）

北 京 大 学

学 生 登 记 表

姓 名　查海生

系 科　法律学系

专 业　法律学

学 号　7915008

19　年　月　日填

<table>
<tr><td rowspan="2">姓名</td><td>现名</td><td>查海生</td><td>性别</td><td>男</td><td>出生年月日</td><td>1964 年 2 月 11 日（阴历）</td><td rowspan="3">照片</td></tr>
<tr><td>原名</td><td>/</td><td>民族</td><td>汉</td><td>政治面貌</td><td>团员</td></tr>
<tr><td colspan="2">家庭出生</td><td>贫农</td><td>本人成份</td><td>学生</td><td>文化程度</td><td>高中毕业</td></tr>
<tr><td colspan="2">籍贯</td><td colspan="2">安徽省怀宁县</td><td colspan="2">现家庭住址</td><td colspan="2">安徽省怀宁县高河公社查湾大队</td></tr>
<tr><td colspan="2">何时何地经谁介绍加入共青团</td><td colspan="3">1979 年 5 月 4 日在高河中学原高 2（3）团支部书记吴同胜介绍</td><td>是否华侨，何时由何处回国</td><td colspan="2">/</td></tr>
<tr><td colspan="2">何时何地加入中国共产党</td><td>/</td><td>何时何地转正</td><td colspan="2">/</td><td>介绍人姓名</td><td>/</td></tr>
<tr><td colspan="2">何时何地受过党、团、行政奖励或处分，经何组织批准</td><td colspan="6"></td></tr>
<tr><td colspan="2">婚否？对方姓名、现在何处、任何职务、政治面貌</td><td colspan="6"></td></tr>
</table>

续表

本人学历及主要社会关系		
自何时起至何时止（注明年月日）	在何地何机关（学校）工作（或学习）	证明人，现在何处任职、政治面貌
69年2月1日至74年1月	在查湾小学读书	陈义怀，查湾小学校长，党员
74年2月至79年7月	在高河中学读书	丁江永，高河中学校长，校党支部书记

直系亲属及主要社会关系						
姓名	性别	年龄	与本人关系	解放前后职业、政治面貌	与本人联系情况	现在何处任何职
查振全	男	49	父子	农民	密切	/
操彩菊	女	47	母子	农民	密切	/
查振关	男	45	叔侄	农民，共产党员	密切	/
查振根	男	40	叔侄	中学教员	密切	/
何继高	男	56	姑父	农民	密切	/
查氏	女	50	姑母	农民	密切	/

高等学校毕业生登记表（1983 年 7 月）

高等学校毕业生登记表

学 校　北京大学

系 科　法律学系

专 业　法律学

姓 名　查海生

填表时间　一九八三年七月六日

中华人民共和国教育部制定

<table>
<tr><td>现　名</td><td>查海生</td><td>性别</td><td>男</td><td rowspan="3"></td></tr>
<tr><td>曾用名</td><td>无</td><td>出生
年月日</td><td>1964 年 3 月</td></tr>
<tr><td>家庭出生</td><td>贫农</td><td>本人成份</td><td>学生</td></tr>
<tr><td>籍贯</td><td colspan="4">安徽</td></tr>
<tr><td>现在家庭地址</td><td colspan="4">安徽省怀宁县高河公社查湾大队</td></tr>
<tr><td>是否华侨
现居何处</td><td colspan="2">无</td><td rowspan="2">身体健康状况</td><td rowspan="2">良好</td></tr>
<tr><td>何时何地何人
介绍入团入党
何时转正</td><td colspan="2">1979 年 5 月 4 日在高河
中学加入共产主义青年团
介绍人吴同胜</td></tr>
<tr><td>婚否？对方姓名、
政治面貌、
现在何处任何职</td><td colspan="4">无</td></tr>
<tr><td>家庭经济状况
及主要经济来源</td><td colspan="4">父母务农，有三位小弟在读书，无其他经济来源</td></tr>
<tr><td>何时何地因何原因
受过何种奖励或处分</td><td colspan="4">无</td></tr>
<tr><td colspan="5">自我鉴定：
热爱社会主义祖国，热爱党。通过认真学习马克思主义理论和党的方针政策，积极向党组织靠拢。坚持四项基本原则，拥护三中全会以来的政策，系统研究了马克思主义，能运用马列主义方法论分析问题、解决问题。注意时事政治学习，遵守校纪，待人诚恳、正直。为人老实朴素。关心集体、团结同学，注意与其他同学进行思想交流，科学讨论。积极参加校“五四”科学讨论会，提交数篇论文，锻炼自己的写作能力。学习上能够刻苦认真、态度端正、目的明确，学习上注重方法和总体性，注重理论基础与知识结构，注重科研能力和思考方法的培养，成绩较好。能突破学科界限阅读、思考。</td></tr>
</table>

续表

<table>
<tr><td colspan="2">独立思考能力不断提高。关心新思潮和方法论上的重大突破。在实习中力争理论联系实际，对待日常业务性工作热心并虚心向审判员学习，实习任务完成得较完满，大大提高了自己的实际工作能力。在指导导师热心帮助下，写出了有一定水平的毕业论文。在思考、写作能力方面有很大提高。课外能坚持体育锻炼，但不经常。今后一定要改正缺点，全面发展。
本人签名：查海生
83 年 7 月 6 日</td></tr>
<tr><td>班组鉴定</td><td>该同学入学以来，能坚持四项基本原则，拥护党的方针政策，认真学习马列主义理论，关心时事政治，积极向党组织靠拢。学习刻苦，成绩优良，在学好专业课的同时，广泛涉猎哲学、民族学、文学等各门学科，在新诗创作上有一定成就。注重学习方法的训练，对各种问题有独立见解，积极参加历年的学术讨论会，有一定分析问题和解决问题的能力。实习工作认真负责，较快地熟悉了司法业务。在任小组长期间热心为同学服务，工作踏实，细心。为人朴实、正直，生活艰苦朴素。劳动积极，吃苦耐劳。
望今后更积极地参加社会实践活动，积极参加体育锻炼。
班组长签名：夏华　韩沐新
1983 年 7 月 9 日</td></tr>
<tr><td>学校组织鉴定</td><td>同意班组意见
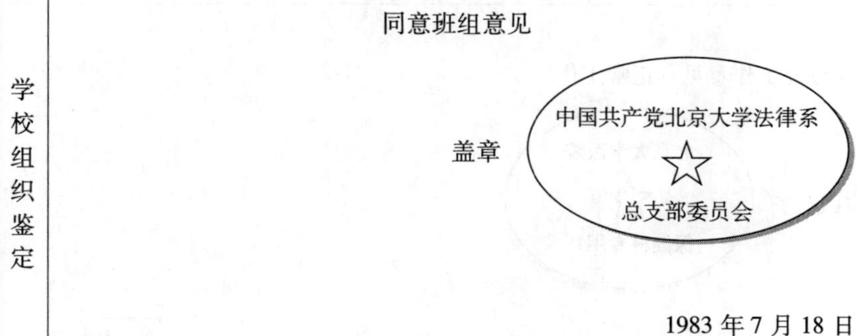
盖章　中国共产党北京大学法律系 ☆ 总支部委员会
1983 年 7 月 18 日</td></tr>
</table>

北京大学毕业生健康证明书（1983年6月）

北京大学毕业生健康证明书1

1983年6月21日

<table>
<tr><td colspan="2">单位</td><td colspan="3">法律学 系 法律学 专业</td><td>学号</td><td colspan="2">7915088</td></tr>
<tr><td colspan="2">姓名</td><td colspan="2">查海生</td><td>性别</td><td>男</td><td>出生</td><td>1964年3月27日</td></tr>
<tr><td rowspan="5">检查项目</td><td rowspan="2">视力</td><td>右</td><td rowspan="2">矫正视力</td><td>右</td><td colspan="2">1.5 D</td><td rowspan="2">医生签名</td></tr>
<tr><td>左</td><td>左</td><td colspan="2">1.5 D</td></tr>
<tr><td rowspan="2">内科</td><td>血压</td><td>110/70
mmHg</td><td>心脏</td><td colspan="2">（一）</td><td rowspan="2">医生签名</td></tr>
<tr><td>肝脏</td><td>（一）</td><td>脾脏</td><td colspan="2">（一）</td></tr>
<tr><td>化验</td><td>尿蛋白</td><td>（一）</td><td>胸部透视</td><td colspan="3">心肺膈透视正常</td></tr>
<tr><td colspan="8">对分配工作意见：正常工作√
其它　北京大学医院 ☆ 保健科专用章
医生：乐平古</td></tr>
</table>

北京大学毕业生健康证明书 2

1983 年 6 月 21 日

<table>
<tr><td colspan="2">单位</td><td colspan="3">法律学　系　法律学　专业</td><td>学号</td><td colspan="2">7915088</td></tr>
<tr><td colspan="2">姓名</td><td colspan="2">查海生</td><td>性别</td><td>男</td><td>出生</td><td>1964 年 3 月 27 日</td></tr>
<tr><td rowspan="5">检查项目</td><td rowspan="2">视力</td><td>右</td><td rowspan="2">矫正视力</td><td>右</td><td colspan="2">1.5　D　400</td><td rowspan="2">医生签名
曹</td></tr>
<tr><td>左</td><td>左</td><td colspan="2">1.5　D　400</td></tr>
<tr><td rowspan="2">内科</td><td>血压</td><td>114/90
mmHg</td><td>心脏</td><td colspan="2">（一）</td><td rowspan="2">医生签名
王季①</td></tr>
<tr><td>肝脏</td><td>（一）</td><td>脾脏</td><td colspan="2">（一）</td></tr>
<tr><td>化验</td><td>尿蛋白</td><td>（一）</td><td>胸部透视</td><td colspan="3">心肺膈透视正常</td></tr>
<tr><td colspan="8">对分配工作意见：正常工作√
其它 
医生：乐平古</td></tr>
</table>

① 字迹潦草，辨识不清。——编者注

实习报告（1982 年 8 月 ~ 11 月）

实 习 报 告

北京大学法律系七九级二班
查海生

实习单位指导教师
姚志祥（石家庄新华区法院审判员）
实习指导教师
邹世杰（北京大学法律系讲师）

实习单位：河北省石家庄市新华区人民法院

实习起止时间：八二年八月十五日至十一月十一日

实习小结

七九级二班查海生

通过这两个多月的基层法院民庭实习，在审判员同志的指导下，本人参加了一些民事案件的办理并有一些点滴的体会，现作一小结。

（一）

在业务实践上，对实际工作、程序与步骤以及实践技能，如记录、调查、询问、调解、联系等，都有了一些感性认识和初步的练习。这对我酷爱在书本和理论之间兜圈子的书生气是一次强有力的冲击。另外在业务理论上也有一些收获。现就接触的案子着重谈谈对离婚问题的一些认识。

新婚姻法颁布实行后，近年离婚率上升是有目共睹的事实。在这次实习中，我或直接通过亲自办理或间接通过案卷接触了离婚案件。下面就谈谈对办理离婚案件的步骤及过程的几点体会。对审判员来说，解决离婚案件的业务步骤是从询问调查到调解到判决，而在调解中则从调和到调离。

1. 询问调查应当着重把握起诉与辩诉的争议实质（就是要有原告到底是因为什么提出离婚：是因为确实夫妻双方的感情不和还是因为父母搅和等家庭纠纷，或是因为第三者插足）和婚姻家庭的基本情况、现状以及双方的要求及态度。

2. 调和应着重于道理、观念和词句上的启发，因为离婚原因不仅与婚姻基础等有关，而且与当事人所持的婚姻观念、家庭观念有关。在办理离婚案件的过程中，尤其是在调和过程中要着重启迪并诉诸当事人的这些观念。这之间要结合单位做大量细致的工作。

3. 调离和判离过程中主要问题在于夫妻双方的财产分割及孩子的抚养问题。财产分割在调离过程和判离过程中有很重要的地位，因为调离时已基本辨清双方感情的破裂程度与今后双方和好的可能性。这样，审判员要解决的中心问题就是双方财产分割及孩子的归属问题，而当事人双方也会在这个问题上纠缠不休，尤其是被告。这就是调离过程中和判离过程中财产分割的重要性和困难之处。下面就谈谈这些过程中财产分割应掌握的原则：①划清离婚前后财产的原则，也就是划清男女双方各自财产的原则，对这个问题起码要做到大致上弄清，不能“和稀泥”。②照顾妇女和儿童利益的原则，如对孩子的抚养及抚养费问题，这是要着重考虑的。关于抚养费的多少及规格是可以深入研究的题目。③力求确切、有证据的原则。离婚双方尤其是不同意离婚的被告很有可能夸大歪曲家庭财产原来的真实面貌。这里要做大量的调查研究和分析工作，因为夫妻双方财产这种“家务事”是很不容易弄清的。要做到能证实的尽量证实分清，不能证实的不可轻信。④公平合理与综合权衡结合的原则。要照顾双方要求，同时也要考虑各自的实际情形，如在给孩子的抚养费的同时要考虑到男方（如果孩子由女方抚养）的经济能力。

此外，对在办理房产案中应掌握的原则：①据证据确认产权。②分析具体情况解决具体问题，以及对赔偿案、赡养案的点滴认识就不一一细述了。

（二）

在这次实习中，亲身体验促使了一些感触的萌生。我觉得作为一名司法工作人员需要知识、技能与作风等方面的配合。

首先，工作作风上端正态度，树立为人民办好案的信念与正直无畏的品质，对当事人的态度应避免职业性冷漠。

其次，司法工作人员不仅要精通各种法律专业知识，而且要适当扩大自己的知识面并有机地运用之。这里举一个例子。在一件房产案中，原被告因宅基归属不清而争执不下。他们都根据原契和现在大量结果互称对方占了自己的宅基。我们通过走访老住户，调查计量单位并反复丈量现场得出当时契约上使用的是造尺（1 营造尺 =0. 320 米），而现在当事人双方使用的是米制（1 尺 =0. 333 米）。因而长期纠缠不清。我们这样调查后案件就比较顺利地解决了。

此外，实践技能也是比较重要的一方面。如调解过程中，审判员应当既要把握双方当事人要求，又要有自己的主见，不能围着当事人转。这就是一种实践技能。此外，如有中心、有步骤的办案也需要长期锻炼。

（三）

最后，通过这次实习我觉得有两点建议需要提出。

1. 理论与实践的关系。这里有两方面：理论与实践都需要有主动性。如在婚姻法课程里适当地讲解离婚司法就是理论的主动性。

2. 在各庭之间适当的置换问题，就是让参加实习的同学到各庭都接触一下，扩大实习中面上的收获。

82. 11. 1 完①

① 海子原文使用150字一页的稿纸，共11页半。——编者注

北京大学学生成绩表（1983 年 9 月）

北京大学

学　生　成　绩　表

姓名：查海生

系别：法律学系

专业：法律学

学习期限：自 1979 年 9 月至 1983 年 9 月

1979～1980 学年（一年级）

课程名称（包括：生产实习、教学实习、社会调查、学年论文、毕业论文、生产劳动、军事训练等）	第一学期			第二学期			备注
	周学时数	考试成绩	考查成绩	周学时数	考试成绩	考查成绩	
中共党史	4	良			良		
哲学	4	良			良		
国家与法的理论	3	良			优		
英国语	4	及格			良		
汉语	4	优					
逻辑学	4	良					
外国国家与法历史	4				优		
体育	2	及格			及格		
备　注							

1980～1981 学年（二年级）

课程名称（包括：生产实习、教学实习、社会调查、学年论文、毕业论文、生产劳动、军事训练等）	第一学期			第二学期			备注
	周学时数	考试成绩	考查成绩	周学时数	考试成绩	考查成绩	
政治经济学	4		合格		优		
中国法律制度史	3	良					
宪法	4	优					
英国语	4		合格		47		补考77
体育	2	及格			良		
比较宪法	3					合格	
婚姻家庭法	2				良		
中国政治法律思想史	5				良		
备　注							

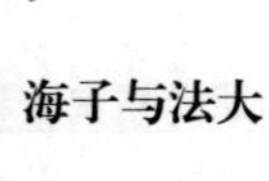

1981～1982 学年（三年级）

课程名称（包括：生产实习、教学实习、社会调查、学年论文、毕业论文、生产劳动、军事训练等）	第一学期			第二学期			备注
	周学时数	考试成绩	考查成绩	周学时数	考试成绩	考查成绩	
刑事侦查	5		合格				
民法	3	良					
国际法	4	60					
形势与任务学习			合格				
刑事诉讼法	3				良		
西方政治法律思想史	4				良		
刑法	4				优		
法医学	2					合格	
民事诉讼法	3				优		
备　注							

1982～1983 学年（四年级）

课程名称（包括：生产实习、教学实习、社会调查、学年论文、毕业论文、生产劳动、军事训练等）	第一学期			第二学期			备注
	周学时数	考试成绩	考查成绩	周学时数	考试成绩	考查成绩	
外国民商法	2						
现代西方法律哲学	2						
经济法	3	81					
国际私法	4	优					
毕业论文							
形势与任务学习			合格				
行政法						合格	
备　注							

海子毕业论文评语

<table>
<tr><td rowspan="2">毕业论文</td><td>题目：
马克思对黑格尔法哲学的批判</td><td>成绩：
优</td></tr>
<tr><td colspan="2">成绩评语：
论文的选题，理论性、学术性较强。研究这一课题，需要有比较系统地马克思主义理论知识和一定的历史知识。通过论文可以看出，作者阅读了马克思创始人早期的一些著作和其他一些文献，掌握了一定的资料，对经典作家的原著有较好地理解。论文的理论阐述、层次比较清楚，史料运用基本上准确，观点是正确的，较好地贯彻了历史唯物主义原理，反映了作者具有较强的理论探索精神和一定的研究能力。
不足之处：一般过程的历史叙述较多，缺乏更为深入的理论探索和详细阐述；有的言词不够通俗、明确。
教师签字：赵震江　　1983 年 6 月 10 日</td></tr>
<tr><td colspan="3">毕业审查意见：
准　予　毕　业
系主任签名：林金印瑞　系公章：北京大学 ☆ 法律学系　北京大学 ☆ 教学行政处
教学行政处　1983 年 7 月 15 日</td></tr>
</table>

海子在安徽怀宁县高河中学期间档案资料

入团志愿书（1979 年 4 月~5 月）

中国共产主义青年团

入 团 志 愿 书

申请人姓名　查海生

续表

毛主席语录

领导我们事业的核心力量是中国共产党。

指导我们思想的理论基础是马克思列宁主义。

世界是你们的，也是我们的，但是归根结底是你们的。你们青年人朝气蓬勃，正在兴旺时期，好像早晨八、九点钟的太阳。希望寄托在你们身上。

要造就一大批人，这些人是革命的先锋队。这些人具有政治远见，这些人充满着斗争和牺牲精神。这些人是胸怀坦白的，忠诚的，积极的，正直的。这些人不谋私利，唯一的为着民族与社会的解放。这些人不怕困难，在困难面前总是坚定的，勇敢向前的。这些人不是狂妄分子，也不是风头主义者，而是脚踏实地富于实际精神的人们，中国要有一大群这样的先进分子，中国革命的任务就能顺利地解决。

入团宣誓誓词

（由本人填写）

中国共产主义青年团是中国共产党领导下的先进青年组织，是中国共产党的有力助手，也是每一个具有进取心的青年渴望加入的光荣组织，我志愿加入这个光荣组织即中国共产主义青年团，我决心在加入这个先进组织后，努力做到以下几点：

1. 认真学习马列著作、毛主席著作，热爱华主席，拥护党中央；

2. 入团后，更加要求进步，做一名名副其实的青年团员，遵守团的章程和团的纪律，按时交纳内①费，积极参加团的活动，取②到一名先进青年应起的作用；

3. 努力做到“又红又专”，刻苦学习科学文化知识，学科学，用科学，掌握为人民服务的本领，做一名新长征的突击手，做一个有社会主义觉悟的有文化的劳动者；

4. 无论什么地方，什么场合，一切行动听指挥，党指向哪里，我就奔向哪里，决不会半步退缩和畏惧，为实现共产主义而奋斗终生，在当前，则为实现新时期总任务，为实现“四个现代化”而奋斗；

① 应为“团”。——编者注

② 应为“起”。——编者注

续表

<table>
<tr><td colspan="8">5. 遵守革命纪律，团结同志，爱护公物，积极参加体育锻炼；
6. 坚决做到“三老”，光明磊落，襟怀坦白，不说半句假话，不做半点假事。
总之，从今以后我便把一切交给团，交给党，为无产阶级革命事业奋斗一辈子。
查海生
1979. 4. 22</td></tr>
<tr><td rowspan="2">姓名</td><td>现名</td><td>查海生</td><td>性别</td><td colspan="2">男</td><td>家庭出生</td><td>贫农</td></tr>
<tr><td>曾用名</td><td colspan="2">/</td><td>民族</td><td>汉</td><td>本人成份</td><td>学生</td></tr>
<tr><td colspan="2">出生年月</td><td>阴历 1964 年
2 月 11 日</td><td>籍贯</td><td colspan="4">安徽怀宁</td></tr>
<tr><td colspan="2">文化程度</td><td>高中</td><td>现在职业</td><td colspan="4">学生</td></tr>
<tr><td colspan="2">家庭主要社会
成员姓名、
职业和政治态度</td><td colspan="6">父亲：查振权，农民
母亲：操采菊，农民</td></tr>
<tr><td colspan="2">主要社会关系
及其政治面貌</td><td colspan="6">大姑爷：何继高，农民
二　爷：查振关，农民
小　爷：查振根，教师
小　娘：方文阳，教师
二　娘：陈秀英，农民</td></tr>
<tr><td colspan="2">何时何地受何
奖励或处分</td><td colspan="6">1979 年曾受“三好”学生奖。</td></tr>
<tr><td colspan="8">本人简历</td></tr>
<tr><td colspan="3">何年何月至何年何月</td><td colspan="2">在何单位</td><td colspan="2">职务</td><td>证明人</td></tr>
<tr><td colspan="3">1969 年元月 ~1973 年 12 月</td><td colspan="2">查湾小学</td><td colspan="2">学生</td><td>凌旺生</td></tr>
<tr><td colspan="3">1974 年元月 ~1976 年 12 月</td><td colspan="2">高河中学</td><td colspan="2">学生</td><td>凌旺生</td></tr>
<tr><td colspan="3">1977 年元月 ~1979 年</td><td colspan="2">高河中学</td><td colspan="2">学生</td><td>凌旺生</td></tr>
<tr><td colspan="3">对组织还有哪些
需要说明的问题</td><td colspan="5"></td></tr>
</table>

续表

<table>
<tr><td rowspan="3">入团介绍人</td><td>姓名</td><td>现任何职务</td></tr>
<tr><td>吴同胜</td><td>校团委</td></tr>
<tr><td>对被介绍人的意见</td><td>查海生同学学习刻苦认真，思想志虑忠纯，体育积极参加，但帮助同学不够。同意该同学加入共青团组织。
介绍人签名盖章　吴同胜
1979 年 4 月 23 日</td></tr>
<tr><td>支部大会决议</td><td colspan="2">同意查海生同学加入共青团组织。
支部书记签名盖章　吴同胜
1979 年 4 月 23 日</td></tr>
<tr><td>批准机关审批意见</td><td colspan="2">经研究同意该同学加入共青团组织。
批准机关签名盖章　（中国共产主义青年团 ☆ 怀宁县高河中学委员会）
一九七九年五月三日</td></tr>
</table>

续表

说　明

（一）入团申请人对表内各项要忠实地填写，如果格内写不下，可附纸填写。

（二）笔迹要清楚（用毛笔或钢笔）。如本人不会写字，可请别人按照本人口述代为填写，然后由本人签名或盖章。

（三）入团志愿书由基层团委会保管；团员调动时，随组织关系转移；如果团员牺牲、病故、超龄团员或被开除团籍等，则和本人其他档案一起存档。

（四）入团志愿书只限于地、市以上团委翻印。

中国共产主义青年团安徽省委员会组织处

中国共产主义青年团安徽省安庆地区委员会印

自我鉴定（1979年8月12日）

自我鉴定[①]

十年来，特别是粉碎“四人帮”以来，我的思想觉悟有了较快的提高。我认清了“四人帮”极“左”的反动本质，并努力肃清其流毒，我就更加仇恨“四人帮”，倍感英明领袖华主席亲，更加热爱共产党和我们社会主义祖国。然而，“热爱”不是一句漂亮的空话，必须付诸实际行动，因此我就珍惜青春年华，争分夺秒，发奋学习文化科学知识，脚踏实地，自觉地吃苦、流汗，苦学参加社会主义四化建设的本领，我注意自觉遵守校内外一切纪律，团结同学，帮助别人，积极参加生产劳动和体育活动。由于党组织的培养教育，同学们的帮助，我在德、智、体几方面都有了较好的发展。一分为二地看问题，我还存在一些缺点。今后要在领导和同志们的帮助下，发扬成绩，克服缺点，继续认真学习，切实掌握一点为人民服务的真实本领，争取做一名新长征合格的新兵。

查海生

一九七九年八月十二日

① 该文写在一张页眉上标有“安徽省怀宁县高河中学”的信签上，字迹规范成熟，刚劲有力，锋芒毕露，与海子以后的笔迹不同。疑由他人代为抄写。——编者注

高考档案资料

安徽省一九七九年高等学校招生报考登记表

（估计 1979 年 8 月）[1]

考何体艺	/

报考类别	文史	考生类别	应届

考何种外语或申请免试	英语

地（市）安庆县（区）怀宁　准考证号 410746　　表十一

姓名	查海生	性别	男	出生年月	64.2[2]	民族	汉	（照片）
家庭出生	贫农	本人成份	学生	是否党团员	团员	婚否	未	
文化程度	高中		有何专长		/			
现在学习或工作单位	安徽省怀宁县高河中学		任何职务		/			
家庭详细地址	安徽省	怀宁县 市	高河公社 区	查湾大队 街	大塥队 号			怀宁县高河中学 ☆

① 原表盖有怀宁县高河中学章。——编者注

② 这里海子所填的出生年月为阴历。2014 年 4 月 5 日清明节晚，我与海子家人（母亲、弟弟、姨姐和姨姐夫，以及两位老乡）会见时，与海子母亲核实海子的出生日期为 1964 年 3 月 24 日（阴历 2 月 11 日）12:30 左右。——编者注

续表

<table>
<tr><td rowspan="11">报考志愿第一栏</td><td>全国重点高等学校</td><td>系科（专业）</td><td rowspan="11">报考志愿第二栏</td><td>一般高等学校</td><td>系科（专业）</td></tr>
<tr><td rowspan="2">北京大学</td><td>法律系法律学</td><td rowspan="2">上海海运学院</td><td>水运财务会计</td></tr>
<tr><td>中国语言文学系文学</td><td></td></tr>
<tr><td rowspan="2">复旦大学</td><td>新闻学</td><td rowspan="2">华东政法学院</td><td>法律</td></tr>
<tr><td>中国文学</td><td></td></tr>
<tr><td rowspan="2">中国人民大学</td><td>哲学</td><td rowspan="2">安徽大学</td><td>法律系法学</td></tr>
<tr><td>统计学</td><td></td></tr>
<tr><td rowspan="2">南开大学</td><td>哲学</td><td rowspan="2">安徽财贸学院</td><td>计划统计</td></tr>
<tr><td>语言文学</td><td>财政银行</td></tr>
<tr><td rowspan="2">中山大学</td><td>经济系</td><td rowspan="2">辽宁财经学院</td><td>财政银行</td></tr>
<tr><td>中文系</td><td>基建财务</td></tr>
<tr><td colspan="2">如上面填的学校未录取时，你是否服从分配到其他重点学校</td><td>服从分配</td><td colspan="2">如上面填的学校未录取时，你是否服从分配到其他一般学校</td><td>服从分配</td></tr>
<tr><td colspan="3">说明你在何处上学具备走读条件</td><td colspan="3">无</td></tr>
<tr><td>政审意见</td><td colspan="2">合格</td><td>体检结论</td><td colspan="2">合格</td></tr>
</table>

<table>
<tr><td rowspan="2">统考成绩</td><td>政治</td><td>语文</td><td>数学</td><td>物理</td><td>化学</td><td>历史</td><td>地理</td><td>总分</td><td rowspan="2">外语</td><td>笔试</td></tr>
<tr><td>63.5</td><td>76</td><td>88</td><td></td><td></td><td>74.75</td><td>76</td><td>378.25</td><td>16</td></tr>
<tr><td rowspan="2">本人简历</td><td colspan="2">自何年何月</td><td colspan="4">自何年何月</td><td colspan="4">在何地何单位学习或工作</td></tr>
<tr><td colspan="2">69.2
74.2</td><td colspan="4">73.12
79.7</td><td colspan="4">于高河公社查湾小学读书
于高河中学读书</td></tr>
<tr><td colspan="3">何时何地受过何种奖励或处分</td><td colspan="8">七九年于高河中学荣获“三好”生奖励，未受过任何处分。</td></tr>
</table>

续表

家庭主要成员和主要社会关系				
称呼	姓名	政治面貌	现在何单位工作	任何职
父亲	查振全	历史清白	高河公社查湾大队	农民
母亲	操采菊①	历史清白	高河公社查湾大队	社员
三叔	查振根	历史清白	安庆市第八中学	教师
二叔	查振关	历史清白	高河公社查湾大队	农民
姑父	何继高	历史清白	育儿公社育儿大队	农民
舅父	操乐强	历史清白	高河公社卫东大队	农民

① 这里海子所填有误。2014 年 4 月 5 日清明节晚，我与海子家人（母亲、弟弟、姨姐和姨姐夫，以及两位老乡）会见时，海子母亲郑重告知：她的名字叫“操彩竹”，由于地方话发音关系，被当作“操采菊”。——编者注

高等学校招生体格检查表

（1979 年 8 月）

考区：安庆　　地（市）怀宁　　　县（区、局）　　　　　准考证号 410746

<table>
<tr><td>姓名</td><td>查海生</td><td>性别</td><td>男</td><td colspan="2">1964 年 2 月
11 日出生
（阴历）</td><td>婚否</td><td>无</td><td rowspan="3">照片
怀宁县
☆
招生委员会
骑缝章</td></tr>
<tr><td>文化程度</td><td>高中</td><td colspan="2">民族</td><td>汉</td><td>职业</td><td colspan="2">学生</td></tr>
<tr><td>籍贯</td><td>安徽省
市
怀宁县</td><td colspan="2">现住所及
通讯处</td><td colspan="4">高河公社查湾①大队</td></tr>
<tr><td colspan="4">原毕业学校或工作单位</td><td colspan="5">高河中学</td></tr>
<tr><td colspan="4">既往病史</td><td colspan="5">未生过病</td></tr>
<tr><td colspan="9">（以上由考生本人如实填写）</td></tr>
</table>

<table>
<tr><td rowspan="9">五
官
科</td><td rowspan="3">眼</td><td rowspan="2">裸眼
视力</td><td>右 1.5</td><td rowspan="3">矫正
视力</td><td>右　矫正度数</td><td rowspan="9">医生意见
吴玉华②
（签　字）
1. 眼科
正常
2. 耳鼻喉科
正常
3. 口腔科
正常</td></tr>
<tr><td>左 1.5</td><td>左　矫正度数</td></tr>
<tr><td>其他
眼病</td><td>无</td><td>辨色力正常</td></tr>
<tr><td rowspan="2">耳</td><td rowspan="2">听力</td><td>右 5
公尺</td><td rowspan="2">耳疾</td><td rowspan="2">无</td></tr>
<tr><td>左 5
公尺</td></tr>
<tr><td>鼻</td><td>嗅觉</td><td>正常</td><td>鼻及鼻
窦疾病</td><td>无</td></tr>
<tr><td>颜面部</td><td colspan="2">正常</td><td>咽喉</td><td>正常</td></tr>
</table>

① 原文非规范简体字，为三点水加万。——编者注

② 字迹潦草，辨识不清。——编者注

续表

<table>
<tr><td rowspan="2">五官科</td><td>口腔</td><td>唇腭</td><td>正常</td><td>门齿</td><td colspan="2">正常</td><td rowspan="2"></td></tr>
<tr><td>其他</td><td colspan="5">正常</td></tr>
<tr><td rowspan="5">外科</td><td>身长</td><td>146
公分</td><td>体重</td><td>36
公斤</td><td>皮肤</td><td>正常</td><td rowspan="5">医生意见
正常
陈荣球
（签 字）</td></tr>
<tr><td>淋巴</td><td>正常</td><td>甲状腺</td><td>/</td><td>脊柱</td><td>正常</td></tr>
<tr><td>四肢</td><td colspan="5">正常</td></tr>
<tr><td>关节</td><td colspan="2">正常</td><td colspan="2">平趾足</td><td>无</td></tr>
<tr><td>其他</td><td colspan="5">正常</td></tr>
<tr><td rowspan="8">内科</td><td>血压</td><td colspan="2">126/78
毫米汞柱</td><td colspan="2">心律</td><td>88
次/分</td><td rowspan="8">医生意见
合格
张文芸①
（签 字）</td></tr>
<tr><td>发育及营养状况</td><td colspan="2">中等</td><td colspan="2">口吃</td><td>无</td></tr>
<tr><td>神经及精神</td><td colspan="5">正常</td></tr>
<tr><td>肺及呼吸道</td><td colspan="5">正常</td></tr>
<tr><td>心脏及血管</td><td colspan="5">正常</td></tr>
<tr><td rowspan="2">腹部器官</td><td>肝</td><td colspan="4">未指及</td></tr>
<tr><td>脾</td><td colspan="4">未指及</td></tr>
<tr><td>其他</td><td colspan="5"></td></tr>
</table>

① 字迹潦草，辨识不清。——编者注

续表

化验检查（要附化验单据）	血		肝功		尿	
胸部放射线检查	心肺 未见明显活动性病变　　医师签字：张啟灿①					
其他检查						
体检结论	合格　　负责医师　操丰秀　　签字（盖章）					
体检医院意见	合格　　体检医院（盖章）　怀宁县人民医院 ☆ 业务专用章					
复审意见	安庆地区招生办公室 复审专用章　　复审单位签字（盖章）					
备注						

体检日期79年8月10日

① 字迹潦草，辨识不清。——编者注

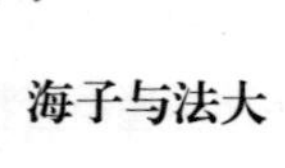

高等、中专（技工）学校考生政治审查表

（1979年8月）

安庆　地（市）怀宁　县（区、局）　报考科类：文史　准考证号410746

<table>
<tr><td>姓名</td><td>查海生</td><td>性别</td><td>男</td><td>年龄</td><td>15</td><td>民族</td><td>汉</td></tr>
<tr><td>籍贯</td><td>安徽省
怀宁县</td><td colspan="2">家庭出身</td><td colspan="2">贫农</td><td>个人
成份</td><td>学生</td></tr>
<tr><td>何时入党</td><td colspan="3">/</td><td colspan="2">何时入团</td><td colspan="2">1979. 5. 4</td></tr>
<tr><td>所在单位</td><td colspan="3">怀宁县高河中学</td><td colspan="2">工作职务</td><td colspan="2">/</td></tr>
<tr><td>本人政治、思想、
工人表现</td><td colspan="7">该生热爱党和华主席；学习文化科学知识，目的明确，刻苦认真，各科全面发展，基础扎实，成绩突出；为人老实，遵守纪律，维护社会公德，团结同学，尊敬师长，热爱劳动，参加体育锻炼。

基层党组织盖章　支部书记　丁江永
永　丁
印　江

一九七九年八月十一日</td></tr>
<tr><td>何时何地
受过奖励处分</td><td colspan="7">七九年在高河中学评为“三好”学生。
未受过任何处分。</td></tr>
<tr><td>直系亲属是否有重
大政治历史问题</td><td colspan="7">父亲：查振全，系务农者。
母亲：操彩菊，系社员。
政历均清白。</td></tr>
<tr><td>主要社会关系是否
有重大政治历史问题</td><td colspan="7">二叔：查振关，系农民。
小叔：查振根，在安庆八中任中学教师。
大姑爷：何继高，系务农者。
大舅：操乐强，系退伍军人，现务农。
（政历均清白）</td></tr>
</table>

续表

公社、厂矿、学校等 党组织政审意见	经审查： 该生及其社会关系清白，政治表现好，政审合格，同意录取。 高河中学　公章　（怀宁县高河中学 ☆） 一九七九年八月十二日
县（区）招生 委员会政审结论意见	合格 公章　（怀宁县招生委员会 ☆） 79 年 8 月 15 日
地（市）招生 委员会政审结论意见	合格 公章　（安庆地区招生委员会 ☆ 办公室） 79 年 8 月 16 日
备注	

说明：①本人政治、思想、工作表现应在听取群众和基层党组织意见的基础上填写。

②直系亲属，是指学生本人的父母或抚养者，以及学生本人的配偶。

③主要社会关系，是指与本人在政治、经济上有直接联系的社会关系。

④考生的鉴定和需要旁证的材料附后。

第五部分

关于海子纪念活动及其报道

室外雾霾弥漫
室内灯光灿烂

室内慧光闪闪
室外夜色沉沉

而明天的太阳
必定照常升起

——玄武子

2011 诗学与法学《海子之死的证据学谜区》学术研讨会

——暨海子追思会举办①

系统法学教授熊继宁

北京师范大学新诗研究中心主任谭五昌教授

3 月 25 日，已故诗人海子（原我校青年教师）去世 22 周年忌

① 参见法大新闻网，http：//news. cupl. edu. cn，2014 年 2 月 2 日访问。

日前夕，我校研究生院系统法学课程在新一号楼 B0115 教室组织了“2011 诗学与法学《海子之死的证据学谜区》学术研讨会——暨海子追思会”。系统法学教授熊继宁主持了学术研讨和追思会。北京师范大学新诗研究中心主任谭五昌教授，著名诗人加一和卧夫，以及我校诉讼法学教授刘芝祥参加了会议。来自我校研究生院诉讼法学、刑法学、法律心理学、法律社会学、国际法、政治学、证据学等各专业约 40 名研究生参与了研讨。

教授和诗人们分别对海子死亡原因的坦诚分析以及海子与他们相处经历的深情描述，为学生们理解这个传奇人物打开了新的广阔视野。

刘芝祥教授描述了作为普通人的“查海生”，一个 21 岁刚从北大法律系毕业的学生来到政法大学做老师的生活际遇：他的贫困、潦倒、内向、谦虚、早慧，工作上的不得志，感情上的不顺遂还有对诗歌的狂热……从刘教授的生动述说中，在场的听众都见识到了一个复杂和孤独的诗人形象。政法大学复校早期的艰难困苦竟然成就了一位当代诗人——“海子”的辉煌。

诗人谭五昌情绪饱满地赞颂了海子光芒万丈的诗才。他认为，海子死去的 1989 年是“中国当代文学的分水岭”。正是海子在现实生活中所受的磨难才使得他展现出“爆炸性创造性才能”。谭教授不仅每一句言辞都难掩对海子才华的崇敬，也表达了一定要实现和熊继宁教授共同策划的举办“海子之死——诗学与法学学术研讨会”的计划。

诗人加一和卧夫说：这次在赴秦皇岛参加海子逝世 22 周年纪念大会的途中，参加了海子生前工作的政法大学组织的“《海子之死的证据学谜区》学术研讨会和追思会”，是一次意外的收获。海子的所有诗歌都是在政法大学工作期间完成的。政法大学师生的追思和研讨为当代海子研究提供了更加清晰的背景。他们不仅简单直白地表达了对海子的爱戴，卧夫还透露了自己规划中的新书《图说海子》，令人期待。

在师生们对《海子之死的证据学谜区》共同研讨的活动中，熊继宁教授承前三次课程，总结了关于“系统证据学”理论创新的探索，以及海子之死的种种证据学难题和疑点。时任我校法制系统科学研究会会长的熊继宁教授还回忆了担任协会副秘书长的海子的有趣轶事。

来自我校研究生院各专业约40名研究生，分别从诉讼法学、刑法学、法律心理学、法律社会学等专业角度，对海子和海子之死的原因及其证据学谜区发表了学术观点。在学术交流中，熊老师和刘老师不时作补充并与学生展开了热烈的互动。

这次别开生面的追思与研讨相结合的活动，从晚上六点半持续到九点三刻方告结束。室内慧光闪闪，室外夜色沉沉，而第二天，海子最热爱的太阳还照常升起。

“海子与系统法学”理论研讨会成功举办①

20年来，伴随着海子诗歌的巨大成功和广泛的社会影响，海子逝世的原因也引起社会日益广泛的关注和推测。2013年3月26日（已故诗人海子忌日）晚，“‘海子与系统法学’理论研讨会”在中国政法大学研究生院教学楼403教室举行。研究生院刑法学、刑事诉讼法学、法理学、比较法学、民商法学等专业的硕士研究生参与了本次研讨。研讨会由刑法学专业研究生曾宁和武亚非共同主持。中国政法大学系统法学与系统科学和文化研究中心主任熊继宁教授进行了现场指导。

---

① 参见系统法学与系统科学和文化研究中心网，http：//Lsc. cnl. edu. cn，2014年2月2日访问。

《海子之死的证据学谜区》是这次讨论的理论支撑。《谜区》首次以《海子诗歌全集》为文本，进行了关于海子死亡问题的法学和证据学研究。《谜区》探讨了"海子死亡的证据学谜区"、"广义破案和证明"、"海子案件证据材料之筐"、"证据系统完型谜区"、"海子死亡原因的可能性空间"、"死亡安排"、"证据理论的难题与困境"等问题。本次研讨会围绕着《谜区》提出的相关问题进行了讨论，分两个阶段：①海子死亡原因的系统化完型；②关于完型的解构。讨论观点综述如下：

与会人员纷纷踊跃发言

一、还原真实海子是海子祛神化、祛魔化的重要途径

熊继宁教授认为：

1. 海子是早期系统法学参与者和推动者。一般不为人所知的是，

海子是早期系统法学的参与者和推动者。据时任中国政法大学“法制系统科学研究会”会长的熊继宁教授介绍，海子曾担任法制系统科学研究会副秘书长，并撰写过关于系统法学的论文和研究会活动的相关报道。

2. 还原真实海子与海子祛神化、祛魔化。海子的诗歌及其死亡之谜，引发了世人广泛的关注和无尽的猜想。还原真实的海子是关于海子的祛神化、祛魔化的重要途径。

3. 中国政法大学应对“海子之谜”拥有真实话语权。中国政法大学曾经是海子最后生活和工作的地方，他的几乎所有诗歌都是在政法大学完成的。了解海子的生活、工作以及相关事件，对于理解海子的诗歌背景及其死亡原因将提供实证资料支持，具有重要意义。现在相关当事人都还健在，他们应当对于海子之谜拥有更加真实的话语权。但是，由于为生者隐、为死者隐、为单位隐、为社会隐的个人心理和社会心理，给解谜造成了相当大的障碍。随着时间的推移，海子之谜存在着最终成为“不可证”的神秘事件的可能性。

二、非确定性证据学与广义破案

《谜区》研究认为，所谓证明是一个所需证明事件或案件系统化的过程，是一个灰色系统的白化过程。海子谜区冷峻地挑战着科学与法学的智慧，残酷地展示着现代证据理论的难题与困境，并成为系统法学关于“非确定性证据学”的一个重要研究课题。从法律的角度看，海子属于非正常死亡。但是，由于他死亡后司法部门没有正式立案，目前关于海子之死的探谜和解谜就转化为一个广义破案的过程。

三、海子死亡原因的系统化完型

与会者对自己建立的关于海子死因的系统建构充满自信。同学们分别利用六份遗书、一部诗集以及访谈、传记、纪念文章等零散资料作为证据，建构起自己关于海子死亡原因的各自的系统化完型。

1. 自杀完型及其自杀原因分歧。虽然许多同学认为海子是自杀，但对其自杀的原因却有着自己不同的见解。例如：张妍昕认为，海子的自杀是由精神困境到信仰崩溃的必然结果，关注民族和人类命运并企图推动中国诗歌现代转型的精英理想，被伴随中国社会市场化转型出现的拜金主义庸俗文化所击溃。霍思妍却认为，海子的死是回归故里、回归母体的理想化行为。李昂则认为，艺术家一般都不正常，海子很有可能是个心理与普通人不同的"精神病人"，并曾"计划"了多种方式的自杀，如在他的诗《自杀者之歌》中，"伏在一具斧子上"指的是"斧劈"；"还有绳索/盘在床底下"指的是"上吊"；"你把枪打开，独自走回故乡"指的是"开枪"；至于"伏在下午的水中"，指的是"投水自尽"；诗歌《七月的大海》中"我戴上帽子穿上泳装安静的死亡"指的是"蹈海"；而"静静的跳伞塔/心醉的屋子你打开门/让我永远在这幸福的门中"指的是"跳塔"；"只剩下青海湖，这宝石的尸体，暮色苍茫的水面"则指的是"投湖"；诗歌《春天，十个海子》中"扯乱你的黑头发/骑上你飞奔而去/尘土飞扬/你被劈开的疼痛在大地弥漫"则是海子最终的选择——"卧轨"。而张骥指出，虽然优秀的作家或是诗人都是天生的疯子（顾城、食指等），但是，海子的自杀则可能是由于抑郁症，而不是精神分裂症。张璇则认为，海子自杀的原因是门户不当所造成的爱情悲剧。周慧提出，海子自杀的原因在于精神与物质双重困顿而不能解脱。而李亚楠、罗静等同学则认为海子自杀是由于性格偏执、生活封闭等。魏坤则认为海子的诗歌"祖国，或以梦为马"暗示了海子死亡的原因，可以看成海子自定的墓志铭。

2. 非自杀完型。海子遗书明确提出"我是被害而死"、"一定要追究……刑事责任"、"要报仇"等。有些同学认为，根据海子的遗书、海子尸体被切割的位置从力学角度分析存在着疑问，因此不能排除他杀的可能性，如李昂、孙晔等同学提出"山海关的案发现场是否为第一现场？如果是，海子是自杀还是他杀？如果是自杀，海子为什么要选择死亡？如果是他杀，时间、手段是什么？"等一系列

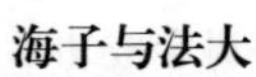

证据疑团；而当年不予立案的决定也遗失了很多关于海子的死的细节，今天很多证据已经无从查证。

3. 神秘主义完型。李伟喆认为，海子不论是自杀，还是他杀，还是殉情，都是“命中该有此劫”。依据佛教观点，所谓的“神杀”说法并不准确，人的一生乃至几劫、几亿劫的命运都是天注定的，因果循环报应，前世种下因，后世尝得果，若非跳出三界，就需生生世世经历这种循环。海子或许看透了这个世界，对尘世生了厌离之心，只是他对如何跳脱尘世的生老病死苦、贪欲嗔恚愚并未寻找到正确的方法，自我了断并不意味着因果的终结。孙晔则认为海子练气功“走火入魔”的可能性是存在的，海子入藏具有拜师的机缘，他有可能是学了“宁玛派”的功法，功力精进，参透生死。

四、关于完型的解构

在第二阶段的辩论中，所有建立的关于海子死因的系统化完型全部被解构、被证伪。正如《谜区》所描述，所谓证伪是排除已知事实和行为与案件或待证事项之间的相关性，不仅是一个解构“碎片化”的过程，而且是一个将似白系统或似灰系统的黑化过程。

1. 正统宗教反对自杀。关于海子因宗教信仰而自杀的建构，被正统宗教都是反对自杀的观点所否定，如：武亚非同学认为，佛教教人积德行善，反对自杀，那么不能简单说海子因为信教而自杀；李伟喆同学补充支持认为，佛教认为自杀没有跳出“轮回”，将坠落“畜生道”，因此不提倡自杀。

2. 海子诗歌中大量歌颂生命和热爱生活的证据。关于崇拜死亡的完形，被海子诗歌中大量歌颂生命和热爱生活的证据所抵消。海子《太阳·七部书》诗歌中明确表示：“与其死去，不如活着……这是我的声音/这是我的生命。”

3. 关于海子死因的非自杀完型强烈质疑自杀完型。曾宁同学运用关于“傻鸟—智鸟”的哲理故事来对自杀完型进行解构：有人根据一只鸟莫名其妙地撞击关着的窗户，却无视开着的窗户，就主观主义地嘲笑该鸟是一只"傻鸟";而当发现其实那只鸟只是想撞击窗户而震落上方窗缝中的死虫时,那个关于"傻鸟"的判断就被"智鸟"的结论所取代。

刘月庆同学则运用《谜区》中关于"圣杯—双面人"模型,说明法律适用就是眼光从不同案件事实之间进行格式塔转换的过程;证据运用则可以说是眼光从证据"主料"与所谓证据"边料"之间不断穿梭的过程:对同一种证据从不同的角度会得出不同的结论;而对于不同的证据的取舍则会得出不同甚至相反的结论;而证据不足也是目前建构所遇到的一个重大的难题;综合证据很难得出海子是自杀或他杀的唯一确定的结论。

4. 关于海子死因的神秘主义完型争论较大。坚持的观点,如李伟喆认为,无论自杀还是他杀都只不过是一种"执行",也是躲不开的"命劫";持否定观点的同学则认为,尽管海子曾经去过西藏,并不能证明他研修了藏传佛教及其气功功法,至于他在诗歌中所表现的神秘主义的诗句很难区分是特定开悟或气功态的表述,还是只不过是诗歌艺术的夸张;还有些同学提出,这个世界本来就充斥着各种无法解释的现象,若不承认所谓"超能力"的存在,很多现象永远都是不解之谜。

五、海子谜区给法学和科学提出了艰巨任务

熊继宁教授在总结发言中介绍了马克思主义的宗教观以及钱学森的人体科学理论。根据人体科学理论,中医—气功—特异功能是建构人体科学的基础,因此,对于目前不能完全解释的中医、气功、特异功能不能采用简单"肯定/否定"的唯心主义或机械唯物主义立场,而应该坚持辩证唯物主义的科学实证态度。基于推动人体科学的创立和研究,钱学森对于中医—气功—特异功能的相关问题都是从正面角度阐述的;而"海子遗书"首次公开凸显了气功和特异功能可能的负面效应问题——造成精神病或死亡,从而给现代科学和法学及其证据学、司法鉴定学、刑法、诉讼法学的改革和发展提出

了艰巨的任务。解决这一问题则需要法学与现代科学技术、心理学、精神学、人体科学、医学等多学科的联合攻坚。

这次别开生面的悼念与法学研讨相结合的活动，从晚上六点半一直持续到十点半左右。这次研讨不仅涉及法学，而且涉及诗歌、科学、西医学和中医学、人生、宗教以及传统文化等方面，扩展了参会者的知识关注和知识视野，并加深了对海子及其诗歌的理解。

室外雾霾弥漫，室内灯光灿烂。清除窗外雾霾和解开海子之谜，推动法学和科学发展，创造法律文明和政治文明都需要理论和方法创新。

"首届法大《朝霞》诗歌朗诵会——纪念海子逝世25周年"成功举办[①]

小小的月河孕育了我
——未来法律的朝阳。
我定能穿透黎明前的迷雾，
因为天际已现出五彩的霞光。

——济宁

"首届法大《朝霞》诗歌朗诵会——纪念海子逝世25周年"于2014年12月30日19点至22点在中国政法大学学院路校区学术讲堂成功举行。本次朗诵会由中国政法大学系统法学与系统科学和文化研究中心主办。朗诵会的诗歌选编和总导演熊继宁教授致开幕辞。特邀嘉宾《影响力中国》副总编辑潇潇诗人、北京师范大学中国当代新诗研究中心主任谭五昌教授、首都青年朗诵艺术团艺术指导姬国胜、导演及钢琴演奏家彭琳、首都青年朗诵艺术团朗诵家郭延芬热情参与了诗歌朗诵表演并给获奖人员颁发奖状。

中国政法大学比较法学院、法律史学研究院、刑事司法学院、法律硕士学院、民商经济法学院、外国语学院、中欧法学院、商学院、人文学院、法学院、马克思主义学院、国际法学院的25名师生及离退休干部处的4名老干部，为在场约200位观众奉献了一场历

① 参见系统法学与系统科学和文化研究中心网，http：//Lsc. cnl. edu. cn；另见 http：//news. cupl. edu. cn，2015年1月23日访问。

时 3 个小时的精彩表演。演出中观众不时爆发出阵阵热烈的掌声。

"首届法大《朝霞》诗歌朗诵会——纪念
海子逝世 25 周年"参演人员及嘉宾合影

海子在中国政法大学工作和生活期间创作诗歌、散文 200 多万字。海子曾经担任中国政法大学法制系统科学研究会副秘书长。熊继宁教授在致辞中提到:"小月河畔、军都山下,孕育了法治英才、诗歌王子。"他指出:"法大人不仅追寻着法律的精神,也洋溢着诗歌的激情;既有着法律人的庄重和严谨,也怀揣诗人的浪漫与激情。"为此,在海子逝世 25 周年之际,中国政法大学系统法学与系统科学和文化研究中心特举办"《朝霞》——纪念海子逝世 25 周年诗歌朗诵会"和文艺表演活动。

本次朗诵会所朗诵的四篇海子诗歌、散文中有 3 篇是未曾公开发表的,其中有:《人墙》、《果树》、《高原上》;其余 23 首朗诵作品中有 16 首为法大师生创作,其中包括:《霞光》(济宁)、《太阳与人》(济宁)、《寒冬伏泰阳》(玄武子)、《世人解海子》(玄武子)、《海子真的不是神——新谱咏叹调》(玄武子)、《魔鬼的工匠》(玄武子)、《和诗》(玄武子)、《海子,你还好吗》(谢昣)、《等风来》(谢昣)、《情债》(田言)、《悼海子》(戴龙)、《海子,你在哪里?》(马春荣)、《划过的流星》(静人)、《天使的翅膀》(静人)、《在空中的旋律》(五味)、《苍茫林中》(张志

诗歌朗诵会上演的文艺节目（舞蹈《天路》、歌曲《醉了千古爱》、《桃花瑶》、《中华武功扇》、乐器伴奏《神秘园》、陶笛独奏《祈福》、舞蹈串烧《大艺术家》、《Nobody》、《something》和《小苹果》）

杰）、《我们曾经年轻过》（陶彩燕）。与会嘉宾朗诵的部分作品也为本人创作，其中包括：《对灵魂说》（潇潇）、《债主》（潇潇）、《致玛吉阿米》（谭五昌）。

这次诗歌朗诵会分为四个主题：诗歌与理想主义、追思与怀念、太阳与人、梦想照亮中国。

主持人引用了《霞光》前四句作为开场白：“小小的月河孕育了我/未来法律的朝阳/我定能穿透黎明前的迷雾/因为天际已现出五彩的霞光。”诗歌《霞光》不仅向我们展示了法律的前世、今生和未来，而且以诗意的语言阐明了法律的本质和特征：“我依赖暴力，但必出自理性/我来自黑暗，但却带来光明/我爱好自由，终归属于秩序/我要求民主，却主张法治昌明/我抗争暴君，因为我属于人民。”

嘉宾潇潇（左一）和谭五昌（右一）颁发
“诗歌创作奖”获奖者：左二起济宁、玄武子（代）、
谢昣、田言、陶彩燕、马春荣

第一部分开场白《寒冬伏泰阳》：“长空湛蓝/冬雪情纯迎红日/雁移兽隐/苍松劲柏在/冷眉峻目/民族兴亡理/寒可久/三九寒冬/寒冬伏泰阳”（玄武子）的朗诵引入了诗歌与理想主义的篇章。《〈法律文明、政治文明与系统法学〉中的海子诗歌》将海子诗歌巧妙地融入系统法学研究之中，并用“在天之翅、在水之灵、在地之根”的海子诗句展开了诗歌与理想主义的宏伟画面。《人墙》关于青年军人华山抢险的诗篇描述了：“一面信仰的墙/支撑在中国的一座名山上/成为脊梁”（海子）。《祖国或以梦为马》向世人宣布：“我要做远方的忠诚的儿子/和物质的短暂情人”，虽然我们会遭受挫折，但“诗歌本身以太阳必将胜利”（海子）。食指的《相信未来》呼唤：“朋友，坚定地相信未来吧/相信不屈不挠的努力/相信战胜死亡的年轻/相信未来，热爱生命”。

第二部分凄婉的陶笛声引入了对海子追思与怀念的开场白：“莫道人走茶水凉/天下不无恋诗情”（玄武子）。《海子真的不是神——新谱咏叹调》用哲理式的发问：“没有不受难的英雄啊/哪有不死的神/真有完美的生活吗/谁是幸福的人”（玄武子）导入了对海子短暂一生的诗意回顾。《海子，你还好吗?》、《悼海子》、《海子，你在哪里?》等诗歌朗诵，从不同的角度和层次表达了作者和观众对海子的深情怀念。

第三部分舞蹈《天路》的表演为观众拨开了“太阳与人”的天幕：在《划过的流星》、《在空中的旋律》、《天使的翅膀》、《等风来》、《情债》、《苍茫林中》以及嘉宾潇潇朗诵《对灵魂说》、《债主》等人性的诉说之后，《魔鬼的工匠》用戏谑、反讽的语调凸显了科技伦理与社会伦理的尖锐冲突；《太阳与人》的朗诵揭示了人的理性追求与自身弱点的巨大反差。

第四部分《中华武功扇》的表演中，白衣红扇相互辉映，舞动了“梦想照亮中国”的激情；《祖国，我不用言语》、《我们曾经年轻过》、《共青团证》、《梦想照亮中国》的热情朗诵，在《桃花谣》的歌声中，飘入梦境。

个人朗诵者集锦

朗诵者：李睿（左上）、马凯亮（左中）、王丹丹（左下1）、左诗瑶（左下2）、陈秋（右上1）、乔宁（右上2）、高佩洁（右下1）、兰洁教授（右下2）

集体朗诵：《魔鬼的
工匠——悼枪王》
朗诵者：右起济宁、王雪莹

《梦想照亮中国》
朗诵者：左起马春荣、
王修经、陶彩燕

集体朗诵：《太阳与人》
朗诵者：左起马凯亮、王雪莹、左诗瑶、刁超群、
吕恒汉、吕彦霖、高佩洁、陈秋

嘉宾姬国胜悲情朗诵《面朝大海，春暖花开》，使得整个会场再次沉浸在对海子的追思和怀念之中。

嘉宾姬国胜（第二排左四）、郭延芬（第二排右四）
颁发“朗诵者奖”合影
获奖者：第一排左起乔宁、王雪莹、高佩洁、陈秋、
陈琛、谢畛；第二排左起杨丹东、马春荣、王修经、
济宁、刁超群、王丹丹、吕恒汉、张亚逸（代）

嘉宾朗诵：潇潇（左上）、姬国胜（右上）、
谭五昌（左下）、郭延芬（右下）

本次朗诵会穿插颁发了“诗歌创作奖”、“诗歌朗诵奖”、“表演者奖”、“志愿者奖”以及“嘉宾朗诵奖”。

熊继宁教授（左一）颁发“嘉宾表演奖”
获奖者：右起郭延芬、姬国胜、潇潇、谭武昌

朗诵会结束时的舞蹈串烧《大艺术家》、《Nobody》、《something》和《小苹果》提示着观众回味本次朗诵会的丰硕成果：深远的意境、丰富的题材、声情并茂的朗诵、情发于心的歌唱、余音绕梁的乐声、青春洋溢的舞姿……

嘉宾彭琳（左四）颁发表演者奖
获奖者：左起陈琛、王雪莹、济宁、李洹、
谭键瑛、陈少卿、李捷（缺）

参会嘉宾有：原中国政法大学党委宣传部副部长王惠中、中国政法大学政管院教授邬明杨、中国政法大学司法文书教研室教授刘永章、中国政法大学民商经济法学院教授沈诤、中国政法大学工商管理学院教授柴小青、中国政法大学工商管理学院教授支小青、中国政法大学人文学院教授辛锋、中国政法大学出版社编辑艾文婷、中央编译局学术出版社副社长冯章、首都师范大学学报编辑部主任石新中博士、中国证券监督管理委员会北京监管局副处长贾园春、北京交通大学教师韩丽雯（中国政法大学博士后）、国际汉语诗歌协会理事刘井彬等。

观众评价："这是一次走心的演出。"司法文书教研室刘永章教授说："我仿佛回到了大学时代的激情岁月。"嘉宾北京师范大学中国当代新诗研究中心主任谭五昌教授评论说："这是一次纪念海子的高水平诗歌朗诵会，它将载入史册。"政管院老教授邬明杨感慨地说："中国政法大学需要诗歌！"

第六部分

首届法大《朝霞》诗坛诗歌征文选登

2014年是海子逝世25周年，中国政法大学系统法学与系统科学研究和文化中心举办了《朝霞》等一系列征文活动，诗歌部分选登如下：

怀念海子诗歌

激情放歌尽真言，
柔情化韵荡心间；
怎知世人不解意，
“风流王子”立眼前!?

——玄武子

世人解海子[①]

玄武子

（一）

悲情壮烈追日去，文稿百万遗世人；
莫道人走茶水凉，天下不无恋诗情。

（二）

激情放歌尽真言，柔情化韵荡心间；
怎知世人不解意，“风流王子”立眼前!?

海子，你还好吗

谢　眇[②]

轰隆
轰隆
火车轨道上
瘦削的身躯
年轻的生命
陨落
你躺倒的痕迹
时空交错
散发阵阵悲伤

---

① 本诗作于2013年11月10日。
② 中国政法大学中欧法学院研究生。

当时
没有面朝大海的宁静
没有春暖花开的温馨
毅然放下的
还有那满腹的才情
可曾记得
法大校园里
有你曾经走过的小径
春去秋来
笑容
昙花一现
忧郁
却藏留心中
争锋相对
不是你的所要
抑不住的愁情
将你一步步推向深渊
我穿越时空
意欲将你拉回
然而历史
已成定局
留下的
是我声声叹息
倘若生于那时
与你为知己
寻得蛛丝马迹
那么“明天”
将是多么美好
而如今

我只想问
海子
你在天堂
还好吗?

诗人之死①

静　人②

我以为
黑暗是阳光下
偶尔的飞鸟的投影

不曾想
光明是黑夜里
那一瞬划过的流星

天使的翅膀③

静　人

有一座桥
连着地狱也通着天堂

天使降生在桥上
人类降生在桥上

---

① 本诗作于2014年9月16日。

② 中国政法大学校友。现为北京市博昌律师事务所律师。2009年毕业于人文学院。

③ 本诗作于2014年9月21日。

魔鬼也降生在桥上

天使用圣洁而脆弱的翅膀
托住桥
要拉往天堂

魔鬼狞笑
举着血淋淋的刀
砍断天使的翅膀
做成了烧烤
让人来品尝

人类
吃着看着
乐着睡着
拍手着无聊着
一切与他们无关

没有泪只有背影
天使一个个
被岁月风干
魔鬼在世间
横冲直撞
人啊
根本就不配活在天堂

而我呢
是不是也

得意的唱着
我怕谁我是流氓

悼海子

——写在一个天才诗人陨落的25年后

戴　龙[1]

这是个不需要诗歌与哲学的时代
你璞玉未琢
孤独地绽放在
军都山空旷的原野

二十五载春秋冬夏
茅草房里的朴实无华
孕育了你的血脉
和不浊于泥的筋骨

自始至终
你就是迷失与错乱的结合
操纵着旧世的短刀
刺向杀人不见血的世界

太阳陨落了
倒在市场与金钱的交易中
月亮失明了
坠落在功利与市侩的追求里

① 中国政法大学国际法学院副教授。

泥土的芬芳
沾染上世俗的铜臭味
蒙古高原的女郎
投靠在异国富饶的怀抱中

彷徨　忧郁　痛苦　绝望
你打点起简单的行囊
告别挚爱的麦地和阳光
在山海关种植下最后的梦乡

诗人哦　你空灵绝代的才华
容不下尘垢的污浊
你编织的高山上的花环
只能一次次被误解和遗忘

有一个学府
总是隐藏着才子的荒冢
有一个时代
泯灭了精神与心灵的渴求

把诗歌留给伤感
把哲学送给疯子
只有沉沦
才是获取幸福和快感的密宗

海子真的不是神——新谱咏叹调[①]

玄武子[②]

没有不受难的英雄啊，
哪有不死的神！
真有完美的生活吗，
谁是幸福的人？

海子真的有“难”啊，
你是否知道？
他不得不死啊，触目惊心：
为了“诗歌”？为了“爱情”？为了“生存”？

海子有才啊，
你是否知道？
想上学就上学，想出名就出名；
学术自如呀，诗歌感人。

海子浪漫啊，
你是否知道？
想爱就爱，想恨就恨；
他有“爱情”啊，也有“女人”。

海子有“敌人”啊，
你是否知道？

---

① 本诗作于2014年9月14日。
② 作者单位为中国政法大学系统法学与系统科学和文化研究中心。

“敌人”是谁呀，世说纷纭；
“敌人”是谁呀，世人不清。

海子有“病”啊，
你是否知道？
人断“走火入魔”啊，自说清清醒醒；
控诉“恶魔控制”呀，人人都不相信。

海子有“遗书”啊，
你是否知道？
他要报仇啊，他要起诉，
对象是谁呀，人不清楚。

海子有“异能”啊，
你是否知道？
预知生死，料事如神，
尸戴王冠啊，谶言成真。

海子真的有“福”哇，
你是否知道？
手抚月亮弹琴啊，向往雪山咏诗；
倾心相许高原啊，北方温情中扎根；

海子真的不是神啊，
你是否知道？
珍惜生命啊，想活不能；
活不下去啊，复活成“神”。

海子临走揣着《圣经》啊，

你是否知道？
基督也是这样啊，人人知晓：
生不由己啊，想活不能；
复活可以呀，不死不成。

勃勃生命啊，填满青春烈火，
青春烈火啊，焚烧勃勃生命。
生命结束了生命啊，
青春燃烧了青春。

不独海子啊，“选择离世”，
这点儿机密啊，无人不晓。
明里暗里啊，想死的人，
暗里明里啊，拜海子如“神”。

活不下去呀，生命叹息；
生不如死啊，心灵盼期。
建馆祭“神”啊，歌舞祈“福”；
五体投地啊，足蹈手舞。

怜怜海子呀，惨惨世人，
言不由衷啊，行非自主：
真的不忍粉碎啊，玫丽的梦；
真的不愿抛弃啊，破碎的心；
真的不可睁开啊，梦幻的眼；
真的不能逃脱啊，苦难的命……

真的不能背叛啊……
心中的“神”！

真的不想再做啊……
现实的人！

唉……
（生灵的叹息）

《朝霞》诗歌

小小的月河孕育了我
——未来法律的朝阳。
我定能穿透黎明前的迷雾，
因为天际已现出五彩的霞光。

——济宁

霞 光[1]

济 宁[2]

前世：脚踩公平地，生于帝王家，手持正义剑，身披善衣裳，调解纠纷事，用于死生场。

小小的月河孕育了我
——未来法律的朝阳。
我定能穿透黎明前的迷雾，
因为天际已现出五彩的霞光。

我历经千年的战火，万年的暴行，
告别了以血还血，以牙还牙的仇恨，
终于涅槃、转世，走向新生：
亚平宁半岛的注释，罗马大法官的纠问；
王权与法权的论争，盎格鲁·撒克逊的辩论；
法兰西的人权宣言，美利坚的独立战争；
苏维埃的人民做主，井冈山的苏区新政；
伪法统的彻底废除，文化革命的理性反省；
改革和开放的大潮，民主与法治的呼声；
万法归一，不断创新着我的灵魂。

我似降临于冲突的人间，
统一的灵魂述说着词语的矛盾：
我依赖暴力，但必出自理性；
我来自黑暗，但却带来光明；

① 本诗作于2014年4月9日。
② 作者单位为中国政法大学系统法学与系统科学和文化研究中心。

我爱好自由，终归属于秩序；
我要求民主，却主张法治昌明；
我抗争暴君，因为我属于人民！

我似降临在富裕而匮乏的时代，
行为冲突而又互补的“人精”：
压迫高举“正义”的旗帜，
掠夺呼喊口号“公平”，
欺骗披挂“诚实”的伪装，
战争双方齐声呐喊：“爱好和平”！
人类精英设计我实现“善”的功能，
我竟获得神圣的名义和上帝的“衡平”。

我似高居于环宇中天，
理性的光芒普照地球人寰。
即便是黑色的寂静夜晚，
星星和月亮仍装点我以光环。
淌血的躯体和受辱的灵魂，
默默期盼着未来的正义审判。

我知道我的归宿，我的宿命：
绝对匮乏的社会没有我，
真正富有的社会嫌弃我；
没有冲突就没有我，
善解人意用不着我。
那时，我不再驻世，不再回向，
不再给天下立规，不再为人间布网。

我来去辉煌，生死荣光，

无形无象，在宇宙游荡：
背负繁星，骑着月亮，托着太阳，
摆脱控制，湮灭信息，突变生死，
化为蝴蝶，飘越黑洞，耗散能量。
吹过的暖风和漂浮的云，
咆哮的大海和耸立的山岗，
乍隐乍现于混沌与秩序的边缘，
美丽的晚霞是我的霓裳。
在晚霞辉映的十方——众鸟竞歌，群花绽放！

在空中的旋律

五　味①

写给太阳
月亮
星星
跟
乳汁的走廊
让你担心的
不帮你思考的
一串秘密的
花环

除了你

逼仄的

---

① 作者单位为中国政法大学2012级人文学院。

失掉舒展的
言辞的水罐
装不满倒不完的
不一样的
离开的
消逝的
被云载走的

天空暗下去
垂下了眼睛的
故事
另外的故事

清澈的
斜睨的
眼睛
一小段
一小段
河流里的
印着整只眼睛的
河流的眼睛
放着金灿灿的
强光

此外的
自由张望
故事
另外的故事

昨天的太阳
被黑色担架抬下山岗

等风来

谢　畛

我想飞
扎好了风筝
等风来
许久
微风也没有
我焦急地转身张望
似乎什么都没有
还是再等等
又过了许久
依旧什么都没有
焦急随着而来
提溜着风筝
顺势而下
没有风
撑起风筝
重力加速度
坠落
随之而来的是恐惧
索性
一棵歪脖子树
再次
整装待发

耐心耐心
又是许久
神秘人物说是送风
信以为真
供奉许久
风真吹起
欣然起飞
怎料半空中
风全无
再次地坠落
摔个稀烂
命还在
重整旗鼓
心已安
静静地等待
等风来
风起时
便是好时机

情 债

田 言[①]

许是前世欠下的债
今生才要如此还
心上滴滴流淌的血
是辜负的刀刃在来回地割

---

① 中国政法大学中欧法学院研究生。

奈何桥上徘徊
只为见到你的身影
荆棘刺穿不了我的肉体
遍体鳞伤
皆是你背叛的利刃
刀刀精准
虽不致伤及性命
却痛彻心扉
曾经花前月下
海誓山盟
全化为须有
留下的苦楚
流成孟姜女的长城
前方的路
坎坷万分
我决心放下
为了明天的日出

苍茫林中

张志杰①

那天心爱的鸟儿从笼中飞走
飞到茫茫的林中踪迹难寻
我曾诅咒所有绿叶枯死
而当寒风吹起百草凋零
每听寒风扫荡看天色阴沉

① 作者单位为中国政法大学研究生院民商经济法学院2012级2班。

又开始担心她失去了寄身之所
不管这世界怎样让我失望
我护卫它的苍翠
因所爱之人的呼吸在里面
我的祈愿实现在里面

魔鬼的工匠①

——悼枪王

玄武子

枪王背景资料

享有“AK－47 之父”和“世界枪王”之誉的俄罗斯传奇枪械大师，米哈伊尔·卡拉什尼科夫于 2013 年 12 月 23 日因病逝世，享年 94 岁。

据《环球时报》驻俄罗斯特约记者苏帆报道:② 枪王设计的冲锋枪 AK－47 被称为 20 世纪最伟大的发明之一。枪王生前曾获中将军衔和多枚国家最高荣誉勋章。在 2013 年 12 月 27 日莫斯科举行的枪王葬礼上，普京总统向卡拉什尼科夫的灵柩献上了深红色玫瑰花，表达最后的敬意。③

AK－47 因结构简单，功能可靠，环境适应性强，装备了 150 个

---

① 本诗歌写于枪王葬礼日，2014 年 4 月 9 日校订。该诗应首都青年朗诵艺术团指导老姬（姬国胜）朗诵需求而作。虽然在对枪王和枪的评价以及时间长度要求和内容等方面，没有完全按照老姬的要求，甚至相反，但是完稿见面后，他毫无挑剔地接受了，我很高兴。附老姬的来信：“俄罗斯枪王病逝，今新京报已介绍，枪没有罪但执枪人制造战争，是否你写首诗，是现代诗，我配着开枪的声音朗诵，大约三分钟左右，以枪消灭战争和恐怖分子，可以有的句暴力一些，也有甜蜜爱。等待 2013 年 12 月 25 日 10:00。”

② 载环球网，2013 年 12 月 30 日。

③ 载《新闻晚报》2013 年 12 月 30 日。

国家的正规军和其他军事势力[①]，产量超过1.5亿支。过去半个多世纪以来，全球范围内几乎所有的战火：从越战到伊拉克战争，从亚非拉独立斗争到阿富汗战场，从金三角毒枭火并到内战激烈的叙利亚战场，无不常见AK－47的身影。AK－47甚至堂而皇之地登上了不少国家的国旗和国徽。

AK－47也沾满血腥。从诞生至今，它一直是恐怖分子、毒贩子、抢劫者手中最常用武器。据统计，至少数百万人命丧在它的枪口下[②]。有专家称：AK－47致命性以及影响超出原子弹。可是，卡拉什尼科夫从未后悔自己的发明，他说："罪孽不在于步枪，而在于扣动扳机的人。"

《中国新闻网》评论：虽然"AK－47之父"去世，但是传奇并未结束[③]。在枪王诞生地——俄罗斯南部阿尔泰边疆的偏远村镇库里亚，人们奉卡拉什尼科夫为神。儿童从小就熟知"冲锋枪叔叔米莎"的故事。那里甚至形成了一个新的习俗——新婚夫妇结婚当天都会去卡拉什尼科夫雕像前献花。更有传言称，如果谁向雕像许愿，那么他的生活与健康就会像制造冲锋枪的钢铁一样坚不可摧。

上帝在圣诞节前带走了"枪王"，
没让他进天堂；
阎王在圣诞节前审判了"枪王"，
也没让他下地狱；
总统在圣诞节前缅怀了"枪王"，
给他献上了玫瑰，飘香。

---

① 《北京商报》：连同各国仿制品、水货在内，在全球的销售量已突破1亿支，共武装了80多个国家的正规军和其他军事势力；全世界正在使用的AK－47超过1.5亿支，创下最广泛使用的武器的吉尼斯世界纪录，106个国家的军队和特种部队装备了AK－47（载《北京晚报》2013年12月25日）。

② 载《新京报》2013年12月25日。

③ 载中国新闻网，2013年12月25日。

威武的王啊，神奇的枪！
英姿勃勃哟，煞气荡荡。
AK－47简洁、可靠、便利——杀人的辉煌：
产量过亿，装备百国，杀人千万，黑血流淌。

威武的王造就神奇的枪，
神奇的枪成就威武的王。
“正义”的旗帜全球飘扬，
“保家卫国”的口号呼唤出杀人狂。

威武的王啊，神奇的枪！
满足了众生所有的欲望：
为了财富开枪，为了爱情开枪，
为了嫉妒开枪，为了怨恨开枪，
为了游戏开枪，为了复仇开枪，
为了理想开枪，为了权力开枪，
为了正义开枪，为了法律开枪，
为了独立开枪，为了自由开枪，
…………
嘟嘟嘟嘟嘟嘟，叭叭叭叭叭叭，
…………
开枪！开枪！开枪！开枪！

威武的王啊，神奇的枪！
派上了世间所有的用场：
杀人者用枪，自杀者用枪，
侵略者用枪，自卫者用枪，
求福者用枪，作恶者用枪，
革命的礼炮，正义的枪响，

失败者为寇，成功者称王！

…………

嘟嘟嘟嘟嘟嘟，叭叭叭叭叭叭，

…………

开枪！开枪！开枪！开枪！

千百个军火商供应着千万个军火市场，
半个世纪，战火纷飞、尸横遍野、血海荡漾。
津巴布韦、东帝汶、布基纳法索，
利比亚、卢旺达、塞拉利昂，
索马里、阿尔吉尼亚、津巴布韦、东帝汶，
AK－47 步枪打出了独立和解放，
AK－47 步枪——在国旗上高高飘扬！

越战、伊拉克、阿富汗、阿塞拜疆，
海湾战争、叙利亚、安哥拉内战和侵略武装，
哪一方不都装备着 AK－47 步枪？

极端的组织、恐怖－反恐的双方，
统统高举着 AK－47 步枪。
本拉登背靠 AK－47 步枪，目光炯炯，
训练营勇士手举 AK－47 步枪，气焰嚣张；
童子军儿童挥动 AK－47 步枪，欢天喜地，
金三角的毒枭和走私的贼，谁不拜 AK－47 为王？

王有王的国哟，人有人的家；
父有父的子呀，孩儿有孩儿的妈。
王倾王的国哟，人毁人的家；
父击父的子呀，孩儿杀孩儿的妈。

谁不恨“枪王”！

躺下的英雄啊，不倒的枪，
趴下的恶棍哟，手托着枪，
欢呼的声浪呀，挥舞着枪，
愤怒的眼球哦，射出了枪，
谁不爱“枪王”！

翘翘的“小鸟”渴望玩具的枪，
新婚的“献花”幻想魔幻的枪，
沙漠的士兵需要抗尘的枪，
湿地的战士偏爱耐水的枪，
穷人的武装配备简便的枪，
遍地的枪市问价便宜的枪；
需求造“枪王”！

枪王没有思想，无意中成了魔鬼的工匠：
不懂割草机与枪——不同的功能，不同的对象。
西伯利亚荒野、阿尔泰林中、库利忍村庄出生的孩子，
神智低迷、病病怏怏、爱好科技、富于幻想，从小就：
制造自行车、发明永动机、拆卸勃朗宁，长大终于
成了铁路技工，当了战士，爬进了坦克，中了魔鬼的毒枪：
用铅笔橡皮画出了 AK－47——简洁、便利、可靠
如同自动化割草机的自动化杀人枪；
卡拉尼科夫“枪族”充满魔鬼武库，
卡拉尼科夫获得了无数“英雄”勋章。

枪王，逻辑简单、没有思想：
“你扣动了杀人的扳机，

我只是造出了杀人的枪!”
枪王，不通理法、没有思想，
不懂连带犯罪，没进过法律讲堂：
“政治家决策了战争，我只是仅仅提供了枪!”
“恐怖分子制造了血腥，我也只是仅仅提供了枪!”

阎王原谅了枪王，未判他入进地狱。
上帝原谅了枪王，可不许他进天堂，因为：
枪王，高能弱智，没有思想：
中了魔鬼的毒弹，竟造出了杀人的枪。

枪王的幽灵在人间轮回、转世、游荡：
无数“英雄”、无数“功臣”、
无数“魔鬼工匠”，无数杀人狂。

枪王，精力过人，没有思想：
90 高龄不愿退休、终身工作，永远造枪。
上帝不能允许，阎王找他算账!

阎王在圣诞节前审判了“枪王”，
没让他下地狱；
上帝在圣诞节前带走了“枪王”，
没让他进天堂；
总统在圣诞节前缅怀了“枪王”，
给他的幽灵——献上了玫瑰，飘香。

在莫斯科隆重庄严肃穆的葬礼上，
血红的玫瑰唤醒了血腥的枪王，
黑色的棺椁裹不住黑暗的枪王，

不死的AK－47复活了“不朽的枪王”，
联邦军人墓穴关不住枪王的幽灵游荡：
求富的商标标载着曾经贫穷的“枪王”，
造枪的企业改名为永远骄傲的“枪王”，
新生的孩子赐名为复活的“枪王”，
无名的街道命名为出名的“枪王”，
…………
全球100多个国家的亿万持枪人：
自由的战士，国家的武装，
侵略的军队，保家卫国的双方，
贩毒的组织，发财的军火商，
新生的婴儿，新婚的妻娘，
齐声高呼：我——们——爱——“枪——王”！
…………

为了自由进步，为了正义理想，
为了爱情幸福，为了身体安康，
为了报仇雪恨，为了保卫家乡，
为了发财致富，为了官运通畅，
我们振臂向枪王致意：
开枪！开枪！开枪！开枪！
…………
嘟嘟嘟嘟嘟嘟，叭叭叭叭叭叭，
…………
枪王，万——寿——无——疆！
乌拉！……
嘟嘟嘟嘟嘟嘟，叭叭叭叭叭叭，
…………

太阳与人[1]

济　宁

朝霞——太阳临盆前的溢红。

普照世界的血婴不属于世界。
它破雾而出之时，
人类不敢直视它灿烂的笑容。

人——月亮的孩子，
月老牵线，月经得孕，
十月怀胎，坐月临盆。

人——月窟中的物种，
直立行走，双目平视。
利用阳光，回避太阳。

人——感情的动物，
月下谈情，夜半做爱，
暮色浪漫，躲避阳光。

人——惧怕太阳的生物，
因为它生于月下黑幕，
永远不见阳光的出处。

人——野心勃勃的动物，

① 本诗作于2014年9月16日。

自称太子猥亵月亮，
不敢说凌驾太阳之上。

古今癫狂——想望太阳：
夸父追日饥渴劳累命毙，
海子奔日红轮碾肝身亡。

人——虚夸的英雄，
射掉九个乌有的——烈日，
留下一个永远不落的——太阳！

《法律文明、政治文明与系统法学》中的海子诗歌

熊继宁

海子逝世之后，系统法学以自己的方式缅怀着海子对于系统法学崛起早期的贡献。但是，也经历着曲折。

为了纪念中国政法大学法制系统科学研究会成立 20 周年和海子逝世 15 周年，2003 年 12 月完成的《法律文明、政治文明与系统法学》一文，其中引用了海子的诗歌为全文和章节的“导语”和“结束语”，两次被以种种理由要求删除。

作者宁愿放弃发表，也不改初衷，最终编入由中国知识产权出版社出版的《系统法学导论》一书。该书最终获中国政法大学 2006 年优秀教学科研成果一等奖。这不仅是对学术文章的另类写作方式的承认，而且也是对海子诗歌的承认。

下面是要求被删除，但终究保留下来的海子诗歌节选：

序

青麒麟放出白光
三个夜晚放出白光
梧桐栖凤
今天生出三只连体动物
在天之翅
在水之灵
在地之根
神思，沉思，神思
因此，我陷入更深的东方

——《沉思的中国门》

第一节　文明

更远处是母亲枯干的手
和几千年的孕
早晨在毫无准备时出现
那就让我来吧
行道迟迟
载渴载饥
啸歌伤怀
载飞载鸣

——《复活之一：河水初次带来的孩子》

第二节　法律文明与政治文明

那支给朋友的歌已这样唱出
“月亮还需要在夜里积累
月亮还需要在东方积累”

——《民间主体》（《传说》原序）

第三节 信息文明基础上的法律文明建设

公元前，我们太小
公元后我们又太老
没有人见到那一次真正美丽的微笑
但我们还是举手敲门

——《历史》

结 语

春天，十个海子全部复活
…………
春天，十个海子低低地怒吼

…………
大风从东刮到西，从北刮到南，无视黑夜和黎明
你所说的曙光究竟是什么意思

——《春天，十个海子》

寒冬伏泰阳[①]

玄武子

长空湛蓝，
冬雪情纯迎红日。
雁移兽隐，
苍松劲柏在。

---

① 有感壬辰年小雪、冬至、大寒三气，皆逢“初九”阳数，寒中暖，阴中阳，2012年10月29日稿；《黄道艳阳三首》之二。

冷眉峻目，
民族兴亡理。
寒可久？
三九寒冬，
寒冬伏泰阳。

和 诗①

玄武子

四海无垠千年雪，东方有梦太阳花。
五洲有壤万仞山，西域无相月亮家。

附：

首届法大《朝霞》诗坛征文

小小的月河孕育了我
——未来法律的朝阳。
我定能穿透黎明前的迷雾，
因为天边已现出五彩的霞光。

青春年华，我们相聚小月河畔、军都山下；青葱岁月，我们共同结缘法律、相恋诗歌。

小月河畔、军都山下，孕育了法治英才、诗歌王子。我们追寻着法律的精神，我们洋溢着诗歌的激情。我们有着法律人的庄重和严谨，我们也怀揣诗人的浪漫与激情。

① 四海无垠千年雪，东方有梦太阳花。祝您新年幸福健康快乐！李景华2014年1月1日。五洲有壤万仞山，西方无相月亮家。祝您新年愉快喜庆安详！玄武子2014年1月1日。

你想在艰苦地学习、紧张地考试、繁忙地工作之余抒己诗情吗？不管你是诗作成集还是诗意初萌，首届法大“朝霞”诗坛都期盼您的大胆参与和热情赐稿！不限题材，不限诗体。

朗诵会是否举办，诗歌是否结集出版，就看你的积极参与和诗歌质量了！

投稿时间：敬请于2014年2月20日前将诗作email到fadashige@163.com.

筹备工作负责人：玄武子　　　　投稿联系人：奇艺

中国政法大学系统法学与系统科学和文化研究中心

2013年12月29日

第七部分

补　记

悼海子和法大人的朋友："狼人"——卧夫

玄武子

诗人卧夫[①]是海子的一个崇拜者和追随者。他曾经为海子捐资修墓和塑像，并将塑像亲自送往刚刚落成的青海德令哈海子纪念馆。他这样做是因为他称海子是他的"救命恩人"。[②]

2011 年春，诗人卧夫曾经随诗歌评论家、北师大新诗研究所所长谭五常和诗人加一参加过我校的海子诗歌追思会。德令哈海子纪念馆今日悬挂有卧夫拍摄的我校师生举办海子追思会的照片。

2012 年夏，青海德令哈诗歌节之后，诗人卧夫、诗人陈树照邀我校系统法学与系统科学和文化研究中心熊继宁教授共同参与"海子之路"的考察。

2014 年 3 月 26 日，海子逝世 25 周年忌日，诗人卧夫引见了海子母亲操彩竹及其弟弟查曙明和家乡亲朋（方精贵、何德军、戴民忠、刘桃云等），使我们有机会听见海子母亲的讲述，并向其弟弟查曙明约稿。

据说，他也曾经积极邀请过海子同学——我校刘广安教授参加海子的纪念活动。

卧夫曾策划并实施了"万名诗人诗歌及签名长卷"的活动，并

---

① "卧夫"是英文"wolf"的音译；在英文中，"wolf"本意是"狼"。

② 在赴"中国（青海德令哈）首届海子青年诗歌节"与卧夫相遇于北京机场候机期间，闲聊时，卧夫称："海子是我的救命恩人"。当时，有些不解。后来在会议结束时，潇潇赠送一本《第三届青海湖国际诗歌节特刊》（吉狄马加主编，青海人民出版社 2011 年版），其中载有卧夫的一篇文章《海子是我的救命恩人》，读后迷雾方散。

准备在海子逝世25周年之际，出版关于海子及其相关内容的一本摄影集，以表达对海子的追思与纪念。然而，这些都没有完成，他就追随海子而去了。走得干干净净，“赤条条来去无牵挂”。也许，这也是以他自己的行为方式悼念和追思海子的最后一笔。我们曾经担心和忧虑诗歌界随着“宇宙转轴”而开始了一轮新的“来去”轮回。可是，研究过“20世纪中国新诗中的死亡想象”的谭五昌说：“不会。”于是，我们姑且相信了他，因为他在诗人之中。况且，多灾多难的地球毕竟也步履蹒跚地跨入了21世纪，没有毁灭。

自骆一禾、西川之后，卧夫是当代诗歌界与法大接触过的为数不多的诗歌界人士之一。

在悼念海子25周年之际，也是卧夫祭年的初年。卧夫——狼人，海子的爱戴者、法大人的朋友，法大人不会忘记你：

狼　人

生为人，异为狗，落荒成狼；
龙下海，狼归山，夫卧怀柔。

——玄武子祭诗人卧夫[①]

① 2014年5月18日晨草。

鸣沙山—月牙泉传奇

——关于鸣沙山—月牙泉的真实梦幻①

玄武子

神在沙上行走
人在沙中行走
鬼在沙下拽脚
…………

沙漠，飞天和骆驼的领地
沙枣、胡杨、红柳
蜥蜴不是唯一的幸存

胡杨树——沙漠的精灵
生，千年不死
死，千年不倒
倒，千年不腐
似道，长且久
非佛，转轮生

吉普、山地车、滑翔机

① 2012年8月2日傍晚至夜于鸣沙山—月牙泉茗香斋小憩间草稿；晚于嘉峪关如家酒店初改。2012年8月12日再改。

功能外化，人赖绿洲
永远不成沙漠之主

风沙驱人、风沙吃人、风沙埋人
葬身沙漠，死而不朽，万年有形

脚蹬沙舟
驼铃不响
“四老头”摇晃摇晃
…………

我行驼掌中
驼行我脑中
百会相照
劳宫相连
肩井对涌泉
三环套月
尾闾插地
驼我为一
如履平地

我欲飞天
挟驼直上
人若得道
驼掌成莲

骆驼载我上山
我载骆驼升天

人在鸣沙山巅
神在天上微笑
鬼在地下咆哮

东北虎啸夸美女
少女飘逸似飞天
影合阴阳分
影分依依情

狼，剥下了羊皮
凶谋显露
诗人，掏出了枪
玩具
不敢越过最后的底线
泪洒荒漠

诗人梦想：
一句话打倒一个女人
诗人谎言：
让我尝一口就死！
诗人尝了，没死

女人都是菩萨心
诗人都是魔鬼肠
女人喜欢魔鬼
诗人崇拜菩萨

菩萨无心
魔鬼无肠

天生一对
地出一双

沙山向月牙
风吹思念呜响

月牙映沙山
水涌思念成泉

月牙，天地人的同构
沙漠之泉
卫地之星
人类之源

国之湿地
人之生门
竖看月牙，横瞧月圆
静则月牙，动则月圆

生你之门
死你之户
顺则成人
逆则成仙

血染泉山
熊滚沙坡
驼卧湿地
人埋沙中

诸阳归阴
人陷月窟
神飞天上

鬼笑阴间

…………

成佛一念

成魔一念

成人一念

成仙一念

我……

欲……

飞……

天……

一阳初起

人飞车上

车飞人中

轮转往返

神在天上行走

神在地下行走

神在身中行走

神在心中行走

灯火点点

繁星闪闪

…………

后 记

经过近两年的不懈努力，在本书出版之际，需要感激本书顾问、编委和作者的帮助和赐文。他们分别是：顾问：何长顺、胡明；编委和作者：常绍舜、陈宝正、冯章、何长顺、胡明、黄彩忠、刘广安、刘芝祥、李曙光、马建川、孙理波、唐师曾、王惠中、吴霖、徐家力、毛子西、商磊、支小青、马春荣、谢畛、张志杰、五味、蔡勇、戴龙和查曙明。

在征稿联系工作中，研究生赵婷、谷碧馨、付艺奇同学付出了辛劳。

资料查询工作中，我们翻阅了1983年~1989年期间及其后来的一些《中国政法大学校讯》文章，感谢宣传部部长刘长敏、校刊领导武晓红及校刊工作人员徐德山、郭燕、赵正琴、孙黎萌以及在校刊实习的余媛、马军川、李倩文、李穗、秦艳艳、索朗旺堆、崔荣、刘坤、骆红维等同学对我们工作的热情帮助。

海子逝世25周年忌日之际，诗人卧夫引见了海子母亲操彩竹及弟弟查曙明和家乡亲朋（方精贵、何德军、戴民忠、刘桃云等），使我们有机会听到海子母亲的讲述，并向海子弟弟查曙明约稿。作为海子的崇拜者并参加过中国政法大学海子追思会的诗人之一，本书的出版也算对卧夫的告慰。

尽管包括海子的档案在内的1989年所有事件的档案都不知去向，我们还是要感谢保卫处郭晶晶的尽心费力。

人事处王林怀副处长、档案馆新任馆长李健百、档案馆工作人员王改娇、钱秀萍协助查阅复印了关于海子的档案。

海子当年北京大学的同学剑锋及其夫人丹东，中国政法大学研究生键瑛、谢华、华日，以及北京大学本科生刘宽、许明参与或帮助了关于海子本科生毕业论文资料的查询工作。

感谢中国政法大学出版社工作人员，没有他们的支持和帮助，以及严谨认真的工作态度，此书的高质量出版是不可能的。

海子离去25年了，关于海子的研究史料工作才刚刚开始。也许是太晚了，但从史料研究来说，有胜于无。尽管从文学角度，海子的莫名崇拜者也许不以为然：什么也没有更好！

最后，必须提及的是，2014年12月30日晚，我们成功举办了“首届法大《朝霞》诗歌朗诵会——纪念海子逝世25周年”。朗诵会得到我校同学、在职教师和离退休职工，以及诗歌界、朗诵界朋友的大力支持，历时3个多小时。详细情况可参阅收入本文集中的相关报道。它是计划中纪念海子逝世25周年三项活动中的一项。其余两项活动就是《海子与法大》文集的出版及其相关座谈会的举行。

海子研究是系统法学与系统科学和文化研究中心工作的一个新领域，感谢校友袁胜华、范凯州律师长期以来对系统法学的帮助和支持。

编 者

2015年1月